# EL ANÁLISIS PROFANO

Obras Completas de Sigmund Freud
Tomo XII


# EL ANÁLISIS PROFANO

(El múltiple interés del Psicoanálisis.
Historia del movimiento psicoanalítico.
La etiología de la histeria y otros ensayos)


Traducción directa del alemán por
Luis López-Ballesteros y de Torres


Editorial Iztaccíhuatl, S. A. de C. V.

**OBRAS COMPLETAS DE SIGMUND FREUD. TOMO XII**
**El análisis profano**

Sigmund Freud
ISBN (obra completa): 978-607-8688-54-8
ISBN (tomo XII): 978-607-8688-68-5
Segunda edición: abril de 2022

© Sigmund Freud
© Luis López-Ballesteros y de Torres (traducción directa del alemán)
© Editorial Iztaccíhuatl S. A. de C.V.

© Editorial Iztaccíhuatl S. A. de C.V.
Miguel Schultz #21, Col. San Rafael,
Del. Cuauhtémoc, Ciudad de México

Corrección de estilo: Yoali E. Crespo López
Diseño y maquetación: Cecilia Neria Anaya
Licencia de impresión a Grupo Editorial Neisa
Impresión: Master Copy, S. A. de C.V. (DocuMaster)



Impreso en México

# I

# EL ANÁLISIS PROFANO

El presente estudio ha sido publicado por Sigmund Freud en
el año 1926.

## Introducción

El título del presente trabajo reclama una previa aclaración. Con la palabra *profanos* designamos a los individuos ajenos a la profesión médica, y la cuestión planteada es la de si puede serles permitido el ejercicio del análisis. Esta cuestión aparece dependiente de circunstancias temporales y locales. Temporales, porque hasta el día de hoy nadie se ha preocupado de quiénes ejercían el psicoanálisis, indiferencia tanto más absoluta cuanto que se derivaba del deseo unánime de que nadie la ejerciese, apoyando con diversas razones, pero fundado realmente en una misma repugnancia. La pretensión de que sólo los médicos puedan analizar responde, de este modo, a una nueva actitud ante el análisis, que habrá de parecernos más benévola si evitamos ver en ella una mera ramificación encubierta de la primitiva hostilidad. Así, pues, se concede ya que en determinadas circunstancias resulta indicado el tratamiento psicoanalítico, pero se pretende que sólo un médico puede encargarse de él. En páginas ulteriores investigaremos los fundamentos de esta limitación.

La cuestión del análisis profano aparece también localmente condicionada, no presentando igual alcance en todas las naciones. En Alemania y en América no pasa de ser una discusión académica. En estos países puede todo enfermo hacerse tratar cómo y por quien quiera, y todo "curandero" puede encargarse de los enfermos que se pongan en sus manos, ateniéndose tan sólo a las responsabilidades que estos puedan luego exigirles, pues la ley no interviene hasta que algún paciente o sus familiares recurren a ella en demanda de castigo o indemnización. Pero en Austria, donde escribimos y adonde principalmente hemos de referirnos, la ley tiene carácter preventivo y prohíbe a las personas carentes de título médico encargarse de un tratamiento sin esperar para nada el resultado del mismo. Igualmente sucede en Francia. La cuestión, pues, de si el psicoanálisis puede ser ejercido por personas ajenas a la profesión médica tiene en estos países un sentido práctico. Pero, apenas planteada, parece resuelta por la letra misma de la ley: los nerviosos son enfermos, los profanos son personas sin título médico, el psicoanálisis es un procedimiento encaminado a la curación o al alivio de las enfermedades nerviosas, y todos los tratamientos de este género están reservados a los médicos; en consecuencia, no pueden los profanos emprender el análisis de enfermos nerviosos, y si lo emprenden, caerán bajo el peso de la ley. Planteada así la cuestión en términos generales, parece inútil seguir ocupándose del análisis profano. Pero en nuestro caso es preciso tener en cuenta ciertas complicaciones que el legislador no pudo prever, pues en primer lugar se trata de enfermos de un género singularísimo, y en segundo, resulta que ni los profanos lo son tanto como pudiera creerse ni los médicos son tampoco aquello que debiera esperarse que fueran y en lo que podrían fundar sus aspiraciones a la exclusividad. Si logramos demostrar estas afirmaciones, quedará justificada nuestra demanda de que la referida ley no se aplique al análisis sin alguna modificación.

I

Una tal modificación de las leyes vigentes dependerá de personas que no están obligadas a conocer las particularidades del tratamiento analítico. A nosotros corresponderá, pues, instruir sobre la materia a tales personas, a las que suponemos ajenas al análisis y totalmente imparciales. Lamentamos, desde luego, no poder hacerlas testigos de un tratamiento de este orden, pero la "situación analítica" no tolera la presencia de un tercero. Por otro lado, las distintas sesiones de un tratamiento alcanzan valores muy diferentes, y un tal espectador imperito, que llegara a presenciar una sesión cualquiera, no recibiría impresión alguna ajustada, correría el peligro de no comprender de lo que se trataba entre el analítico y el paciente o se aburriría. Habrá, pues, de contentarse con nuestra información, que trataremos de concretar en forma que inspire máximo crédito.

Supongamos un enfermo aquejado de bruscos cambios de estado de ánimo que no logra dominar, de una temerosa indecisión que paraliza sus energías, haciéndole imaginarse incapaz de realizar nada a derechas, o de una angustiosa sensación de embarazo ante personas extrañas. Siente, por ejemplo, aunque sin comprender la razón, que el ejercicio de su profesión se le hace cada vez más difícil, siéndole casi imposible tomar resoluciones o iniciativas de importancia. Un día, sin saber por qué, ha sufrido un penoso ataque de angustia, y desde entonces no puede, sin gran esfuerzo, ir solo por la calle o viajar en ferrocarril, habiendo llegado quizá a renunciar en absoluto a ello. O, cosa singular, sus ideas siguen caminos propios, sin dejarse guiar por su voluntad, persiguen problemas que le son absolutamente indiferentes, pero de los cuales le es imposible apartar su pensamiento, y le plantean tareas absurdas y ridículas, tales como la de contar las ventanas de las casas. En actos sencillísimos —cerrar la llave del gas o echar una carta al buzón— le asalta, momentos después, la duda de si realmente los ha realizado o no. Estos trastornos son ya harto enfadosos; pero cuando el estado del sujeto llega a ser intolerable es cuando, de repente, se encuentra con que no puede rechazar la idea de haber empujado a un niño bajo las ruedas de un carruaje, haber arrojado al agua a un desconocido o ser él el asesino que la policía busca como autor del crimen descubierto aquella mañana. Todo ello le parece insensato; sabe muy bien que jamás ha hecho daño a nadie, pero la sensación que le atormenta —el sentimiento de culpabilidad— no sería más intenso si realmente fuera él el asesino buscado.

Las perturbaciones de este orden revisten muy diversas formas y atacan a los más diferentes órganos. Supongamos que se trata ahora de una mujer. Es una excelente pianista, pero sus dedos se contraen al ir a tocar y le rehúsan sus servicios. Cuando piensa asistir a una reunión siente en el acto una necesidad natural, cuya satisfacción le sería imposible realizar en público. Ha renunciado, pues, a asistir a reuniones, bailes, teatros y conciertos. En las ocasiones más inoportunas se ve aquejada de violentas jaquecas y otras diversas sensaciones dolorosas. A veces, se le presentan vómitos incoercibles que le impiden tomar el menor alimento, situación que a la larga puede tener graves consecuencias. Por último, aparece incapacitada para resistir cualquier contrariedad de las que nunca faltan en la vida, pues pierde en tales ocasiones el conocimiento y sufre muchas veces convulsiones musculares que recuerdan inquietantes estados patológicos.

En otros enfermos, la perturbación recae sobre un sector en el que la vida sentimental exige al soma determinadas funciones. Los sujetos masculinos se encuentran incapacitados para dar expresión física a los tiernos sentimientos que les inspira una determinada persona del sexo contrario, disponiendo, en cambio, de todas sus reacciones cuando se trata de personas menos queridas. O bien su sensualidad se enlaza exclusivamente a personas a las que desprecian y de quienes quisieran libertarse, o les impone condiciones cuyo cumplimiento les repugna. Los sujetos femeninos ven vedada la satisfacción de las exigencias de la vida sensual por sensaciones de angustia o repugnancia o por obstáculos desconocidos, o cuando ceden al amor no encuentran en él el placer que la naturaleza ofrece como premio a tal docilidad.

Todas estas personas se reconocen enfermas y buscan a aquellos médicos de quienes puede esperarse la supresión de tales trastornos nerviosos. Los médicos saben también las categorías en las que se incluyen estos padecimientos y los diagnostican, según sus respectivos puntos de vista, con diversos nombres: neurastenia, psicastenia, fobias, neurosis obsesiva o histeria. Reconocen los órganos que manifiestan los síntomas: el corazón, el estómago, el intestino y los genitales, y los encuentran sanos. Aconsejan la interrupción de la vida habitual del paciente, curas de reposo, tónicos, etc., y sólo consiguen con ello, cuando más, un alivio pasajero. Por último, oyen los enfermos que hay personas dedicadas especialmente al tratamiento de tales dolencias, y, buscando una de ellas se someten al análisis.

Nuestro sujeto imparcial, al que suponemos presente, ha dado muestras de impaciencia, mientras desarrollábamos la relación que antecede, de los síntomas patológicos de los nerviosos. Mas ahora redobla su atención y se expresa en la siguiente forma: "Vamos a ver, por fin, qué es lo que el analítico emprende con el paciente al que el médico no ha podido auxiliar".

Pues bien, el analítico no hace más que entablar un diálogo con el paciente.

No usa instrumentos, ni siquiera para reconocer ni recetar medicamento alguno, e incluso, si las circunstancias lo permiten, deja al paciente dentro de su círculo y medio familiares mientras dura el tratamiento, sin que ello sea, desde luego, condición precisa ni tampoco posible en todos los casos. El analítico recibe al paciente a una hora determinada, le deja hablar, le escucha, le habla a su vez y le deja escucharle.

La fisonomía de nuestro interlocutor imparcial toma aquí una expresión de curiosidad satisfecha a la que se mezcla algo de desprecio, como si pensara: "¿Nada más que eso? Palabras, palabras y palabras, como dice Hamlet", y recuerda seguramente la irónica tirada en que Mefistófeles habla de cuán fácilmente se arregla todo con palabras, versos, que jamás olvidará ya ningún alemán. Luego añade:

"Se trata, pues, de una especie de conjuro mágico. Ante las palabras del analítico desaparece el mal".

Sería efectivamente cosa de magia y tendría así plena razón nuestro interlocutor, si el efecto fuese rápido. La magia tiene por condición la rapidez, o mejor dicho aún, la instantaneidad del efecto. Pero los tratamientos psicoanalíticos precisan meses y hasta años. Una magia tan lenta pierde todo carácter maravilloso. Por lo demás, no debemos desdeñar la *palabra*, poderoso instrumento, por medio del cual podemos comunicar nuestros sentimientos a los demás y adquirir influencias sobre ellos. Al principio fue, ciertamente, el acto; el verbo —la palabra— vino después, y ya fue, en cierto modo, un progreso cultural el que el acto se amortiguara, haciéndose palabra. Pero la palabra fue primitivamente un conjuro, un acto mágico, y conserva aún mucho de su antigua fuerza.

Nuestro interlocutor continúa: "Supongamos que el paciente está tan poco preparado como yo para la comprensión del tratamiento psicoanalítico, ¿cómo puede usted hacerle creer en la fuerza mágica de las palabras que ha de librarle de su enfermedad?"

Naturalmente hay que prepararle, y para ello se nos ofrece un camino sencillísimo. Le pedimos que sea total y absolutamente sincero con su analítico, sin retener intencionadamente nada de lo que surja en su pensamiento, y más adelante, que se sobreponga a todas aquellas consideraciones que le impulsen a excluir de la comunicación determinados pensamientos o recuerdos. Todo hombre tiene perfecta conciencia de encerrar en su pensamiento cosas que nunca, o sólo a disgusto, comunicaría a otros. Son estas sus "intimidades". Sospecha también, cosa que constituye un gran progreso en el conocimiento psicológico de sí mismo, que existen otras cosas que no quisiera uno confesarse *a sí mismo*, que se oculta uno a sí propio y que expulsa de su pensamiento en cuanto, por acaso, aparecen. Quizá llegan incluso a observar el principio de un singular problema psicológico en el hecho de tener que ocultar a su mismo *yo* un pensamiento propio. Resulta así como si su *yo* no fuera la unidad que él siempre ha creído y hubiera en él algo distinto que pudiera oponerse a tal *yo*, y de este modo se le anuncia obscuramente algo como una contradicción entre el *yo* y una vida anímica más amplia. Cuando ahora acepta la demanda analítica de decirlo todo, se hace fácilmente accesible a la esperanza de que un intercambio de ideas, desarrollado bajo premisas tan desusadas, puede muy bien provocar efectos singulares.

"Comprendo —dice nuestro imparcial oyente— supone usted que todo nervioso oculta algo que pesa sobre él, un secreto; dándole ocasión de revelarlo, le descarga usted de tal peso y alivia su mal. No se trata, pues, sino del principio de la confesión, utilizado de antiguo por la Iglesia católica para asegurarse el dominio sobre los espíritus".

Sí y no, hemos de replicar. La confesión forma parte del análisis, pero sólo como su iniciación primera, sin que tenga afinidad ninguna con su esencia ni mucho menos explique su efecto. En la confesión, dice el pecador lo que sabe; en el análisis, el neurótico ha de decir algo más. Por otra parte, tampoco sabemos que la confesión haya tenido jamás el poder de suprimir síntomas patológicos directos.

"Entonces no lo entiendo —se nos responde—; ¿qué significa eso de decir más de lo que se sabe? Lo único que puedo imaginarme es que el analítico adquiere sobre el paciente una influencia más fuerte que el confesor sobre el penitente, por ocuparse de él más larga, intensa e individualmente, y que utiliza ésta más enérgica influencia para libertarle de sus ideas patológicas, disipar sus temores, etc. Sería harto singular que también se consiguiese dominar por este medio fenómenos puramente somáticos, tales como vómitos, diarreas y convulsiones, pero ya sé que también es posible conseguir este resultado en sujetos hipnotizados. Probablemente, y aunque sin pretenderlo, consigue usted en su labor analítica establecer con el paciente una semejante relación hipnótica, un enlace sugestivo a su persona, y entonces, los milagros de su terapia no son sino efectos de la sugestión hipnótica. Pero, que yo sepa, la terapia hipnótica labora mucho más rápidamente que su análisis, el cual, como usted ha dicho, dura meses enteros y hasta años".

Observamos que nuestro imparcial interlocutor no es tan lego en la materia como al principio le supusimos. Indudablemente se esfuerza en llegar a la comprensión del psicoanálisis con ayuda de sus conocimientos anteriores, enlazándola con algo que le es ya conocido. Se nos plantea ahora la difícil labor de hacerle ver que tal intento se halla condenado al fracaso, por ser el análisis un procedimiento *sui generis*, algo nuevo y singularísimo, a cuya comprensión sólo puede llegarse con ayuda de conocimientos —o si se quiere hipótesis— totalmente nuevos. Mas, ante todo, habremos de dar respuesta a su última observación:

Es, ciertamente, muy digna de tenerse en cuenta su indicación sobre la influencia personal del analítico. Tal influencia existe desde luego, y desempeña en el análisis un papel muy importante, pero distinto en absoluto del que desempeña en el hipnotismo. No sería difícil demostrar que se trata de situaciones completamente diferentes. Bastará hacer observar que en el análisis no utilizamos dicha influencia personal —el factor "sugestivo"— para vencer los síntomas patológicos, como sucede con el hipnotismo, y, además, que sería erróneo creer que tal factor constituía la base y el motor del tratamiento. Al principio, sí; pero más tarde, lo que hace es oponerse a nuestras intenciones analíticas, forzándonos a tomar amplias medidas defensivas. También quisiéramos demostrar con un ejemplo cuán lejos de nuestra técnica analítica se halla toda tentativa de desviar las ideas del enfermo o convencerle de su falsedad. Así, cuando nuestro paciente sufre de un sentimiento de culpabilidad, como si hubiera cometido un crimen, no le aconsejamos que se sobreponga a este tormento de su conciencia acentuando su indudable inocencia, pues esto ya lo ha intentado él sin resultado alguno. Lo que hacemos es advertirle que una sensación tan intensa y resistente ha de hallarse basada en algo real, que quizá pueda ser descubierto.

"Me asombrará —opina aquí nuestro imparcial interlocutor— que con una tal confirmación de la realidad del sentimiento de culpa consigan ustedes mitigarlo. Pero ¿cuáles son sus intenciones analíticas, y qué emprenden ustedes con el paciente?"

II

Si hemos de hacernos comprender de usted —continuamos diciendo a nuestro interlocutor— habremos de exponerle un fragmento de una teoría psicológica desconocida o insuficientemente estimada fuera de los círculos analíticos. De ella podremos deducir lo que nos proponemos conseguir en beneficio de nuestros enfermos y cómo lo alcanzamos. Vamos a exponerla dogmáticamente y como si se tratara de una construcción ideológica terminada y perfecta. Pero no vaya usted a creer que ha nacido ya así, como un sistema filosófico. Por el contrario, la hemos construido muy despacio, forjando laboriosamente cada uno de sus elementos y modificándola de continuo en un interrumpido contacto con la observación, hasta verla adquirir por fin una forma que nos parece bastar para nuestros propósitos. Todavía hace algunos años hubiera tenido que vestir esta teoría con distintos conceptos, sin que tampoco pueda hoy asegurar que su actual expresión haya de ser la última y definitiva. La ciencia no es revelación, y aunque muy lejos ya de sus comienzos, carece todavía de los caracteres de precisión, inmutabilidad e infalibilidad a los que aspira el pensamiento humano. Pero, así y todo, es lo único que poseemos. Si a ello añade usted que nuestra disciplina es aún muy joven, habiendo nacido casi con el siglo actual y que se ocupa de una de las materias más arduas que pueden plantearse a la investigación humana, no le será difícil adoptar la actitud justa para oírme. De todos modos, interrúmpame usted siempre que no pueda seguirme o necesite más amplias aclaraciones.

"Voy a interrumpirlo antes siquiera de empezar. Dice usted que va a exponerme una nueva Psicología. Ahora bien, la Psicología no es, ni con mucho, una ciencia nueva. Ha habido muchos psicólogos y, según recuerdo de mis tiempos de estudiante, se han alcanzado ya en este sector científico rendimientos de gran importancia".

Rendimientos que no pienso, por mi parte, discutir. Pero si los examina usted con algún detenimiento, verá que deben ser adscritos más bien a la fisiología de los sentidos. La Psicología no ha podido desarrollarse porque se lo ha impedido un error fundamental. ¿Qué comprende hoy, tal y como es enseñada en los centros de cultura? Aparte de los valiosos conocimientos antes mencionados, pertenecientes a la fisiología de los sentidos, una cierta cantidad de divisiones y definiciones de nuestros procesos anímicos, que los usos del lenguaje han convertido en propiedad común a todos los hombres cultos. Y esto no basta, desde luego, para la concepción de nuestra vida psíquica. ¿No ha observado usted que cada filósofo, cada poeta, cada historiador y cada biógrafo crean para su uso particular una teoría psicológica y forjan hipótesis personales, más o menos atractivas, pero siempre inconsistentes sobre la cohesión y los fines de los actos psíquicos? Falta a todo ello un fundamento común. De aquí también que en el terreno psicológico no existan, por decirlo así, respeto ni autoridad algunos. Todo el mundo se considera con derecho a opinar. Si plantea usted una cuestión de Física o de Química, callarán todos los no especializados en tales materias. En cambio, si arriesgamos una afirmación psicológica, podemos estar seguros de que nadie dejará de emitir su juicio, favorable o adverso. Por lo visto, no existen en este sector "conocimientos especiales". Todo el mundo tiene su vida anímica y se cree, por ello, psicólogo. Pero a nuestro juicio, a título bien precario, recordándonos la respuesta de aquella mujer, que fue a ofrecerse como aya, y al ser preguntada si tenía nociones de cómo se debía tratar a los niños pequeños, exclamó un tanto extrañada: "¡Naturalmente! También yo he sido niña alguna vez".

"¿Y ese 'fundamento común' de la vida anímica, hasta ahora desatendido por los psicólogos, cree usted haberlo descubierto por medio de la observación de sus enfermos?"

No creo que tal origen quite valor a nuestros descubrimientos. La Embriología, por ejemplo, no nos merecería confianza alguna si no pudiese explicar satisfactoriamente la génesis de las deformidades innatas. En cambio, le he hablado a usted antes de casos en los que el pensamiento sigue caminos independientes de la voluntad del sujeto, obligándole a meditar sin descanso sobre problemas que le son totalmente indiferentes; ¿cree usted que la Psicología oficial ha podido jamás aportar algo a la explicación de tales anomalías? Por último, todos podemos comprobar que, mientras dormimos, sigue nuestro pensamiento caminos propios y crea cosas que luego no comprendemos, y que recuerdan ciertos productos patológicos. El vulgo ha mantenido siempre la creencia de que los sueños significan algo y tenían un sentido y un valor propios. Pero la Psicología oficial no ha podido nunca indicar tal sentido de los sueños. No ha sabido qué hacer con ellos, y cuando ha intentado darles alguna explicación, ha sido siempre fuera de todo carácter psicológico, refiriéndolos a estímulos sensoriales, a una distinta profundidad del reposo de las diversas partes del cerebro, etc. Ahora bien, una psicología que no ha conseguido explicar los sueños no ha de poder tampoco proporcionarnos una explicación de la vida anímica normal ni tiene derecho alguno al hombre de ciencia.

"Observo ahora en usted una cierta agresividad, indicio de que llegamos a un punto delicado. He oído, en efecto, que el análisis da gran valor a los sueños, los interpreta, busca tras ellos recuerdos de sucesos reales, etcétera. Pero, también, que la interpretación de los sueños queda abandonada al arbitrio del analítico y que en estos últimos no han llegado todavía a un acuerdo sobre el modo de interpretar los sueños, ni sobre la justificación de deducir de ellos conclusiones. Si ello es así, no debe subrayar con tanta energía la ventaja que el análisis ha alcanzado sobre la Psicología oficial".

Hay mucho de verdad en lo que acaba usted de decir. Es cierto que la interpretación de los sueños ha adquirido, tanto para la teoría como para la práctica del análisis, una extraordinaria importancia. Si parezco agresivo, es tan sólo como medio de defensa. Pero si pienso en los destrozos que algunos analíticos han causado con la interpretación de los sueños, me torno tímido y casi doy la razón a nuestro gran satírico Nestroy cuando afirma que todo progreso no es sino la mitad de lo que en un principio se creyó. Ahora bien: ¿no es cosa sabida que los hombres no hacen sino embrollar y destrozar todo lo que cae en sus manos? Con un poco de prudencia y de disciplina puede evitarse la mayoría de los peligros de la interpretación onírica. Pero ¿no cree usted que si continuamos divagando como hasta ahora, no llegaré nunca a exponerle la teoría anunciada?

"Es cierto. Si no comprendí mal, se proponía usted hablarme de la hipótesis fundamental de la nueva Psicología".

No era por ese punto por el que precisamente quería comenzar. Ahora me propongo exponerle la idea que en el curso de nuestros estudios analíticos nos hemos formado de la estructura del aparato anímico.

"¿A qué da usted el nombre de aparato anímico y cuál es su composición?"

Pronto verá usted claramente lo que es el aparato anímico. En cambio, le ruego no me pregunte cuáles son los materiales que lo componen.

Es esta una cuestión tan indiferente para la Psicología como puede serlo para la Óptica el que las paredes de un anteojo sean de metal o de cartón. Dejaremos, por tanto, a un lado el punto de vista *material*. No así, en cambio, el *espacial*, que ha de sernos muy útil. Nos representamos, en efecto, el desconocido aparato dedicado a las funciones anímicas como instrumento compuesto de varias partes, a las que denominamos instancias, cada una de las cuales cumple una función particular, teniendo todas, entre sí, una relación espacial fija. Esta relación espacial, o sea, la determinada por los conceptos de "delante", "detrás", "superficial" y "profundo", no tiene en un principio para nosotros más sentido que el de una representación de la sucesión regular de las funciones. ¿Me hago entender todavía?

"Apenas. Quizá luego vaya viendo más claro; pero de todos modos he de observarle que me presenta usted aquí una singular anatomía del alma, inusitada ya entre los investigadores físicos".

¡Qué quiere usted! Se trata de una representación auxiliar como tantas otras usadas en las ciencias. Las primeras han sido siempre algo groseras. *Open to revision*, hay que decir en estos casos. Pero no creo siquiera necesario acogerme al ya popular "como si". El valor de una tal ficción —como la denominaría el filósofo Vaihinger— depende de la utilidad que nos reporte.

Continuemos: Reconocemos en el hombre una organización anímica interpolada entre sus estímulos sensoriales y la percepción de sus necesidades físicas, por un lado, y de otro, sus actos motores, sirviendo, con un propósito determinado, de mediadora entre tales dos sectores. A esta organización psíquica que reconocemos en el hombre la denominaremos su *yo*. No es esto ninguna novedad. Todos los hombres cultos aceptan esta hipótesis, aunque no sean filósofos, y algunos, a pesar de serlo. Pero con esto no creemos haber agotado la descripción del aparato anímico. Además de la existencia de este *yo*, reconocemos la de otro sector psíquico, más amplio, importante y obscuro que el *yo*, sector al que denominaremos el *Ello*. Vamos, ante todo, a ocuparnos de la relación entre ambos.

En Psicología, sólo por medio de comparaciones nos es posible describir, circunstancia nada singular, pues se da igualmente en otros sectores. Pero también hemos de cambiar constantemente de comparaciones; ninguna nos dura mucho. Así, pues, si he de hacer suficientemente clara la relación entre el *yo* y el *Ello*, le ruego se represente al *yo* como una especie de fachada del *Ello*, esto es, como un primer plano, un estrato exterior o una corteza del mismo. Conservamos esta última comparación. Sabido es que las capas corticales deben sus cualidades particulares a la influencia modificativa del medio exterior con el que están en contacto. Nos representamos, pues, al *yo* como la capa exterior del aparato anímico del *Ello*, modificada por la influencia del mundo exterior (de la realidad). Irá usted viendo ya cuán seriamente utilizamos en el psicoanálisis los conceptos espaciales. El *yo* es realmente para nosotros lo superficial, y el *Ello*, lo profundo, claro es que considerados desde fuera. El *yo* se encuentra entre la realidad, y el *Ello*, lo propiamente anímico.

"No quiero preguntarle todavía cómo puede saberse todo eso. Pero dígame, ¿qué le obliga a usted a establecer esa distinción de un *yo* y un *Ello*?"

Su pregunta me indica el camino por el que debo seguir. Lo importante es, en efecto, saber que el *yo* y el *Ello* se diferencian considerablemente en varios puntos. En el *yo*, el curso de los actos psíquicos es regido por reglas distintas que en el *Ello*; y, además, el *yo* persigue otros fines y con distintos medios. Sobre esto habría mucho que decir, pero creo que bastarán una nueva comparación y un ejemplo. Piense usted en la diferencia entre el frente de combate y el resto del país durante la guerra. No nos extrañaba entonces que, en el frente, llevase todo un ritmo distinto, ni que en la retaguardia se permitiesen muchas cosas que en el frente habían de ser prohibidas. La influencia determinante era, naturalmente, la proximidad del enemigo. Para el alma, tal influjo es la proximidad del mundo exterior. Exterior, extranjero y enemigo fueron un día conceptos idénticos. Ahora, el ejemplo: en el *Ello* no hay conflictos. Las contradicciones y las antítesis subsisten impertérritas lado a lado y se resuelven con frecuencia por medio de transacciones. El *yo* experimenta en tales casos un conflicto que ha de ser resuelto, y la solución consiste en abandonar una tendencia en obsequio a la otra. El *yo* es una organización que se caracteriza por una singular aspiración a la unidad, a la síntesis, carácter que falta en absoluto al *Ello*, el cual carece, por decirlo así, de coherencia; sus distintas tendencias persiguen sus fines independientemente unas de otras y sin atenderse entre sí.

"Pero si realmente existe un *hinterland* psíquico tan importante, ¿cómo se explica que haya permanecido incógnito hasta la época del análisis?"

Con esto volvemos a una de sus preguntas anteriores. La Psicología se había cerrado el acceso al sector del *Ello*, manteniendo una hipótesis que en un principio parece aceptable, pero que resulta insostenible. Es esta hipótesis la de que todos los actos anímicos son conscientes, siendo la concienciación la característica de lo psíquico, y que si existe en nuestro cerebro procesos no conscientes, no merecen el nombre de actos psíquicos, ni interesan para nada a la Psicología.

"A mi juicio, es esta la posición más lógica".

Así opinan también los psicólogos. Pero no es difícil demostrar que es absolutamente falsa, constituyendo una diferenciación por completo inadecuada. La autoobservación más superficial nos enseña que podemos tener ocurrencias que no pueden haber surgido sin una previa preparación. Ahora bien, de estos grados primarios de nuestro propio pensamiento, que desde luego ha debido ser también de naturaleza psíquica, no tenemos la menor noticia, y en nuestra conciencia aparece sólo el resultado. A veces, logramos hacer conscientes *a posteriori* tales productos mentales preparatorios.

"Lo más probable es que la atención se hallase desviada y no advirtiésemos así dichos preparativos".

Evasivas con las que no se logra eludir el hecho de que puedan desarrollarse en nosotros actos de naturaleza psíquica, a veces muy complicados, de lo que ninguna noticia tiene nuestra conciencia, ni llegamos a saber nada. ¿O está usted dispuesto a aceptar que un poco más o un poco menos de "atención" basta para transformar un acto no psíquico en un acto psíquico? Mas ¿para qué discutir? Existen experimentos hipnóticos en los cuales queda demostrada irrebatiblemente la existencia de tales pensamientos no conscientes.

"No quiero negarlo. Pero creo que, por fin, llego a comprenderlo. Lo que usted denomina el *yo* es la conciencia, y su *Ello* es lo subconsciente, tan discutido en estos tiempos. Mas ¿para qué ponerles nuevos motes?"

No se trata de poner nuevos motes. Es que los otros nombres son absolutamente inutilizables. Y no intente usted venirme ahora con literatura en lugar de ciencia. Cuando alguien me habla de lo subconsciente no acierto a saber si se refiere tópicamente a algo que se encuentra en el alma, por debajo de la conciencia, o, cualitativamente a otra conciencia, a una especie de conciencia subterránea. Lo más probable es que el mismo que emplea tal palabra no vea claramente su alcance. La única antítesis admisible es la de lo consciente y lo inconsciente. Ahora bien; sería un error de graves consecuencias creer que esta antítesis coincide con la diferenciación de un *yo* y un *Ello*. Por mi parte lo celebraría mucho, pues tal coincidencia facilitaría en extremo el camino de nuestra teoría, pero no es así. Todo lo que sucede en el *Ello* es y permanece inconsciente, y sólo los procesos desarrollados en el *yo* pueden llegar a ser conscientes. Pero no todos ni siempre ni necesariamente, pues partes muy considerables del *yo* pueden permanecer inconscientes duraderamente.

El devenir consciente de un proceso anímico es harto complicado. No puedo por menos de exponerle —de nuevo dogmáticamente— nuestras hipótesis sobre el caso. Recordará usted mi anterior descripción del *yo* como la capa exterior, periférica del *Ello*. Suponemos ahora que en la superficie más externa de este *yo* se encuentra una instancia especial, directamente vuelta hacia el mundo exterior; un sistema, un órgano cuyo estimulo produce el fenómeno al que damos el nombre de conciencia. Este órgano puede ser estimulado, tanto desde el exterior por los estímulos del mundo externo, que llegan a él con ayuda de los órganos sensoriales, como desde el interior por las sensaciones surgidas en el *Ello* o los procesos desarrollados en el *yo*.

"Esto se hace cada vez más complicado y escapa cada vez más a mi inteligencia. Me ha invitado usted a una conversación sobre el problema de si los profanos en medicina pueden emprender un tratamiento analítico. Sobran, pues, todas sus explicaciones de teorías obscuras y arriesgadas de cuya justificación no logrará usted convencerme".

Sé que no me será posible convencerle. Está fuera de toda posibilidad, y, por lo tanto, fuera también de mis propósitos. Cuando damos a nuestros discípulos una clase teórica de psicoanálisis, observamos la poca impresión que en ellos hacen nuestras palabras. Escuchan las teorías analíticas con la misma frialdad que las demás abstracciones con que en su vida de estudiantes se los ha alimentado. Por esta razón, exigimos que todo aquel que desea practicar el análisis se someta antes, él mismo, a un análisis, y sólo en el curso del mismo, al experimentar en su propia alma los procesos postulados por las teorías analíticas, es cuando adquiere aquellas convicciones que han de guiarle luego en su práctica analítica. ¿Cómo, pues, pudiera yo abrigar alguna esperanza de convencerlo a usted de la exactitud de nuestras teorías, habiendo de limitarme a su exposición incompleta, abreviada, y, por lo tanto, poco transparente, sin reforzarla con sus propias experiencias personales?

Mi intención es muy otra. Entre nosotros no se trata de si el análisis es sabio o insensato, ni de si sus afirmaciones son exactas o groseramente erróneas. Desarrollo ante usted nuestras teorías porque me parece el mejor medio de mostrarle claramente el contenido ideológico del análisis, las premisas de que parte con los enfermos y lo que con ellos se propone. De este modo, lograremos iluminar intensamente la cuestión del análisis profano. Por lo demás, esté usted tranquilo. Siguiéndome hasta aquí ha recorrido usted ya el trozo más penoso del camino. Lo que resta ha de serle más fácil. Pero déjeme usted tomar aliento.

# III

"Ahora, espero que me deduzca usted de las teorías psicoanalíticas la forma en que podemos representarnos la génesis de un padecimiento nervioso".

Voy a intentarlo. Mas para ello habremos de estudiar nuestro *yo* y nuestro *Ello* desde un nuevo punto de vista, desde el punto de vista *dinámico*, o sea, teniendo en cuenta las fuerzas que actúan en y entre ambas instancias. Antes nos hemos limitado a la descripción del aparato anímico.

"Supongo que será usted ya menos obscuro".

Así lo espero; y creo que no ha de serle tan penoso seguirme. Suponemos, pues, que las fuerzas que mueven el aparato psíquico nacen en los órganos del soma, como expresión de las grandes necesidades físicas. Recuerde usted la frase de nuestro filósofo poeta: "Hambre y Amor". Una respetabilísima pareja de fuerzas. Damos a estas necesidades físicas, en cuanto representan estímulos de la actividad psíquica, el nombre de *instintos*. Tales instintos llenan el *Ello*, pudiendo afirmarse, sintéticamente, que toda la energía del *Ello* procede de los mismos. También las fuerzas del *yo* tienen igual origen, siendo derivación de las del *Ello*. ¿Qué demandan los instintos? Satisfacción, esto es, la constitución de situaciones en las que puedan quedar apaciguadas las necesidades somáticas. El descenso de la tensión de la necesidad genera en nuestra conciencia una sensación de placer. En cambio, su incremento genera en el acto sensaciones de displacer. Estas oscilaciones dan origen a la serie de sensaciones de placer-displacer, con arreglo a la cual regula su actividad el aparato anímico. Habla aquí un *dominio del principio del placer*.

Cuando las aspiraciones instintivas del *Ello* no encuentran satisfacción, surgen estados intolerables. La experiencia muestra pronto que tales situaciones de satisfacción sólo pueden ser constituidas con ayuda del mundo exterior, y entonces, entra en funciones la parte del *Ello* vuelta hacia dicho mundo exterior, o sea, el *yo*. La fuerza que impulsa el navío corresponde toda al *Ello*, pero el *yo* es el timonel, sin el cual nunca se llegaría a puerto. Los instintos del *Ello* tienden a una satisfacción, ciega e inmediata; mas por sí solos no la alcanzarían jamás, dando, en cambio, ocasiones a graves daños. Al *yo* corresponde evitar un tal fracaso, actuando de mediador entre las exigencias del *Ello* y las del mundo exterior real. Su actuación se orienta en dos direcciones: por un lado, observa, con ayuda de su órgano sensorial del sistema de la conciencia, el mundo exterior para aprovechar el momento favorable a una satisfacción exenta de peligro, y por otro, actúa sobre el *Ello*, refrenando sus "pasiones" y obligando a los instintos a aplazar su satisfacción, e incluso, en caso necesario, a modificar sus fines o a abandonarlos contra una indemnización. Al domar así los impulsos del *Ello*, sustituye el principio del placer, único antes dominante, por el llamado *principio de la realidad*, que si bien persigue iguales fines, lo hace atendiendo a las condiciones impuestas por el mundo exterior. Más tarde, averigua el *yo* que para el logro de la satisfacción existe aún otro camino distinto de esta *adaptación* al mundo exterior. Puede también actuar directamente sobre el mundo exterior, *modificándolo*, y establecer en él, intencionadamente, aquellas condiciones que han de hacer posible la satisfacción. En esta actividad hemos de ver la más elevada función del *yo*. La decisión de cuándo es más adecuado dominar las pasiones y doblegarse ante la realidad, y cuándo se sabe atacar directamente al mundo exterior, constituye la clave de la sabiduría.

"Y siendo el *Ello* la instancia más fuerte, ¿se deja realmente dominar por el *yo*?"

Sí; cuando el *yo* se encuentra plenamente organizado y dispone de toda su capacidad funcional, teniendo acceso a todas las partes del *Ello* y pudiendo ejercer su influjo sobre ellas. Entre el *yo* y el *Ello* no existe oposición natural ninguna; son partes de un mismo todo, y en los casos de salud normal resultan prácticamente indiferenciables.

"Todo eso está muy bien, pero no veo en esta relación ideal lugar alguno para la enfermedad".

En efecto, mientras el *yo* y sus relaciones con el *Ello* se mantienen en estas condiciones ideales, no surge perturbación nerviosa alguna. El portillo que se abre a la enfermedad aparece en un lugar inesperado, si bien un perito en patología general no extrañará ver también confirmado en este caso que precisamente los desarrollos y las diferenciaciones más importantes llevan en sí el germen de la enfermedad y de la inhibición de las funciones.

"Me resulta usted ahora demasiado técnico y no sé si le comprendo bien".

Voy a explicarme. Ante el formidable mundo exterior, plagado de fuerzas destructoras, el hombre no es sino una mísera criatura, insignificante e inerme. Un ser primitivo, que no ha desarrollado aún una organización, un *yo* suficiente, se halla expuesto a infinitos "traumas". Vive la satisfacción "ciega" de sus deseos instintivos y sucumbe arrastrado por ella. La diferenciación en la que surge el *yo* es, ante todo, un progreso para la conservación de la vida. El sucumbir no enseña nada, pero cuando se ha resistido felizmente un trauma, se vigila la aproximación de situaciones análogas y se señala el peligro por medio de una reproducción abreviada de las impresiones experimentadas durante el trauma, o sea, por medio de un *afecto de angustia*. Esta reacción a la percepción del peligro inicia la tentativa de fuga, la cual salva la vida hasta que se es suficientemente fuerte para afrontar de un modo activo, e incluso con la agresión, los peligros del mundo exterior.

"Todo esto se aparta mucho del tema que me prometió tratar".

No sospecha usted cuán cerca llegamos ya del cumplimiento de mi promesa. También en los seres que más tarde presentan una organización del *yo* perfectamente capaz de rendimiento es este *yo* al principio, durante los años infantiles, muy débil y se halla muy poco diferenciado del *Ello*. Imagine usted ahora lo que sucederá al experimentar este *yo*, impotente, la presión de una exigencia instintiva procedente del *Ello*, exigencia a la que quisiera ya resistirse, porque adivina que su satisfacción es peligrosa y habrá de provocar una situación traumática, un choque con el mundo exterior, pero que no puede dominar por carecer aún de fuerzas para ello. El *yo* se comporta entonces, ante el peligro instintivo, como si se tratara de un peligro exterior; emprende una tentativa de fuga, se retira de aquella parte del *Ello* y le deja abandonada a su suerte, después de negarle todos los auxilios que, en que los demás casos, pone al servicio de los impulsos instintivos. Decimos entonces, que el *yo* lleva a cabo una *represión* del impulso instintivo de que se trate. De momento, tiene esta maniobra el resultado de alejar el peligro, pero no se pueden confundir impunemente el exterior y el interior. Es imposible huir de sí mismo. En la represión, sigue el *yo* el principio del placer, que de costumbre suele corregir, y esta inconsecuencia le acarrea un daño, consistente en limitar ya duraderamente su esfera de acción. El impulso instintivo reprimido queda ahora aislado, abandonado a sí mismo, inaccesible y sustraído a toda influencia. Sigue, pues, en adelante, caminos propios. El *yo* no puede ya, por lo general, aun llegando después a su plenitud, deshacer la represión, quedando así perturbada su síntesis y permaneciéndole vedado el acceso a una parte del *Ello*. Pero, además, el impulso instintivo aislado no permanece ocioso; encuentra medios de indemnizarse de la satisfacción normal que le ha sido prohibida, genera ramificaciones psíquicas que le representan, se enlaza a otros procesos que su influencia sustrae también al *yo* y emerge, por fin, en el *yo* y en la conciencia, bajo la forma de un producto sustitutivo, irreconociblemente disfrazado o deformado, creando aquello que conocemos con el nombre de síntoma. He aquí ya ante nosotros el estado de cosas de una perturbación nerviosa. Por una parte, un *yo* coartado en su síntesis, carente de influencia sobre partes del *Ello*, obligado a renunciar a alguna de sus actividades para evitar un nuevo choque con lo reprimido, y agotándose en actos defensivos, casi siempre vanos, contra los síntomas, ramificaciones de los impulsos reprimidos. Por otra, un *Ello* en el que ciertos instintos se han hecho independientes y persiguen, sin tener en cuenta los intereses de la personalidad total, sus fines particulares, obedientes tan sólo a las leyes de la primitiva psicología que reina en las profundidades del *Ello*. Considerando la situación en conjunto, hallamos la siguiente sencilla fórmula de la génesis de la neurosis: el *yo* ha intentado someter *en forma inadecuada* determinadas partes del *Ello*, fracasando en su empeño y teniendo que sufrir ahora la venganza del *Ello*. Así, pues, la neurosis es la consecuencia de un conflicto entre el *yo* y el *Ello*, conflicto que provoca el *yo* por mantener a toda costa su docilidad para con el mundo exterior y el *Ello*, y porque el *yo*, fiel a su más íntima esencia, toma partido por el mundo exterior y entra en conflicto con su *Ello*. Pero observe usted bien que no es este conflicto mismo el que crea la condición de la enfermedad —pues tales oposiciones entre la realidad y el *Ello* son inevitables, y una de las funciones constantemente encomendadas al *yo* es la de actuar en ellas de mediador—, sino la circunstancia de haberse servido el *yo*, para resolver el conflicto, de un medio —la represión— totalmente insuficiente, circunstancia debida a que el *yo*, en la época en que le fue planteada esta labor, no había aún llegado a su pleno desarrollo y total potencia. Todas las represiones decisivas tienen lugar, efectivamente, durante la más temprana infancia.

"¡Singularísima trayectoria! Sigo su consejo de no criticar, ya que sólo se propone usted mostrarme la opinión del psicoanálisis sobre la génesis de la neurosis, para enlazar a ella la exposición de su acción contra tales perturbaciones. Se me ocurren, desde luego, varias objeciones, que dejo para más adelante. Por ahora, sólo quiero advertirle que siento la tentación de seguir construyendo sobre la base de sus propios pensamientos y arriesgar por mi cuenta una teoría. Ha desarrollado usted la relación entre el mundo exterior, el *yo* y el *Ello* y establecido como condición de la neurosis la de que el *yo*, fiel a su dependencia del mundo exterior, combata al *Ello*. ¿No puede también imaginarse el caso contrario, o sea, el de que el *yo* se deje arrastrar por el *Ello* y haga traición al mundo exterior? Según mi profana idea de la naturaleza de las enfermedades mentales, pudiera muy bien ser esta decisión del *yo* la condición de una enfermedad de este género, toda vez que un tal apartamiento de la realidad parece ser el carácter esencial de las mismas".

También yo he pensado en ello y me parece muy verosímil, si bien la prueba de esta sospecha exigiría una discusión harto complicada. La neurosis y la psicosis, perturbaciones íntimamente afines, desde luego, difieren en un punto decisivo, que puede depender muy bien de la resolución que tome el *yo* en un tal conflicto. En cambio, el *Ello* conservaría siempre su carácter de ciega independencia.

"Continúe usted. ¿Qué medios le sugiere la teoría para el tratamiento de las enfermedades neuróticas?"

Resulta ya fácil diseñar nuestro fin terapéutico. Queremos reconstituir el *yo*, libertarlo de sus limitaciones, y devolverle el dominio sobre el *Ello*, perdido a consecuencia de sus pasadas represiones. Este y sólo este es el fin del análisis, y toda nuestra técnica se halla orientada hacia él. Hemos de buscar las represiones efectuadas y mover al *yo* a corregirlas con nuestra ayuda, resolviendo los conflictos en una forma más adecuada que el intento de fuga. Como tales represiones tuvieron efecto en años infantiles muy tempranos, la labor analítica nos hace retroceder a esta época de la vida del sujeto. El camino que conduce hasta aquellas situaciones de conflicto olvidadas en su mayoría, que queremos reanimar en la memoria del enfermo, nos es indicado por los síntomas, los sueños y las ocurrencias espontáneas del sujeto, material que ha de ser previamente objeto de una interpretación o traducción, pues bajo la influencia de la psicología del *Ello* ha llegado a tomar formas expresivas que dificultan su compresión. De los recuerdos, ideas y ocurrencias que el paciente nos comunica, no sin resistencia interior, hemos de suponer que se hallan enlazadas, en algún modo, con lo reprimido, o son incluso ramificaciones suyas. Al llevar al paciente a vencer su resistencia a comunicar este material, enseñamos a su *yo* a dominar su tendencia a los intentos de fuga y a soportar la aproximación de lo reprimido. Al fin, cuando se ha conseguido reproducir en su recuerdo la situación en la que tuvo lugar la represión, queda brillantemente recompensada su docilidad. La diferencia entre la época de la represión y la actual le es favorable, y el conflicto ante el cual recurrió su *yo* a la fuga no es hoy, para el *yo* adulto y robustecido, más que un juego infantil.

IV

"Todo lo que hasta ahora me ha expuesto usted ha sido Psicología. A veces ha resultado extraño, obscuro y espinoso, pero siempre, si me permite usted la palabra, limpio. Ahora bien: hasta hoy sabía muy poco del Psicoanálisis, pero, de todos modos, había llegado a mis oídos el rumor de que ustedes los analíticos se ocupaban predominantemente de cosas a las que no podía en modo alguno aplicarse el calificativo antes arriesgado. El que hasta ahora no haya tocado usted en su exposición nada semejante, me parece obedecer quizá a un deliberado propósito de abstención. Además, no puedo reprimir otra duda. Las neurosis son, como usted mismo dice, perturbaciones de la vida anímica. ¿Será posible que factores tan importantes como nuestra ética, nuestra conciencia moral y nuestros ideales no desempeñen papel ninguno en tales hondas perturbaciones?"

Me advierte usted, pues, que hasta ahora hemos omitido en nuestra conversación tanto lo más alto como lo más bajo. Es cierto, y ello se debe a que todavía no hemos empezado a ocuparnos de los contenidos de la vida anímica. Pero ahora me va usted a permitir que sea yo quien interrumpa y detenga el curso de nuestro diálogo. Le he expuesto tanta Psicología porque deseaba provocar en usted la impresión de que la labor analítica no es sino un sector de la psicología aplicada, si bien de una psicología desconocida fuera del análisis. Así, pues, el analítico tiene, ante todo, que haber estudiado esta psicología, la psicología abismal (*Tiefenpsychologie*) o psicología de lo inconsciente, o por lo menos, todo lo que de ella se conoce hasta el día. Retenga usted esta circunstancia, que ha de sernos necesaria para nuestras ulteriores conclusiones. Pero dígame ahora a qué se refería usted con su anterior alusión a la pureza.

"Le diré; se cuenta generalmente que en los análisis llega a hablarse de las circunstancias más íntimas y repugnantes de la vida sexual, sin perdonar un solo detalle. Si es así —y de sus explicaciones psicológicas no he podido deducir que así haya de ser—, tendremos un argumento para no consentir sino a los médicos el ejercicio del análisis. ¿Cómo permitir a personas de cuya discreción no se está seguro y de cuyo carácter no tenemos garantía ninguna de tamañas libertades?"

Es cierto que los médicos gozan en el terreno sexual de ciertas prerrogativas. Pueden incluso reconocer los órganos genitales. Aunque todavía existe algún reformador idealista —ya sabe usted a quién me refiero— que ha combatido tales privilegios. Pero usted quería saber, ante todo, si el análisis es así y por qué ha de tener este carácter, ¿no es verdad? Pues bien; es así.

Y tiene que ser así, en primer lugar, porque el análisis se halla basado en una completa sinceridad. Trátase en él, por ejemplo, con igual franqueza, circunstancias económicas que el sujeto no acostumbraba comunicar a sus conciudadanos, aunque no sean concurrentes suyos ni inspectores del Fisco. Claro es que esta absoluta sinceridad a que el paciente se obliga echa sobre el analítico una grave responsabilidad moral. En segundo lugar, tiene que ser así porque entre las causas de las enfermedades nerviosas desempeñan los factores de la vida sexual un papel importantísimo, quizá incluso específico. ¿Qué puede hacer el análisis sino adaptarse a su materia, esto es, al material que el enfermo le proporciona? El analítico no atrae jamás al paciente al terreno sexual, ni siquiera le advierte que habrá de tratarse en el análisis de tales intimidades. Deja que comience sus comunicaciones donde quiera, y espera tranquilamente a que toque por sí mismo los temas sexuales. Por mi parte, acostumbro hacer a mis discípulos la siguiente advertencia: Nuestros adversarios nos han anunciado que encontraremos casos en los que el factor sexual no desempeña papel alguno. Guardémonos, pues, muy bien de introducir nosotros en los análisis tales factores para no destruir la posibilidad de hallar un tal caso. Pero hasta ahora ninguno de nosotros ha tenido la suerte de encontrarlo.

Sé, naturalmente, que nuestro reconocimiento de la sexualidad constituye el principal motivo —confesado o no— de la hostilidad contra el análisis. Pero esta circunstancia no puede inducirnos en error, mostrándonos tan sólo cuán neurótica es nuestra sociedad civilizada, ya que sujetos aparentemente normales se conducen como enfermos nerviosos. En los tiempos en que el psicoanálisis era solemnemente enjuiciado en los círculos intelectuales de Alemania —de entonces acá han variado mucho las cosas—, hubo un orador que se consideraba con autoridad excepcional en la materia por el hecho de seguir también el método de dejar a los enfermos exteriorizar sus pensamientos, suponemos que con un propósito diagnóstico y para poner a prueba las afirmaciones analíticas. "Pero —añadía— en cuanto comienzan a hablarme de cosas sexuales les cierro la boca". ¿Qué opina usted de un tal procedimiento de prueba? El docto auditorio aplaudió entusiasmado al orador en lugar de avergonzarse de su ligereza, como hubiera sido lógico. Sólo la triunfante seguridad que presta el saber compartida toda una serie de prejuicios puede explicar la desaprensión lógica de este orador. Años después, algunos de mis alumnos de entonces cedieron a la necesidad de libertar a la sociedad humana del yugo de la sexualidad que le había impuesto el psicoanálisis. Uno de ellos ha declarado que lo sexual no era la sexualidad, sino algo distinto, abstracto y místico; y otro ha llegado a pretender que la vida sexual no es sino uno de los sectores en los que el hombre quiere satisfacer la necesidad de poderío y dominio que le mueve.

"Alto ahí. Sobre esto último ya me atrevo yo a opinar. Me parece, en efecto, muy arriesgado afirmar que la sexualidad no es una necesidad natural y primitiva del ser vivo, sino la expresión de algo distinto. Basta con observar el ejemplo de los animales".

No importa. No hay mixtura alguna, por absurda que sea, que la sociedad no trague gustosa, si se le presenta como un filtro contra el temido poder de la sexualidad.

Pero, además, he de confesarle que su repugnancia a atribuir al factor sexual un papel tan preponderante en la causación de las neurosis no me parece muy compatible con su imparcialidad. ¿No teme usted que una tal antipatía influya de una manera injusta en su juicio?

"Siento mucho que pueda usted pensar semejante cosa. Parece que ha perdido su confianza en mí. ¿Por qué no ha escogido usted entonces a otra persona como interlocutor imparcial?"

Porque en esta cuestión hubiera opinado lo mismo. Y de no ser así, y tratarse de alguien dispuesto desde un principio a reconocer la importancia de la vida sexual, todo el mundo me hubiera acusado de no haber elegido como interlocutor a un sujeto imparcial, sino a un partidario de mis doctrinas. Así, pues, no piense usted que haya perdido la esperanza de lograr alguna influencia sobre sus opiniones. En cambio, he de reconocer que mi posición con respecto a usted ha variado algo. Antes, al desarrollar mi exposición psicológica, me era indiferente que diese usted o no crédito a mis palabras; me bastaba con que obtuviese usted la impresión de que se trataba de problemas puramente psicológicos. Ahora, ante el tema de la sexualidad, quisiera hacerle reconocer que el motivo más poderoso de su oposición a nuestras teorías era precisamente aquella preconcebida hostilidad que con tantos otros comparte usted.

"Ha de tener usted en cuenta que me falta la experiencia que ha creado en usted una tan inconmovible seguridad".

Bien. Proseguiré ahora mi exposición. La vida sexual no es sólo un tema picante, sino también un grave problema científico. Hay en ella mucho que descubrir y que aclarar. Ya dijimos que el análisis había de retroceder hasta la más temprana infancia del paciente, por ser en esta época, y durante el período de debilidad del *yo*, cuando han tenido efecto las represiones decisivas. Es creencia general que en la infancia no hay vida sexual, empezando esta con la pubertad. Por el contrario, descubrimos nosotros que los impulsos instintivos sexuales acompañan a la vida desde el nacimiento mismo, y que las represiones son precisamente el arma defensiva empleada por el *yo* contra tales instintos. Singular coincidencia esta de que ya el niño pequeño se rebele contra el poder de la sexualidad, lo mismo que el conferenciante al que antes aludimos o aquellos de mis discípulos que luego construyen teorías propias. ¿A qué se debe eso? La explicación más general sería la de que nuestra civilización se forma a costa de la sexualidad, pero esta explicación no agota, ni con mucho, el tema.

El descubrimiento de la sexualidad infantil pertenece a aquellos que tornan en vergüenza y confusión de los descubridores. Según parece, para algunos pediatras y algunas *nurseries* no era ya nada nuevo. Pero sujetos muy inteligentes, que se titulan especialistas en psicología infantil, pusieron el grito en el cielo acusándonos de haber "despojado a la niñez de su inocencia". ¡Siempre sentimentalismos en lugar de argumentos! En nuestras instituciones políticas sucede todos los días algo semejante. Un miembro cualquiera de la oposición se levanta y denuncia actos punibles cometidos en la Administración, el Ejército o los Tribunales de Justicia. Acto seguido pide la palabra otro parlamentario, generalmente miembro del Gobierno, y declara que tales acusaciones ofenden el sentimiento del honor militar, dinástico o incluso del nacional, y deben, por lo tanto, ser rechazadas sin formación de causa.

La vida sexual del niño es, naturalmente, distinta de la del adulto. La función sexual recorre, desde sus comienzos hasta su conformación final, tan familiar ya para nosotros, un complicado desarrollo. Nace de numerosos instintos parciales, con fines diferentes, y atraviesa varias fases de organización, hasta entrar, finalmente, al servicio de la reproducción. De los diferentes instintos parciales, no todos son igualmente utilizables para el resultado final y tienen, por lo tanto, que ser desviados, modificados, y en parte, reprimidos. Una evolución tan complicada no se desarrolla siempre impecablemente; sobrevienen detenciones, fijaciones parciales a fases evolutivas tempranas, y más tarde, cuando el ejercicio de la función sexual tropieza con algún obstáculo, la tendencia sexual —la libido, como nosotros decimos— vuelve con facilidad a tales puntos tempranos de fijación. El estudio de la sexualidad infantil y de sus transformaciones hasta la madurez nos ha dado la clave de las llamadas perversiones sexuales, descritas antes con todas las demostraciones de horror exigidas por las conveniencias, pero cuya génesis nadie podía explicar. Todo este sector es extraordinariamente interesante, mas, para los fines de nuestra conversación, no tiene objeto que sigamos ocupándonos de él. Es preciso poseer, para no extraviarse en su recinto, conocimientos anatómicos y fisiológicos que, desgraciadamente, no se adquieren todos en las aulas de Medicina, pero, además, resulta indispensable una cierta familiaridad con la Historia de la Civilización y la Mitología.

"Con todo, no me formo aún idea de lo que pueda ser la vida sexual del niño".

Entonces permaneceremos aún en este tema. Así como así, no me es fácil abandonarlo. Escuche: lo más singular de la vida sexual del niño me parece ser la circunstancia de recorrer toda su evolución, muy amplia, en los cinco primeros años; desde este punto, hasta la pubertad, se extiende el llamado período de latencia, durante el cual no realiza la sexualidad —normalmente— progreso ninguno, perdiendo, por el contrario, fuerza las tendencias sexuales y siendo abandonadas y olvidadas muchas cosas que el niño realizaba y sabía ya.

En este período vital, marchita la primera flor de la vida sexual, se constituyen ciertas actividades del *yo* —el pudor, la repugnancia, la moralidad— destinadas a resistir el posterior ataque sexual de la pubertad y a mostrar sus caminos a los impulsos sexuales nuevamente despiertos. Esta constitución en dos tiempos de la sexualidad tiene gran relación con la génesis de las enfermedades nerviosas y parece privativa del hombre, siendo quizá una de las determinantes del privilegio humano de enfermar de neurosis. La prehistoria de la vida sexual ha sido tan descuidada antes del psicoanálisis, como, en otro sector, el último fondo de la vida anímica consciente. Ambos extremos se hallan, como con razón sospechará usted, íntimamente enlazados.

De los contenidos, manifestaciones y funciones de esta época temprana de la sexualidad se podrían decir muchas cosas totalmente inesperadas. Por ejemplo, le asombrará a usted oír que el niño sufre en muchos casos el miedo de ser devorado por su padre. (¿No le admira también verme situar este miedo entre las expresiones de la vida sexual?). Pero he de permitirme recordarle el mito de los hijos del dios Cronos, devorados por su padre, horrorosa fábula que tan singular impresión hubo de causarnos en nuestros años escolares, aunque no nos moviera por entonces a reflexionar sobre su sentido íntimo. A este mito podemos agregar hoy varias fábulas en las que interviene un animal devorador, el lobo, por ejemplo, en el cual reconocemos una personificación disfrazada de la figura paterna. Aprovecharé la ocasión para asegurarle que el conocimiento de la vida sexual del niño nos ha dado, secundariamente, la clave de la mitología y del mundo de la fábula. Es esta una de las múltiples ventajas accesorias de los estudios analíticos.

No menos grande habrá de ser su extrañeza al oír que el niño padece el miedo de ser despojado, por su padre, de sus órganos sexuales, y de tal manera que este miedo a la castración ejerce poderosísima influencia sobre el desarrollo de su carácter y la decisión de su orientación sexual. También aquí le ayudará la mitología a dar crédito al psicoanálisis. El mismo Cronos, que devora a sus hijos, castró antes a su padre Urano y fue a su vez castrado por su hijo Zeus, a quien la astucia de la madre salvó de morir como sus hermanos. Si se ha sentido usted inclinado a suponer que todo lo que el psicoanálisis cuenta de la temprana sexualidad de los niños procede de la florida fantasía de los analíticos, habrá de reconocer, por lo menos, que esta fantasía ha creado los mismos productos que la actividad imaginativa de la humanidad primitiva, de la cual son residuos los mitos y las fábulas. Otra posible actitud de usted, más benévola y probablemente más acertada, sería la de opinar que en la vida anímica del niño aparecen aún visibles, hoy en día, aquellos mismos factores arcaicos que reinaron generalmente en las épocas primitivas de la civilización humana. El niño repetirá así, abreviada, en su desarrollo psíquico la historia de la especie, como ya la Embriología lo ha reconocido hace tiempo con respecto al desarrollo físico.

Otro carácter de la temprana sexualidad infantil es el de no desempeñar en ella papel ninguno el órgano sexual femenino —que el niño no ha descubierto aún—. Todo el acento recae sobre el miembro masculino, y todo el interés se concentra sobre su existencia o inexistencia. De la vida sexual de la niña sabemos menos que de la del niño. Pero no tenemos por qué avergonzarnos de esta diferencia, pues también la vida sexual de la mujer adulta continúa siendo un *dark continent* para la Psicología. Sin embargo, hemos descubierto que la niña lamenta grandemente la falta de un miembro sexual equivalente al masculino, se considera disminuida por esta carencia y experimenta una "envidia del pene", que da origen a toda una serie de reacciones femeninas características.

También es peculiar al niño el hecho de revestir de interés sexual las dos necesidades excrementicias. La educación eleva luego entre ambos sectores una barrera, que el chiste derriba más tarde. El niño necesita, en efecto, bastante tiempo para llegar a experimentar repugnancias. Y eso no lo han negado tampoco aquellos que defienden en todo otro punto la seráfica pureza del alma infantil.

Pero el hecho que en más alto grado merece nuestra consideración es el de que el sujeto infantil proyecta regularmente sus deseos sexuales sobre las personas más próximamente afines a él, o sea, en primer lugar, sobre su padre o su madre, y después, sobre sus hermanos o hermanas. Para el niño, el primer objeto amoroso es la madre, y para la niña, el padre, en cuanto una disposición bisexual no favorece también, simultáneamente, la actitud contraria. El otro elemento de la pareja padre-madre es visto como un rival perturbador, y llega a ser con frecuencia objeto de una intensa hostilidad. Entiéndame usted bien; no quiero decir que el niño o la niña deseen por parte de la madre o del padre, respectivamente, aquella clase de ternura en la que nos place a los adultos ver la escena de las relaciones entre padre e hijos. No; el análisis no permite dudar de que los deseos del sujeto infantil van más allá de esta ternura y aspiran a todo aquello que consideramos como satisfacción sexual, aunque claro está que dentro de los límites de la facultad imaginativa infantil. Naturalmente, el niño no adivina nunca el verdadero aspecto de la unión sexual y lo sustituye con representaciones deducidas de sus experiencias y sensaciones propias. Por lo común, culminan sus deseos en la intención de dar a luz, a su vez, un niño o de engendrarlo de una manera vaga e indeterminada. De este deseo de parir un hijo no queda excluido —en su ignorancia— el sujeto infantil masculino. A toda esta construcción psíquica es a lo que damos el nombre de complejo de Edipo, según la conocida leyenda griega. Normalmente debe sufrir este complejo, al terminar la primera época sexual, una transformación fundamental, cuyos resultados están llamados a influir decisivamente en la vida psíquica ulterior. Mas, por lo regular, no es dicha transformación suficientemente fundamental y la pubertad viene a provocar una resurrección del complejo que puede acarrear graves consecuencias.

Me asombra no oírle presentar a todo esto objeción ninguna, aunque no me atrevo a interpretar su silencio como aquiescencia. Al afirmar el análisis que la primera elección de objeto del sujeto infantil es *incestuosa* —para emplear ya el nombre técnico—, volvía indudablemente a irritar los más sagrados sentimientos de la humanidad y debía estar preparada a tropezar con la incredulidad, la contradicción y los más duros reproches. Así ha sucedido, en efecto. Nada le ha sido tan desfavorable en el ánimo de sus contemporáneos como esta presentación del complejo de Edipo como una formación, generalmente, humana y fatal. El mito griego tuvo, sin duda, esta misma significación, pero la inmensa mayoría de los hombres de hoy, cultos o incultos, prefiere creer que la naturaleza nos ha dotado de un horror innato al incesto, como protección contra tan repugnante posibilidad.

Llamaremos a la Historia en nuestro auxilio. Cuando Julio César llegó a Egipto encontró a la joven reina Cleopatra casada con Ptolomeo, su hermano menor, unión nada extraña en la dinastía egipcia. Los Ptolomeo, de origen griego, no habían hecho sino continuar una costumbre puesta en práctica durante milenios enteros por sus predecesores, los antiguos faraones. Pero en este caso se trata de un incesto entre hermanos que aún hoy en día es juzgado menos monstruoso. Volvamos, pues, la vista a la Mitología, el testimonio más importante que poseemos de las circunstancias de la humanidad primitiva. Vemos en ella que los mitos de todos los pueblos, y no sólo los griegos, abundan en relaciones amorosas entre padre e hija e incluso entre madre e hijo. Tanto la cosmología como las genealogías de las casas reales aparecen basadas en el incesto. ¿A qué intención puede suponerse obediente la creación de estas leyendas? ¿Acaso para imponer a dioses y reyes la marca infamante de los criminales y echar sobre ellos el oprobio de la humanidad? No; sino porque los deseos incestuosos son una primitiva herencia humana, y no habiendo sido nunca totalmente dominados, se concedía aún su satisfacción a los dioses y a sus descendientes, cuando ya la mayoría de los humanos vulgares se veía forzada a renunciar a ellos. De completo acuerdo con estas enseñanzas de la Historia y de la Mitología hallamos aún vivo y eficiente el deseo incestuoso en la infancia individual.

"Le podía reprochar ahora haber querido al principio silenciar todo lo que acaba de exponerme sobre la sexualidad infantil. Me parece interesantísimo, precisamente por sus relaciones con la prehistoria de la humanidad".

Temía apartarme demasiado de nuestro fin principal. Aunque, bien pensado, creo que la digresión ha de reportarnos sus ventajas.

"Dígame ahora, ¿qué garantía puede usted ofrecerme en apoyo de sus conclusiones analíticas sobre la vida sexual de los niños? ¿Su firme convicción reposa tan sólo sobre la coincidencia de tales conclusiones con los datos históricos y mitológicos?"

De ningún modo. Se basa en la observación más inmediata y directa. Su proceso es el siguiente: comenzamos por deducir del análisis de adultos, o sea, a una distancia de veinte a cuarenta años, el contenido de la infancia sexual. Más tarde, hemos emprendido el análisis de sujetos infantiles, y no fue un triunfo despreciable el hallar confirmado en ellos todo lo que en los adultos habíamos adivinado, a pesar de las superposiciones y deformaciones sobrevenidas en el largo intervalo.

"¡Cómo! ¿Han sometido ustedes al análisis a niños de seis años? No lo hubiera creído posible, y, además, me parece peligroso para el tierno sujeto".

Pues no ofrece dificultades especiales. Es casi increíble lo mucho que sucede ya en un niño de cuatro a cinco años. Los niños presentan en esta edad una gran actividad espiritual; la temprana época sexual es también para ellos un período del florecimiento intelectual. Tengo la impresión de que al iniciarse el período de latencia se embota un tanto su intelecto. Muchos niños pierden también, a partir de este momento, su atractivo físico. Ahora, por lo que respecta a los peligros del análisis infantil, puedo decirle que el primer niño con quien se arriesgó, hace ya cerca de veinte años, este experimento, es hoy un joven sano de cuerpo y de espíritu, que ha atravesado de un modo perfectamente normal el período de la pubertad, no obstante haber sufrido en su transcurso graves traumas psíquicos. Espero que así suceda con todas las demás "víctimas" del análisis infantil. En estos análisis de niños confluyen intereses muy variados, y es muy posible que en lo futuro adquieran una importancia aún mayor. Su valor para la teoría es indiscutible; proporcionan datos inequívocos sobre cuestiones que los análisis de adultos dejan indecisas y evitan así, al analítico, errores de graves consecuencias para su teoría. Sorprendemos en plena actividad en estos análisis a aquellos factores que conforman la neurosis. Ahora bien; en interés del niño, debe ser amalgamado el influjo analítico con medidas de carácter pedagógico. Esta técnica está aún por fijar. Por otro lado, la observación de que muchos niños atraviesan en su desarrollo una fase claramente neurótica da a la cuestión un vital interés práctico.

Desde que hemos aprendido a ver con más penetración, nos inclinamos a afirmar que la neurosis infantil no es la excepción, sino la regla, como si fuera un accidente inevitable en el campo que va de la disposición infantil a la civilización social. En la mayoría de los casos, este acceso neurótico de los años infantiles es dominado espontáneamente. Sin embargo, no puede asegurarse que no deje siempre sus huellas incluso en el adulto de salud normal. Lo que sí es indudable es que ningún neurótico adulto deja de mostrarnos un enlace de su enfermedad actual con una neurosis infantil que en su época pudo no presentar signos muy visibles. De un modo totalmente análogo afirman hoy, según creo, los internistas que todo individuo ha padecido en su infancia una infección tuberculosa. Claro es que, con respecto a la neurosis, no puede hablarse de infección y sí solamente de predisposición.

Vuelvo ahora sobre su demanda de garantías. Le he indicado ya que la observación analítica directa de los niños nos ha demostrado en todos los casos haber interpretado acertadamente las manifestaciones de los adultos sobre su pasada infancia. Pero, además, nos ha sido dable disponer con alguna frecuencia de un distinto medio de prueba. Con auxilio del material del análisis habíamos reconstruido determinados sucesos exteriores, acontecimientos impresionantes de los años infantiles, de los cuales nada conservaba la memoria consciente de los enfermos; mas una feliz casualidad nos permitió, consultando los recuerdos de los padres o guardadores del sujeto, lograr pruebas irrecusables de que tales sucesos por nosotros deducidos habían tenido plena realidad. Este medio de prueba no se nos ha ofrecido, como es natural, más que en un número limitado de casos, pero cuando por un feliz azar hemos dispuesto de él, nos ha dejado, al confirmar nuestras deducciones, una poderosísima impresión. Ha de saber usted que la exacta reconstrucción de tales sucesos infantiles olvidados produce siempre un gran efecto terapéutico, permita o no una confirmación objetiva. Dichos sucesos deben, naturalmente, su importancia al hecho de haber tenido efecto en una época temprana en la que podían ejercer sobre el *yo*, todavía débil, un influjo traumático.

"¿Y de qué género son estos sucesos que han de ser buscados por medio del análisis?"

Son muy diversos. En primer lugar, impresiones que fueron susceptibles de influir duraderamente sobre la vida sexual, el germen del niño, tales como la observación de actos sexuales entre adultos o experiencias sexuales propias con adultos o con otro sujeto infantil —casos más frecuentes de lo que pudiera creerse—; la audición de conversaciones que el niño entendió ya o sólo posteriormente, pero de las que creyó obtener la clave de cosas misteriosas e inquietantes; por último, expresiones o actos del propio niño que prueba una importante actitud tierna u hostil del mismo con respecto a otras personas. Es también de especial importancia hacer recordar al sujeto en el análisis su propia actividad sexual infantil olvidada ya, y determinar la intervención de las personas adultas que puso término a tal actividad.

"Me ofrece usted ahora la ocasión de dirigirle una pregunta que hace ya tiempo vengo reteniendo. ¿En qué consiste la "actividad sexual" del niño durante esta temprana época, actividad inadvertida, según me dijo antes, hasta el análisis?"

Lo singular es que la forma más regular y esencial de esta actividad sexual no había pasado inadvertida. En realidad, era imposible no verla. Los impulsos sexuales del sujeto infantil encuentran su expresión principal en la autosatisfacción por medio del estímulo de los propios genitales; en realidad, de la parte masculina de los mismos. La extraordinaria difusión de este "vicio" infantil ha sido conocida siempre por los adultos, que la han considerado como un grave pecado, persiguiéndola severamente. No me pregunte usted cómo ha sido posible conciliar esta observación de las inclinaciones inmorales del niño —pues los niños hacen esto, como ellos mismos dicen, porque "les da gusto"— con la teoría de su innata pureza. Es este un misterio cuya solución habrá usted de pedir a los campeones de la inocencia infantil. A nosotros se nos plantea un problema más importante, el de cómo hemos de conducirnos con respecto a la actividad sexual de la temprana infancia. Conocemos la responsabilidad que supone yugularla y tampoco nos decidimos a dejarla en completa libertad. En los pueblos de civilización más baja y en las capas inferiores de los civilizados no parece ponerse obstáculo ninguno a la sexualidad infantil. Con ello se consigue, desde luego, una fuerte protección contra la posterior adquisición por el adulto de neurosis individuales, pero quizá también una extraordinaria pérdida de capacidad para rendimientos sociales. Todo nos dice que nos hallamos aquí ante unas nuevas Escila y Caribdis.

Dejo ya a su juicio, con toda confianza, la resolución de si puede afirmarse que el interés que despierta el estudio de la vida sexual de los neuróticos puede crear una atmósfera favorable a la voluptuosidad.

## V

"Creo penetrar su intención. Quiere usted mostrarme qué conocimientos son necesarios para el ejercicio del análisis, con el fin de hacerme posible juzgar si únicamente ha de serle permitido a los médicos. Pues bien: hasta ahora, no ha surgido gran cosa privativamente médica. Mucha Psicología y algo de Biología o ciencia sexual. ¿O es que todavía no columbramos la meta?"

Desde luego, no. Quedan aún muchas lagunas por llenar. ¿Me permite usted un ruego? ¿Quiere usted describirme cómo se imagina usted ya un tratamiento psicoanalítico? Supóngase que tiene que encargarse ahora mismo de un enfermo.

"Está bien. No entra, desde luego, en mis cálculos resolver la cuestión que nos ocupa por medio de tal experimento. Pero no he de resistirme a su petición. De todos modos, sería usted el responsable... Así, pues, supongo que el enfermo acude a mí y me cuenta sus cuitas. Yo le prometo la curación o, por lo menos, algún alivio si se presta a seguir mis indicaciones y le invito a manifestarme, con plena sinceridad, todo lo que surja en su pensamiento, no apartándose de esta norma aun cuando se trate de algo que le resulte desagradable comunicar. ¿Me he aprendido bien esta regla primera?"

Sí. Pero habrá usted de añadir que tampoco deberá silenciar lo que le parezca insignificante o falto de sentido.

"Es cierto. Entonces comienza el enfermo a relatar y yo a escucharle. De sus manifestaciones deduzco cuáles son los sucesos, los impulsos optativos y las impresiones que ha reprimido, por haber sobrevivido en una época, en la que su *yo* era aún débil y los temía, no osando afrontarlos. Una vez impuesto el paciente de estas circunstancias, se transporta a las situaciones en que tales represiones tuvieron efecto, y rectifica con mi ayuda los pasados procesos defectuosos. Desaparecen entonces las limitaciones a las que se veía forzado su *yo*, y queda este reconstituido. ¿Es así?"

¡Bravo! Veo que pueden de nuevo hacerme el reproche de haber formado un analítico de persona ajena a la profesión médica. Se ha asimilado usted perfectamente la cuestión.

"No he hecho más que repetir lo oído, como quien recita una lección aprendida de memoria. Resulta así que no puedo representarme siquiera cómo me las arreglaría ante el enfermo, ni comprendo tampoco por qué una tal labor habría de exigirme, durante meses y meses, una hora diaria. Por lo general, la vida de un hombre corriente no está llena de sucesos que su relato haya de ser tan largo, y, por otra parte, aquello que en la niñez sucumbe a la represión debe de ser, probablemente, idéntico en todos los casos".

Lo que sucede es que el ejercicio real y verdadero del análisis enseña muchas cosas. Así, no habría de serle a usted tan fácil como quizá piensa deducir de las manifestaciones del paciente los sucesos por él vividos y los impulsos instintivos que no hubo de reprimir. Tales manifestaciones tendrán al principio para usted tan poco sentido como para el propio enfermo. Habrá usted, pues, de dedicarse a considerar de una manera especial el material que el enfermo le proporciona, obediente a la regla primordial del análisis. Habrá usted de considerarlo, por ejemplo, como un mineral del que hay que extraer por medio de determinados procedimientos el valioso metal que contiene, y se preparará entonces a elaborar muchas toneladas de mineral que sólo contienen, quizá, algunos gramos de la preciosa materia buscada. Esta sería la primera causa de la larga duración de la cura.

"Pero, siguiendo su comparación, ¿cómo se elabora tal materia prima?"

Suponiendo que las comunicaciones y ocurrencias del enfermo no son sino deformaciones de lo buscado, alusiones por las cuales ha de adivinar usted lo que detrás se esconde. En una palabra; ante todo, tiene usted que *interpretar* el material dado, trátese de recuerdos, ocurrencias o sueños. Esta interpretación ha de llevarse a cabo, naturalmente, atendiendo a aquellas hipótesis que su conocimiento de la materia le haya ido surgiendo mientras escuchaba al enfermo.

"¡Interpretar! No me gusta esa palabra, que me quita toda posible seguridad. Si todo depende de mi interpretación, ¿quién me garantiza que interpreto con acierto? Todo queda ya abandonado a mi arbitrio".

Exagera usted. ¿Por qué excluir sus propios procesos anímicos de la normatividad que reconoce usted a los del prójimo? Si usted ha logrado adquirir una cierta disciplina de sus propios actos mentales y dispone de determinados conocimientos, sus interpretaciones no quedarán influidas por sus cualidades personales y serán aceptadas. No quiere esto decir que para la buena marcha de esta parte del tratamiento sea indiferente la personalidad del analítico. Por el contrario, para llegar hasta lo inconsciente reprimido es preciso cierta penetración, que no todo el mundo posee en igual medida. Pero, ante todo, surge en este punto para el analítico la obligación de capacitarse por medio de un profundo análisis propio para acoger sin prejuicio alguno el material analítico. Ciertamente queda algo que puede compararse a la "ecuación personal" en las observaciones astronómicas, un factor individual, que siempre desempeñará en el psicoanálisis un papel más importante que en otra cualquier disciplina. Un hombre anormal, por muy estimables que sean sus conocimientos, no podrá nunca ver sin deformación en el análisis las imágenes de la vida psíquica, pues se lo impedirán sus propias anormalidades. Ahora bien, como no es posible probar a nadie sus anormalidades, ha de ser muy difícil alcanzar en las cuestiones de la psicología abismal un acuerdo general. Algunos psicólogos llegan incluso a juzgar vana toda esperanza en este sentido, y declaran que todo loco tiene derecho a presentar como sabiduría su locura. Por mi parte, soy más optimista. Nuestras experiencias nos muestran, en efecto, que también en psicología es posible llegar a acuerdos bastantes satisfactorios. Cada sector de investigación presenta dificultades propias que hemos de esforzarnos en eliminar. Por último, también en el arte interpretativo del análisis hay, como en otras materias del saber, algo que puede ser estudiado y aprendido; por ejemplo, todo lo referente a la singular representación indirecta por medio de símbolos.

"Crea usted que no siento ya deseo alguno de emprender, ni siquiera en imaginación, un tratamiento psicoanalítico. ¿Quién sabe las sorpresas que me aguardarían?"

Hace usted bien en renunciar de antemano a tal intento. Va usted viendo ya cuánto estudio y cuánta práctica habrían de serle previamente necesarios. Pero sigamos. Una vez halladas las interpretaciones exactas, se plantea una nueva labor. Tiene usted que esperar el momento propicio para comunicar al paciente, con alguna probabilidad de éxito, su interpretación.

"¿Y cómo reconocer en cada caso este momento favorable?"

Es cuestión de cierto tacto, que la experiencia puede llegar a afinar considerablemente. Cometería usted un grave error revelando en el acto al paciente sus interpretaciones con el fin, por ejemplo, de abreviar el análisis. Con ello sólo conseguiría usted provocar manifestaciones de resistencia, repulsa e indignación, sin lograr, en cambio, que el *yo* del sujeto se apoderase de lo reprimido. La consigna es esperar hasta que el *yo* se encuentre tan cerca de tales elementos que sólo necesite dar ya, guiado por nuestra propuesta de interpretación, algunos, muy pocos pasos.

"No creo que llegase jamás a aprender tan difícil táctica. Y una vez seguidas en la interpretación todas esas reglas de precaución, ¿qué pasa?"

Que descubre usted algo totalmente inesperado.

"¿El qué?"

Descubre usted que se ha equivocado por completo con respecto al paciente; que ya no puede usted contar con su colaboración ni con su docilidad; que se muestra dispuesto a oponer a la labor común toda clase de dificultades; en una palabra: que no quiere ya recobrar la salud.

"¿Cómo? Hasta ahora no le había oído a usted nada tan absurdo. No puedo creerlo. ¿De manera que el pobre enfermo, que da muestras de sufrir tanto y se impone grandes sacrificios en pro del tratamiento, no quiere ya la salud? Por fuerza no es esto lo que usted quiere decir".

Tranquilícese usted. Lo que acabo de afirmar es la pura verdad. No toda la verdad, ciertamente, pero sí una parte muy considerable de ella. El enfermo quiere recobrar la salud, pero también, y al mismo tiempo, la rechaza. Su *yo* ha perdido la unidad, y de este modo, no llega a construir voliciones unitarias. Si así no fuere, no existiría la enfermedad neurótica.

Las ramificaciones de lo reprimido han penetrado en su *yo*, afirmándose en él, y sobre las tendencias de este origen posee el *yo* tan poco dominio como sobre los mismos elementos reprimidos, no sabiendo tampoco, por lo general, nada de ellas. Los enfermos de esta clase pertenecen a un orden especial y oponen dificultades con las cuales no estamos habituados a contar. Todas nuestras instituciones sociales están constituidas para personas con un *yo* unitario, normal, al que se puede clasificar en bueno o malo y que llena su función o es excluido de ella por una influencia más poderosa. De aquí la alternativa legal de responsable o irresponsable. Nada de esto puede aplicarse a los neuróticos. Ha de confesarse que resulta difícil adaptar las exigencias sociales a su estado psicológico. Esta dificultad ha sido comprobada en gran medida durante la última guerra. Los neuróticos que se sustraían al servicio militar ¿eran o no simuladores? Lo eran y no lo eran. Cuando se los trataba como simuladores y se les hacía bien incómoda su situación de enfermos, se ponían buenos. Y cuando se les mandaba aparentemente restablecidos al servicio, volvían a refugiarse rápidamente en la enfermedad. No había medio de conseguir algo de ellos. Pues bien; lo mismo sucede con los neuróticos de la vida civil. Se lamentan de su enfermedad, pero sacan de ella las mayores ventajas posibles, y cuando se les quiere arrebatar, la defienden como la leona de la fábula a su cachorro. Claro es que no tendría sentido alguno reprocharles tal contradicción.

"¿No sería entonces lo mejor prescindir de todo tratamiento de tales individuos y dejarlos abandonados a sí mismos? No creo que merezca la pena derrochar con cada uno de ellos el esfuerzo que, según voy viendo por sus indicaciones, exige el proceso terapéutico".

Me es imposible agregarme a su propuesta. Creo mucho más acertado aceptar las complicaciones de la vida que rebelarse contra ellas. No todos los neuróticos que tratamos son quizá dignos del esfuerzo exigido por el análisis, pero sí hay entre ellos personalidades muy estimables. Hemos de proponernos, pues, que el número de individuos que afronte la vida civilizada con tan endeble armadura sea lo más pequeño posible, y para conseguirlo, habremos de reunir muchas experiencias y aprender a comprender muchas cosas. Cada uno de nuestros análisis puede aportarnos nuevos esclarecimientos, instruyéndonos así independientemente del valor personal del enfermo.

"Pero si en el *yo* del enfermo se ha formado un impulso volitivo que quiere conservar la enfermedad, ello habrá de tener también su justificación y obedecer a razones y motivos determinados. Ahora bien; no veo por qué puede un hombre desear seguir enfermo, ni qué ventaja puede representarle".

Pues no es tan difícil. Piense usted en los neuróticos a quienes su enfermedad libraba de ir al frente durante la guerra. En la vida civil, la enfermedad puede servir para disculpar la propia insuficiencia en el ejercicio profesional y en la competencia con otros. Por último, en la vida familiar constituye un medio de imponer la propia voluntad y obligar a los demás a sacrificarse y a extremar sus pruebas de afecto. Todo esto que reunimos bajo el calificativo general de "ventajas de la enfermedad" es fácilmente visible. Lo único singular es que el *yo* del enfermo no tiene la menor noticia del enlace de tales motivos con los actos que lógicamente se derivan de ellos. El influjo de estas tendencias se combate forzando al *yo* a darse cuenta de ellas. Pero hay aún otros motivos más profundos del mismo orden, menos fáciles de combatir. Ahora bien; sin una nueva excursión a la teoría psicológica no es posible llegar a su comprensión.

"Adelante, pues. Un poco más de teoría no puede ya impresionarme".

Al explicar la relación entre el *yo* y el *Ello* silencié una parte muy importante de la teoría del aparato anímico. Consiste esta en habernos visto obligados a admitir que dentro del mismo *yo* se ha diferenciado una instancia especial, a la que damos el nombre de *super-yo*. Este *super-yo* ocupa una situación especial entre el *yo* y el *Ello*. Pertenece al *yo*, participa de su elevada organización psicológica, pero se halla en relación muy íntima con el *Ello*. Es, en realidad, el residuo de las primeras cargas de objeto del *Ello*, el heredero del complejo de Edipo después de su abandono. Este *super-yo* puede oponerse al *yo*, tratarlo como un objeto, y lo trata, en efecto, muy frecuentemente con gran dureza. Para el *yo* es tan importante permanecer en armonía con el *super-yo* como con el *Ello*. Las disensiones entre el *yo* y el *super-yo* tienen una gran importancia para la vida anímica. Adivinará usted ya que el *super-yo* es el sustentáculo de aquel fenómeno al que damos el nombre de conciencia moral. Para la salud anímica es muy importante que el *super-yo* se halle normalmente desarrollado, esto es, que haya llegado a ser suficientemente impersonal, cosa que precisamente no sucede en el neurótico, cuyo complejo de Edipo no ha experimentado la transformación debida. El *super-yo* del neurótico se enfrenta aún con el *yo* como el severo padre con el hijo, y su moralidad actúa de un modo primitivo, haciendo que el *yo* se deje castigar por el *super-yo*. La enfermedad es usada como medio de este "autocastigo" y el neurótico se ve forzado a conducirse como si le dominase un sentimiento de culpabilidad, que exigiese, para su satisfacción, la enfermedad como castigo.

"Un tanto misterioso resulta todo eso. Especialmente el que este poderío de su conciencia moral permanezca ignorado para el enfermo".

Si mi exposición le ha parecido un tanto obscura es porque hasta ahora no hemos empezado a darnos cuenta de la significación de todas estas importantes relaciones. Mas ahora puedo ya continuar. A todas aquellas fuerzas que se oponen a nuestra labor terapéutica les damos el nombre común de *resistencias* del enfermo. La "ventaja de la enfermedad" es la fuente de una de tales resistencias, y el "sentimiento de culpabilidad" inconsciente representa la resistencia del *super-yo*, siendo el factor más poderoso y el más temido por nosotros. En el transcurso de la cura tropezamos aún con otras distintas resistencias. Así, cuando en su temprana época de debilidad ha llevado a cabo el *yo*, impulsado por un medio incoercible, una represión, tal miedo sigue subsistiendo y se exterioriza en forma de resistencia al tratar de aproximar el *yo* a lo reprimido. Por último, es natural que surjan dificultades cuando se intenta desviar hacia el nuevo camino abierto por el análisis un proceso instintivo que durante decenios enteros ha seguido una determinada ruta. Esta última resistencia es la resistencia del *Ello*. El combate contra todas estas resistencias constituye nuestra labor capital durante la cura analítica y excede mucho en importancia a la labor de interpretación. Mas con esta lucha y con el vencimiento de las resistencias queda el *yo* del enfermo tan modificado y robustecido, que podemos abrigar ya plena confianza en su futura conducta, después de terminada la cura. Irá usted comprendiendo ya por qué el tratamiento ha de resultar tan largo. La longitud del camino de desarrollo y la riqueza del material no son lo decisivo. Lo que importa es que el camino esté libre. Un trayecto que en tiempo de paz recorre el ferrocarril en un par de horas, puede costar semanas enteras a un ejército, si tiene que ir venciendo la resistencia del enemigo. Tales combates necesitan tiempo también en la vida anímica. Todas las tentativas realizadas hasta el día para apresurar la cura analítica han fracasado. El mejor medio de abreviarla es desarrollarla correctamente.

"Si alguna vez se me hubiese ocurrido hacerle la competencia y emprender por mi cuenta un análisis, su exposición de las resistencias me haría desistir más que aprisa. Pero ¿y la influencia personal, que, según confesión de usted, ejerce el analítico? ¿No ayuda también a vencer las resistencias?"

Su pregunta viene muy a punto. Tal influencia personal es el arma dinámica más poderosa que poseemos; es un elemento nuevo que introducimos en la situación y que nos sirve para darle un gran impulso hacia su desenlace. El contenido intelectual de nuestros esclarecimientos no puede tener esta eficacia, pues el enfermo, que comparte los prejuicios generales, no tiene por qué darnos más crédito que a nuestros críticos científicos. El neurótico presta colaboración porque tiene fe en el analítico, y esta fe depende de una especial actitud sentimental con respecto a él, que va constituyéndose durante la cura. Tampoco el niño cree sino a aquellos a quien quiere. Ya le dije para qué utilizamos esta influencia "sugestiva" tan importante. No para yugular los síntomas —y esto es lo que diferencia el método analítico de otros procedimientos psicoterápicos—, sino como fuerza impulsiva para mover el *yo* a vencer sus resistencias.

"Y conseguido esto, marcha ya todo satisfactoriamente, ¿no?"

Así debería ser. Pero, en realidad, surge aquí una inesperada complicación. La mayor sorpresa, quizá, del analítico ha sido comprobar que los sentimientos nacidos en el paciente con relación a su persona son de un orden particularísimo. Ya el primer médico que intentó un análisis —no fui yo— tropezó con este fenómeno, que hubo de desorientarse por completo. Tales sentimientos son —para decirlo claramente— de carácter amoroso. Y lo más singular es que el analítico no hace, naturalmente, nada para provocar dicho enamoramiento, manteniéndose, por el contrario, fuera de su relación profesional, distante y reservado. Pero el extraño sentimiento amoroso del enfermo prescinde de todo y no tiene en cuenta circunstancia real ninguna, sobreponiéndose a todas las condiciones de atractivo, sexo, edad y posición. Trátase, así, de un amor absolutamente *incondicional*, carácter que también presenta en muchos casos el enamoramiento espontáneo, pero que en la situación analítica surge siempre, en primer lugar, sin existir en ella nada que pueda explicarlo racionalmente. Lógicamente, la relación entre el analítico y el paciente no debía despertar en éste último más sentimientos que una cierta medida de respeto, confianza, agradecimiento y simpatía. Pero en lugar de todo esto surge el enamoramiento, con caracteres que le dan el aspecto de un fenómeno patológico.

"Claro es que ese enamoramiento no puede ser sino favorable a los propósitos analíticos, pues el amor supone docilidad y obediencia al sujeto amado".

Así es, en efecto, al principio. Pero más tarde, cuando el amor ha ganado en profundidad, descubre todos sus especiales caracteres, muchos de los cuales son incompatibles con la labor analítica. El amor del paciente no se contenta con obedecer, sino que se hace exigente, demanda satisfacciones afectivas y sensuales, aspira a la exclusividad, desarrolla celos y muestra cada vez más claramente su reverso, esto es, su disposición a convertirse en hostilidad y deseo de venganza si no puede alcanzar sus propósitos. Simultáneamente, se antepone, como todo enamoramiento, los restantes contenidos psíquicos, y suprime el interés por el tratamiento y por la curación. En una palabra, nos prueba haberse sustituido a la neurosis, resultando así que nuestra labor ha obtenido el singular resultado de reemplazar una forma patológica por otra diferente.

"Resultado verdaderamente desconsolador. ¿Qué hacer entonces? ¿Renunciar al análisis? Pero si este fenómeno se da, como usted dice, en todos los casos, no habría análisis posible".

Vamos primero a ver si de la situación planteada podemos extraer enseñanzas que nos ayuden luego a dominarla. Ante todo ¿no es ya muy interesante el hecho de haber llegado a transformar una neurosis de un contenido cualquiera en un estado de enamoramiento patológico?

Nuestra convicción de que en el fondo de toda neurosis existe una magnitud de vida erótica anormalmente utilizada queda inconmoviblemente fortalecida con esta experiencia, y sintiéndonos así de nuevo sobre un terreno firme, nos arriesgamos a tomar el enamoramiento mismo como objeto del análisis. Hacemos también otra observación. No en todos los casos se exterioriza el enamoramiento analítico tan clara y visiblemente como antes he intentado describirlo. ¿A qué obedece esta diferencia? Pronto lo veremos. En igual medida que intentan mostrarse los elementos sensuales y hostiles de su enamoramiento, despierta también la resistencia del paciente contra los mismos. Bajo nuestros ojos lucha con ellos e intenta reprimirlos. Esta lucha nos da la clave del proceso. El paciente *repite*, bajo la forma de su enamoramiento, sucesos anímicos por los que ya pasó una vez, ha *transferido* sobre el analítico actitudes que se hallaban prontas en él, íntimamente enlazadas con la génesis de la neurosis. Asimismo, repite ante nosotros sus antiguos actos de defensa y quisiera repetir en su relación con el analítico todos los destinos de aquel pretérito período de su vida, caído para él en el más absoluto olvido. Lo que nos muestra es, por lo tanto, el nódulo de la historia íntima de su vida, *reproduciéndolo palpablemente como presente en lugar de recordarlo*. Con esto queda resuelto el enigma del amor de transferencia y puede ser continuado el análisis, precisamente con ayuda de la nueva situación que tan amenazadora parecía.

"Es el colmo del refinamiento. Pero ¿y el enfermo? ¿Da crédito a la afirmación de que en realidad no se halla enamorado, sino forzado a repetir un lejano pretérito?"

De ello depende ya todo, y para conseguirlo es necesaria una gran habilidad en el manejo de la transferencia. Es este el punto en que más indispensable se hace un perfecto dominio de la técnica analítica. En él puede el analítico cometer los más graves errores o asegurarse los mayores éxitos. La tentativa de eludir las dificultades yugulando o descuidando la transferencia sería insensata. Todo lo hecho hasta entonces, por mucho que fuese, no merecería siquiera ser considerado como un análisis. Tampoco sería muy sensato despedir al enfermo en cuanto comienzan a surgir los inconvenientes de su neurosis de transferencia, constituyendo, además, una cobardía equivalente a la de conjurar a los espíritus y salir corriendo cuando se presentasen. Sin embargo, hay ocasiones en las que no queda otro camino. Se dan, en efecto, casos en los que resulta imposible dominar la transferencia desencadenada, y entonces se hace preciso suspender el análisis, pero no sin haber luchado antes a brazo partido con los malos espíritus. Ceder a las exigencias de la transferencia y cumplir los deseos de satisfacción afectiva y sensual del paciente sería, en primer lugar, contrario a toda consideración moral, y en segundo, completamente insuficiente como medio técnico para conseguir el propósito analítico. El neurótico no puede quedar curado porque se le facilite simplemente la repetición no corregida de un cliché inconsciente preparado en él. Si nos dejamos llevar a una transacción con el enfermo, ofreciéndole satisfacciones parciales a cambio de su colaboración al tratamiento, habremos de tener buen cuidado de no acabar en la ridícula situación de aquel religioso que quiso emprender la conversión de un agente de seguros: el agente no se convirtió, pero, en cambio, el religioso quedó asegurado contra toda clase de riesgos. La única solución posible de la transferencia es la regresión al pasado del enfermo, tal y como este lo vivió o en la forma en que lo haya conformado la actividad cumplidora de deseos de su fantasía. Y esto exige del analítico una gran dosis de habilidad, paciencia, serenidad y abnegación.

"Dígame ahora: ¿Cuándo y cómo ha vivido el enfermo aquello que constituye el prototipo de su amor de transferencia?"

En su infancia y dentro de su relación con el padre o la madre. Recordará usted cuánta importancia concede a estas tempranas relaciones afectivas. Aquí viene a cerrarse el círculo.

"¿Ha terminado usted ya? Confieso que se me va un poco la cabeza de tantas cosas nuevas como le he oído. Sin embargo, quisiera saber todavía dónde y cómo se aprende lo necesario para el ejercicio del análisis".

Actualmente existen dos institutos en los que se enseña el psicoanálisis El primero ha sido establecido en Berlín por el doctor Max Eitingon, miembro de la Asociación Psicoanalítica de dicha capital. El segundo radica en Viena y es sostenido, a costa de considerables sacrificios, por la propia Asociación Psicoanalítica vienesa. La colaboración de las autoridades oficiales se limita, por ahora, a suscitar toda aquella serie de dificultades que es costumbre oponer a las empresas jóvenes. Muy en breve se inaugurará en Londres, por la Asociación de allí, un tercer instituto de enseñanza, dirigido por el doctor E. Jones. En estos establecimientos los candidatos son sometidos, como condición previa, al análisis. Reciben enseñanzas teóricas por medio de conferencias sobre todas las materias que pueden interesarles, y son auxiliados y vigilados por antiguos analíticos experimentados cuando se los considera ya con capacidad para comenzar a encargarse de algunos análisis en casos fáciles. La duración de estos estudios es, aproximadamente, de dos años. Claro está que al cabo de este tiempo no se es todavía ningún maestro y sí sólo un principiante. Lo que falta habrá de ser adquirido por la práctica y por el cambio de ideas en las asociaciones psicoanalíticas, en las cuales los miembros jóvenes se reúnen con otros más experimentados. La preparación para la labor psicoanalítica no es, ciertamente, sencilla; el trabajo es duro y grande la responsabilidad. Pero aquel que ha seguido las enseñanzas descritas, ha sido objeto, a su vez, de un análisis, se ha asimilado todo lo que hoy puede saberse en psicología de lo inconsciente, ha estudiado la ciencia de la vida sexual y ha aprendido la espinosa técnica del psicoanálisis, la interpretación, la manera de luchar contra la resistencia y el manejo de la transferencia; aquel *no es ya ningún profano en el terreno del psicoanálisis*. Por el contrario, se halla perfectamente capacitado para emprender el tratamiento de las perturbaciones neuróticas, y con el tiempo dará en esta labor todo el rendimiento que puede exigirse de nuestra terapia.

VI

"Se ha tomado usted el trabajo de explicarme qué cosa es el psicoanálisis y cuáles son los conocimientos necesarios para practicarlo con probabilidades de éxito. Está bien, y no me arrepiento de haberle escuchado. Pero lo que no se me alcanza aún es la influencia que usted espera haber ejercido sobre mis opiniones. Sigo viendo ante mí un caso que no tiene nada de extraordinario. La neurosis es una enfermedad especial, y el análisis un método especial de tratarla, o sea, una especialidad médica. Por otro lado, es regla general que un médico que ha escogido un sector especial de la Medicina no se satisfaga con los conocimientos de los que certifica su título oficial. Sobre todo, cuando se propone ejercer en una gran ciudad, donde sólo los especialistas pueden tener algún porvenir. Aquel que quiere ejercer la cirugía procurará practicar durante algunos años en una clínica quirúrgica. Igual conducta seguirá el oculista, el laringólogo, etc. Por lo que respecta al psiquíatra, es muy probable que permanezca toda su vida ligado a un establecimiento del Estado o a un sanatorio. Pues bien; con el analítico sucederá lo mismo. Aquel que se resuelva a dedicarse a esta nueva especialidad, ingresará, al terminar sus estudios, en alguno de los institutos psicoanalíticos de que antes hablamos y permanecerá en él los dos años que usted juzga necesarios para iniciarse en la técnica del análisis. Luego, dándose cuenta de las ventajas que puede ofrecerle el contacto con otros analíticos más experimentados, frecuentará las asociaciones psicoanalíticas e irá así completando su formación. Pero nada de esto se aparta de las normas generales y no veo surgir por ningún lado el problema del análisis profano".

El médico que siga el camino trazado por usted será acogido por nosotros con los brazos abiertos. Por otro lado, las cuatro quintas partes de las personas a las que reconozco como discípulos míos pertenecen a dicha profesión. Pero me va usted a permitir exponerle cuál ha sido hasta ahora la actitud de los médicos ante el análisis y qué aspecto tomará, probablemente, tal actitud en lo futuro. Los médicos no pueden alegar en modo alguno un derecho histórico a la exclusividad en el ejercicio del análisis, pues hasta hace muy poco han empleado contra ella toda clase de armas, desde la leve ironía hasta las más graves calumnias. Me responderá usted con razón que todo esto pertenece al pasado y no tiene por qué influir en el porvenir. De acuerdo, pero temo mucho que este porvenir ha de ser muy distinto de lo que usted predice.

Me va usted a permitir que dé a la palabra "curandero" un sentido más exacto que el que le atribuye la ley. Para esta, "curandero" es todo aquel que trata enfermos sin hallarse en posesión del título médico oficial. Para mí, sólo puede llamarse curandero a quien emprende un tratamiento sin poseer los conocimientos y la capacidad indispensables para llevarlo a cabo. Basándome en esta definición, he de atreverme a afirmar que, con referencia al análisis, y no sólo en los países europeos, la mayoría de los médicos merecen el dictado de curanderos. Practican, en efecto, el tratamiento analítico sin haberlo estudiado ni comprenderlo.

Será inútil objetarme que no cree usted capaces a los médicos de una conducta tan falta de conciencia y argüirme que un médico sabe muy bien que su título no es una patente de corso, debiendo, por lo tanto, suponerse siempre su buena fe, aunque haya incurrido en un error. Los hechos confirman constantemente mi anterior afirmación, y lo más que puedo concederle es que pueda encontrárseles una explicación conforme a sus juicios. Voy a intentar demostrarle cómo es posible que en las cuestiones referentes al psicoanálisis se conduzca un médico de un modo que evitaría cuidadosamente en cualquier otro terreno.

A este respecto ha de tenerse en cuenta que el médico recibe en las aulas una educación casi opuesta a lo que exigiría una preparación al psicoanálisis. Su atención es orientada hacia hechos anatómicos, físicos y químicos objetivamente determinables, de cuya exacta comprensión e influencia apropiada depende el éxito de la intervención médica. Se aproxima a su círculo visual el problema de la vida, en cuanto hasta ahora hemos llegado a explicárnoslo por el juego de las fuerzas observables también en la naturaleza anorgánica. En cambio, no se despierta su interés por las facetas anímicas de los fenómenos vitales. El estudio de las funciones psíquicas superiores no interesa a la Medicina. Es el objeto de otra distinta facultad. La Psiquiatría debería ocuparse, por su parte, de las perturbaciones de las funciones anímicas, pero ya sabemos en qué forma y con qué intenciones lo hace. Busca las condiciones físicas de las perturbaciones psíquicas y las trata como otros motivos de enfermedad.

La Psiquiatría tiene razón al obrar así y la formación médica es excelente. Al afirmar que es unilateral es preciso antes fijar el punto de vista desde el cual se convierte esta característica en un reproche. En sí, toda ciencia es unilateral, y tiene que serlo necesariamente por cuanto ha de limitarse a determinados contenidos, métodos y puntos de vista. Constituiría un contrasentido, en el cual no quiero participar, rebajar una ciencia para ensalzar otra. La Física no quita valor a la Química. No puede sustituirla, ni ser tampoco sustituida por ella. El psicoanálisis es también, desde luego, especialmente unilateral, como ciencia de lo psíquico inconsciente. Así, pues, no puede negarse a las ciencias médicas el derecho a la unilateralidad.

El punto de vista buscado se nos muestra cuando pasamos de la disciplina médica científica a la medicina práctica. El hombre enfermo es un ser complicado y nos advierte que tampoco los fenómenos psíquicos, tan difícilmente aprehensibles, pueden ser borrados del cuadro de la vida. El neurótico constituye una complicación indeseada para la Medicina, tanto como para los tribunales de justicia o para el servicio militar. Pero existe, y compete muy especialmente a la Medicina. Ahora bien; la formación médica universitaria no proporciona medio ninguno para su estudio ni para su tratamiento. Dada la íntima conexión entre las cosas que diferenciamos en físicas y psíquicas, puede predecirse que llegará un día en que se abrirán caminos de conocimiento, y es de esperar que también de influjo, desde la biología de los órganos y la química, hasta el campo de fenómenos de las neurosis. Este día parece aún lejano, y por ahora, tales estados patológicos nos son inaccesibles desde el sector médico.

La situación seria aún soportable si la formación académica de los médicos se limitase a impedirles orientarse hacia el terreno de las neurosis. Pero es que, además, los sitúa en una posición falsa y perjudicial. Los médicos, cuyo interés por los factores psíquicos de la vida no ha sido despertado, resultan así predispuestos a no darles la importancia debida y a motejarlos de ajenos a la ciencia. De este modo, no llegan a tomar en serio su manejo, ni se dan cuenta de las obligaciones que de ellos se derivan. Caen en una profana falta de respeto a la investigación psicológica y se facilitan así considerablemente su labor. Los neuróticos han de ser sometidos a tratamiento, porque son enfermos y porque acuden al médico. Con ellos, ha de intentarse cada vez algo nuevo. Mas ¿para qué imponerse el trabajo de una larga preparación? Probablemente sería inútil, y, además, ¿quién sabe si las enseñanzas de los institutos psicoanalíticos tienen algún valor? De este modo, cuanto más ignorantes son los médicos en esta materia más emprendedores se sienten. Sólo el que sabe la verdad es modesto, pues se da cuenta de lo insuficiente de su saber.

Así, pues, la comparación de la especialidad analítica con otros sectores médicos, opuesta por usted como argumento contra mis alegaciones, cae completamente por su base. Para la Cirugía y otras especialidades ofrece la misma enseñanza académica la posibilidad de una más amplia formación. Los institutos analíticos son escasos en número, jóvenes en años y carecen de autoridad. La escuela médica no los ha reconocido ni se ocupa de ellos. Así, el médico joven, que ha tenido que aceptar de sus maestros a ojos cerrados tantas cosas, y no ha hallado ocasiones de educar su juicio propio, acogerá con gusto la ocasión de desempeñar por fin el papel de crítico en un sector en el que no existe aún ninguna autoridad reconocida.

Existen todavía otras circunstancias favorables a su actuación como curandero analítico. Si intentara practicar operaciones de la vista sin la suficiente preparación, el mal éxito de sus intervenciones alejaría pronto a los pacientes de su clínica, poniendo así término a su atrevimiento. En cambio, el ejercicio del análisis le será mucho menos peligroso. El público está acostumbrado a que las operaciones de la vista tengan, en general, un resultado feliz y espera siempre la curación. Por el contrario, nadie extraña que el "neurólogo" no logre restablecer a sus pacientes. Los resultados de la terapia de los enfermos nerviosos no han llegado aún a "acostumbrar mal" a la gente, y esta se satisface con poder decir que el doctor "se ha tomado mucho trabajo" con el paciente. No cabía hacer más, y sólo la naturaleza o el tiempo pueden traer el remedio. Así, cuando se trata de una enferma, se espera el remedio primero de la menstruación; luego, del matrimonio, y más tarde, de la menopausia. Al fin, lo que verdaderamente viene a poner remedio es la muerte. Por otro lado, lo que el analítico ha llevado a cabo con el enfermo nervioso es tan discreto que no puede dar motivos de reproche. No ha empleado con él instrumentos ni medicinas; no ha hecho más que conversar con él y sugerirle algo o disuadirle de algo. Esto no puede perjudicar al enfermo, sobre todo cuando en el diálogo se ha evitado tocar temas penosos o excitantes. El médico analítico que ha eludido una severa enseñanza técnica no dejará, en cambio, de ceder a la tentación de mejorar el método del psicoanálisis limando sus asperezas para hacerle agradable al enfermo. Si limita a esto su tentativa, todavía podrá considerarse dichoso, pues si realmente ha osado despertar resistencias y no sabe luego cómo combatirlas, podrá perder toda la simpatía del paciente.

La equidad nos obliga a confesar que la actividad del analítico ignorante es también más inofensiva para el enfermo que la del operador imperito. El daño producido se limita a haber impulsado al enfermo a un esfuerzo inútil con el que desaparecen o disminuyen sus posibilidades de curación, aparte del descrédito que el merecido fracaso puede arrojar injustamente sobre la terapia analítica. Todo ello es harto indeseable, pero no admite comparación con los daños que pueda causar el bisturí del cirujano inexperto. Tampoco es de temer, a mi juicio, que la práctica ignorante del análisis produzca una agravación duradera del estado patológico. Las reacciones perjudiciales provocadas por inexperiencia del médico desaparecen al cabo de algún tiempo. Al lado de los traumas que la vida ha ocasionado al sujeto y han motivado su enfermedad, nada significa la torpeza médica. Sólo queda el hecho lamentable de haber sometido al paciente a un tratamiento inapropiado que no ha podido serle beneficioso.

"He escuchado su descripción del curandero titulado en el ejercicio del análisis sin interrumpirle, pero no sin experimentar la impresión de que se halla usted dominado por una intensa hostilidad contra la clase médica, hostilidad para cuya explicación histórica ya me mostró usted antes el camino. De todos modos, he de concederle que si han de hacerse análisis habrá de ser por personas fundamentalmente preparadas para ello. Ahora bien, ¿no cree usted que los médicos que en lo futuro decidan dedicarse a esta especialidad harán todo lo posible para incorporarse tal preparación?"

Temo que no. Mientras las relaciones entre la enseñanza académica y los institutos analíticos no varíen, la tentación de facilitarse el trabajo continuará haciendo sucumbir a los médicos.

"Lo que veo es que hasta este momento va eludiendo usted consecuentemente toda manifestación directa sobre la cuestión del análisis profano. ¿He de entender ahora que, vista la imposibilidad de ejercer un control sobre los médicos que quieran practicar el análisis, propone usted, en venganza y para castigarlos, que se los despoje del monopolio del análisis, abriendo también esta actividad médica a los profanos?"

No sé si ha llegado usted a darse perfecta cuenta de mis motivos. Quizá más adelante pueda presentarle el testimonio de que mi verdadera actitud es mucho menos parcial. Lo que exijo es que *no pueda ejercer el análisis nadie que no haya conquistado, por medio de una determinada preparación, el derecho a una tal actividad.* El que tales personas sean o no médicos me parece secundario.

"¿Cuáles serían entonces, con precisión, las condiciones exigidas?"

Es esta una cuestión que no he precisado aún, ni sé si llegaré a determinar. Por ahora, quisiera tratar con usted otro tema distinto, para lo cual he de comenzar tocando un determinado punto. Se dice que las autoridades competentes van a prohibir en general a los profanos, obedeciendo a excitaciones de la clase médica, el ejercicio del análisis. Esta prohibición alcanzaría también a los miembros no médicos de la Asociación Psicoanalítica, personas que poseen una excelente preparación, perfeccionada ya por la práctica. Si tal prohibición se lleva a efecto, resultará que se impide el ejercicio de una actividad a personas de las que se está convencido que la pueden ejercer a la perfección, dejando, en cambio, libre el camino a otras que carecen en absoluto de garantías. No es este, ciertamente, el resultado que una ley puede proponerse conseguir. Además, el especial problema planteado por el análisis profano no es ni tan urgente, ni tan difícil de resolver. Trátase de un puñado de personas a quienes la prohibición no habría de causar graves daños. Probablemente emigrarían a Alemania, donde, libres de toda traba legal, encontrarían pronto el reconocimiento de su valía. Pero si se quiere ahorrarles todo esto y suavizar en su favor la dureza de la ley, no será difícil hacerlo apoyándose en conocidos precedentes. En el Austria monárquica se han dado repetidos casos de concederse a curanderos notorios autorización para ejercer la actividad médica, por constar evidentemente su perfecta capacidad. En estos casos, se trataba generalmente de personas residentes en pueblos y aldeas, y la petición era siempre apoyada y garantizada por alguna de las muchas archiduquesas que existían entonces. Nada se opone a que se haga ahora lo mismo con respecto a personas avecindadas en las ciudades y que pueden presentar garantías, si no tan aristocráticas, mucho más peritas en la materia. La prohibición de que hablamos tendría harto mayor importancia que para los actuales analíticos no médicos, para el Instituto Analítico de Viena, que no podría ya admitir a sus enseñanzas candidatos ajenos al círculo de la medicina. Con ello quedaría nuevamente suprimida en nuestra patria una orientación de la actividad espiritual que en otros países puede desarrollarse libremente. Soy, ciertamente, el último en aspirar a una especial competencia en la exégesis de leyes y reglamentos. Pero sí llego a ver que una acentuación de nuestras disposiciones legales contra el curanderismo sería contraria a la tendencia hoy dominante de adaptarnos a las circunstancias alemanas. Además, la aplicación de dicha ley al caso del psicoanálisis tendría algo de anacrónico, pues en la época de su promulgación no existía aún nuestra disciplina, ni era conocida la especial naturaleza de las enfermedades neuróticas.

Llego ahora al problema cuya discusión me parece más importante. El ejercicio del psicoanálisis ¿debe ser objeto de una intervención oficial, o, por el contrario, es más adecuado abandonarlo a su natural desarrollo? No me toca a mí resolver esta cuestión, pero sí he de permitirme rogarle que reflexione sobre ella. En nuestra patria reina de muy antiguo un verdadero *furor prohibendi*, una tendencia a dirigir, intervenir y prohibir que, como todos sabemos, no ha dado precisamente buenos frutos. La nueva Austria republicana no ha cambiado mucho en cuanto a esto. Sospecho que en la resolución del caso del psicoanálisis, que ahora nos ocupa, podrá usted hacer pesar ya su fundamentada opinión, pero ignoro si tendrá usted ganas de oponerse a las tendencias burocráticas e influencia para ello. De todos modos, no quiero ahorrarle la exposición de mis ideas sobre el caso, por poco *autorizadas* que sean. A mi juicio, el exceso de órdenes y prohibiciones perjudica la autoridad de la ley. Puede observarse que allí donde sólo existen escasas prohibiciones son estas rigurosamente observadas. En cambio, cuando a cada paso tropezamos con alguna, acabamos por sentir la tentación de infringirlas todas. Además, no creo que se sea un anarquista por opinar que las leyes y reglamentos no pueden aspirar, por su origen, a ser considerados sagrados e intangibles; que son con frecuencia de contenido insuficiente y contrarias a nuestro sentimiento de la justicia o llegan a tomar este carácter al cabo del tiempo; y, por último, que, dada la torpeza de las personas que dirigen nuestra sociedad, el mejor medio de corregir tales leyes inadecuadas es infringirlas valientemente. También es aconsejable, cuando se quiere mantener el respeto a las leyes y reglamentos, no promulgar aquellas cuyo cumplimiento o infracción sea difícil de vigilar. Algo de lo que hemos dicho sobre el ejercicio del análisis por los médicos podríamos repetirlo aquí con respecto al análisis profano que la ley quiere reprimir. El método analítico es muy discreto; no emplea medicinas ni instrumentos y consiste tan sólo en el intercambio de ideas. No ha de ser nada fácil probar a un profano el ejercicio del "análisis" cuando el acusado afirme que se limita a oír a las personas que a él acuden, aconsejarlas y ejercer una benéfica influencia, puramente humana, sobre individuos precisados de ayuda espiritual. Es esto algo que nadie lo puede prohibir fundándose solamente en que también los médicos lo hacen alguna vez. En los pueblos de habla inglesa han alcanzado gran difusión las prácticas de la llamada "ciencia cristiana", una especie de negación dialéctica de la existencia del mal en la vida, basada en las doctrinas de la religión cristiana. No tengo por qué suponer que estas prácticas representan una lamentable perturbación del espíritu humano, pero, aunque así fuese, ¿quién pensaría en América o en Inglaterra prohibirlas bajo amenaza de castigo? ¿O es que nuestras altas autoridades austríacas están tan seguras del camino que conduce a la bienaventuranza que pueden permitirse impedir que cada uno intente llegar a ella a su manera? Aun concediendo que muchos individuos, abandonados a sí mismos, se pongan en peligro y lleguen a perjudicarse, ¿no obrará mejor la autoridad delimitando cuidadosamente los campos cuyo acceso debe estar vedado y abandonado por los demás a las criaturas, dentro de lo posible, a su educación por medio de la experiencia y del mutuo influjo? El psicoanálisis es algo tan nuevo en el mundo, la inmensa mayoría se halla tan poco orientada con respecto a ella y la actitud de la ciencia oficial ante su existencia es aún tan vacilante que me parece prematuro intervenir ya en su desarrollo con prescripciones legales. Dejemos a los enfermos mismos hacer el descubrimiento de que es perjudicial para ellos buscar ayuda espiritual en personas que no han estudiado el modo de prestarla. Haciéndoles ver claramente tales perjuicios y previniéndoles contra ellos nos ahorraremos una prohibición. En las carreteras italianas, los postes sustentadores de las líneas de alta tensión muestran la siguiente inscripción tan breve como impresionante: *Chi tocca, muore,* suficiente para regular la conducta de los transeúntes con respecto a los cables que una rotura pudiera dejar colgantes. Las advertencias empleadas en Alemania para igual caso son de una amplitud superflua y verdaderamente ofensiva: "Queda terminantemente prohibido tocar los cables, por existir peligro de muerte". ¿Para qué la prohibición? El que tiene cariño a la vida ya se dicta la prohibición a sí mismo, y el que quiere suicidarse por este medio no pregunta si está o no permitido hacer uso de él.

"Pero existen casos que prejuzgan la cuestión del análisis profano. Me refiero a la prohibición de practicar el hipnotismo no siendo médico, y a otra recientemente promulgada y relativa a las sesiones de ocultismo y la fundación de asociaciones de este orden".

No soy, ciertamente, un admirador de esas medidas. La última citada constituye un indudable abuso de autoridad en perjuicio de la libertad intelectual. Por mi parte, no soy sospechoso de prestar fe a los llamados fenómenos ocultos, ni siquiera de anhelar su reconocimiento. Pero tales prohibiciones no conseguirán ahogar el interés de los hombres hacia este supuesto mundo secreto. Quizá sólo se ha realizado algo muy perjudicial, despojando al interés científico imparcial de los medios necesarios para formar un juicio libertador sobre tan preocupantes posibilidades. Pero esto tampoco sucede más que en Austria. En otros países no encuentra la investigación "parapsíquica" obstáculo legal ninguno. El caso de la hipnosis es algo diferente al del psicoanálisis. La hipnosis consiste en la provocación de un estado psíquico anormal y no es utilizada hoy en día, por los profanos, más que como espectáculo. Si la terapia hipnótica, tan prometedora al principio, hubiera mantenido sus promesas, se habrían establecido con su práctica circunstancias análogas a las del análisis. Bajo otro distinto aspecto, nos proporciona la historia de la hipnosis un precedente de los destinos del psicoanálisis. En mis jóvenes tiempos de "docente" de Neuropatología, combatían los médicos, apasionadamente, el hipnotismo, declarándolo una farsa, un engaño diabólico y considerándolo peligrosísimo. Actualmente lo han monopolizado, sirviéndose de él sin temor como medio de investigación, y para algunos neurólogos continúa constituyendo aún el agente principal de su terapia.

Pero como ya dije antes, no está en mi ánimo proponer nada referente a la conveniencia o inconveniencia de una intervención legal en los asuntos del psicoanálisis. Sé que se trata de una cuestión de principios en cuya solución pesarán más que los argumentos las tendencias de las personas llamadas a dar la pauta. Ya hube de exponerle todo lo que me parece aconsejar una política de *laissez faire*. Ahora bien; si lo que se resuelve es, por el contrario, una intervención activa, entonces habrá de parecerme insuficiente la medida, injusta y desconsiderada, de prohibir a los no médicos el ejercicio del análisis. Será preciso atender a algo más, fijar las condiciones bajo las cuales ha de ser permitida la práctica analítica a todos aquellos que quieran ejercerla, nombrar una autoridad que pueda informar de lo que es el análisis y qué preparación debe exigirse para ella, y, por último, fomentar las posibilidades de someterse a un tal tratamiento. En resumen: o dejar las cosas como están o crear orden y claridad perfectos, pero nunca intervenir en una situación harto complicada, con una prohibición aislada, derivada de una ley que ha perdido toda adecuación.

"Está bien. Pero ¿y los médicos? Por más que hago no consigo hacerle entrar en el verdadero tema de nuestras conversaciones. Siempre acaba usted eludiendo la cuestión. Trátase, concretamente, de si ha de concederse a los médicos, aunque sea después de haber cumplido determinadas condiciones, el derecho exclusivo al ejercicio del análisis. Los médicos no son seguramente, en su gran mayoría, los "curanderos analíticos" que usted ha descrito antes. Usted mismo me ha dicho que la mayor parte de sus discípulos y partidarios pertenecen a la carrera de Medicina. Por otra parte, me han asegurado que tampoco ellos comparten su punto de vista sobre el análisis profano. He de suponer, naturalmente, que sus discípulos participan de su opinión sobre la necesidad de una preparación suficiente, etc., y, sin embargo, encuentran conciliables tales opiniones con la prohibición del análisis profano. Si todo esto es cierto, ¿cómo lo explica usted?"

Veo que está usted bien informado. No todos, pero sí buena parte de mis colaboradores médicos difieren de mí en este punto, mostrándose partidarios del derecho exclusivo de los médicos al tratamiento analítico de los neuróticos. Verá usted, pues, que dentro de nuestro campo están permitidas las diferencias de criterio. Mi opinión es conocida por todos, y la diferencia que nos separa en la cuestión del análisis profano no turba nuestra buena armonía. Pregunta usted cómo puedo explicar la actitud de estos discípulos míos. No lo sé; seguramente obedece al poder de la conciencia profesional. Han tenido un desarrollo diferente del mío, se encuentran a disgusto aislados de sus colegas, quisieran ser acogidos sin recelos por la "profesión" y están dispuestos a obtener esta tolerancia a cambio de un sacrificio en una cuestión cuya importancia vital no vislumbra. Quizá no sea así. Suponerlos guiados por el afán de evitarse competencias sería no sólo acusarles de pobreza de espíritu, sino también de una singular miopía. En realidad, están siempre dispuestos a iniciar a otros médicos en el análisis, y al tener que compartir los pacientes con sus colegas o con profanos es absolutamente igual para su provecho material. Probablemente habremos de tener en cuenta algo distinto. Tales alumnos míos se hallan, quizá, bajo la influencia de determinados factores que dan al médico, en la práctica analítica, una indudable ventaja sobre el profano.

"¡Por fin confiesa usted que el médico lleva una indudable ventaja al profano para el ejercicio del análisis! Entonces no hay más que hablar. Su cuestión queda resuelta".

Ningún trabajo me cuesta confesarlo. Ello le probará a usted que no estoy tan ciegamente apasionado como usted supone. Si he aplazado el momento de indicar esta circunstancia es porque su discusión ha de hacer precisas nuevas explicaciones teóricas.

"¿A qué se refiere usted?"

En primer lugar, a la cuestión del diagnóstico. Cuando emprendemos el tratamiento analítico de un enfermo que padece perturbaciones de las llamadas "nerviosas", queremos antes alcanzar la seguridad —dentro de lo posible— de que nuestro tratamiento será el apropiado a su dolencia y podrá curarla o aliviarla. Ahora bien, esto sólo sucede cuando la enfermedad que padece es realmente una neurosis.

"Está bien. Pero según creo, eso es fácil de determinar por medio de la observación de los síntomas de que el paciente se queja".

Sin embargo, es aquí donde surge una nueva complicación. El enfermo puede presentar el cuadro exterior de una neurosis y padecer muy bien algo distinto: el comienzo de una enfermedad mental incurable o los prolegómenos de un destructor proceso cerebral. La distinción —el diagnóstico diferencial— no es siempre fácil, ni puede establecerse inmediatamente en todas las fases. Únicamente un médico puede echar sobre sí la responsabilidad de una tal decisión, que muchas veces no le es ciertamente nada fácil. El caso patológico puede presentar durante mucho tiempo un aspecto inofensivo, surgiendo luego de repente su verdadera gravísima naturaleza. Por otro lado, los neuróticos tienen siempre el temor de adquirir una enfermedad mental. Si el médico permanece durante algún tiempo equivocado o indeciso sobre la naturaleza de uno de estos casos, no causa con ello daño alguno al enfermo, ni le obliga a realizar nada superfluo. El tratamiento psicoanalítico de este mismo enfermo no le hubiera tampoco perjudicado, pero sería considerado como un esfuerzo inútil. Además, nunca faltaría quienes atribuyeran al análisis el mal resultado. Desde luego injustamente, pero siempre es bueno evitar tales ocasiones.

"Me deja usted desconsolado. Echa usted ahora por tierra todo lo que antes me dijo sobre la naturaleza y la génesis de la neurosis".

De ningún modo. Lo que hago es robustecer mi anterior aserto de que los neuróticos son para todo el mundo, y, por lo tanto, también para el analítico, un semillero de complicaciones y preocupaciones. Pero quizá dando a mis nuevas manifestaciones una expresión más correcta no será posible deshacer sus confusiones. Con relación a los casos de que ahora tratamos es probablemente más exacto decir que padecen realmente una neurosis, pero que esta no es psicógena, sino somatógena; esto es, que no tiene causas psíquicas, sino físicas. ¿Puede usted comprenderme?

"Comprenderle, sí. Pero lo que no puedo es conciliarlo con lo otro, con lo psicológico".

Lo conseguirá usted en cuanto tenga en cuenta las complicaciones de la sustancia viva. ¿En qué hallamos la esencia de la neurosis? En el hecho de que el *yo*, la más alta organización del aparato anímico, elevada por la influencia del mundo exterior, no se encuentra en estado de cumplir su función de mediador entre el *Ello* y la realidad, retirándose en su debilidad de determinados elementos instintivos del *Ello* y teniendo que aceptar las consecuencias de esta renuncia en forma de limitaciones, síntomas y reacciones sin objeto.

Por una tal debilidad del *yo* pasamos todos regularmente en nuestra niñez, siendo esta la razón de que los sucesos de los más tempranos años infantiles adquieran tan gran importancia para la vida ulterior. Bajo la extraordinaria carga que gravita sobre esta época infantil —en pocos años tenemos que atravesar la enorme distancia evolutiva que separa al hombre primitivo de la edad de piedra del hombre civilizado de nuestros días, y rechazar entre tanto especialmente los impulsos instintivos sexuales del temprano período sexual—; bajo esta enorme carga, repito, recurre nuestro *yo* a las represiones y se expone a una neurosis infantil, cuyo residuo perdura en él como disposición a ulteriores enfermedades nerviosas en la madurez. Todo depende luego del trato que el destino reserve al ser humano en el curso de su existencia. Si la vida se le muestra demasiado dura y se hace demasiado grande la distancia entre las exigencias instintivas y las de la realidad, el *yo* podrá fracasar en sus esfuerzos de conciliar ambos factores y tanto más cuanto mayor sea su inhibición por la disposición infantil que en él perdura. Se repite entonces el proceso de la represión, los instintos se sustraen al dominio del *yo*, creándose, por medio de regresiones, satisfacciones sustitutivas, y el pobre *yo* cae irremediablemente en la neurosis.

No perdiendo de vista que el eje de la situación es la fortaleza relativa de la organización del *yo*, ha de sernos fácil completar nuestra revisión etiológica. Como causas normales, por decirlo así, de la nerviosidad conocemos la debilidad infantil del *yo*, la dura labor que supone el sometimiento de los tempranos impulsos de la sexualidad y los efectos de los sucesos que casualmente pueda vivir el sujeto durante su infancia. Pero ¿no habrá aún otros factores anteriores a la infancia que desempeñen también un papel etiológico? ¿Por ejemplo, una indomable fortaleza innata de la vida instintiva del *Ello*, que plantea *a priori* al *yo* tareas excesivamente duras? ¿O una especial debilidad del *yo*, obediente a causas desconocidas? Desde luego, también estos factores presentan una importancia etiológica a veces dominante. Con la fortaleza de los instintos del *Ello* hemos de contar siempre, y en aquellos casos en los que se encuentra excesivamente desarrollada no podremos fundar muchas esperanzas en nuestra terapia. De las causas que provocan una inhibición del desarrollo del *yo* sabemos aún muy poco. Estos serían, pues, los casos de neurosis con una base esencialmente constitucional. Sin alguna de tales circunstancias favorables congenitales y constitucionales no surge apenas neurosis ninguna.

Pero si el factor decisivo para la génesis de la neurosis es la debilidad relativa del *yo*, ha de ser también posible que una ulterior enfermedad física cree una neurosis al producir una debilitación del *yo*. Así sucede, efectivamente, en un gran número de casos. Una tal perturbación somática puede repercutir en la vida instintiva del *yo* y elevar la fuerza de los instintos por encima de la capacidad de defensa de este. El prototipo normal de tales procesos sería la transformación de la mujer por los trastornos de la menstruación y la menopausia. Asimismo, una enfermedad física general, por ejemplo, una perturbación orgánica del órgano nervioso central, atacará las condiciones de alimentación del aparato anímico y le forzará a disminuir su función y a suprimir sus rendimientos más sutiles, entre los que figura el mantenimiento de la organización del *yo*. En todos estos casos surge aproximadamente el mismo cuadro neurótico.

La neurosis tiene siempre el mismo mecanismo psicológico, pero su etiología es muy varia y compuesta.

"Así me gusta oírle. Por fin ha hablado usted como un médico. Espero, pues, su confesión de que una enfermedad tan complicada como la neurosis sólo puede ser tratada por los médicos".

Despacio. Va usted más allá de mis palabras. Lo que venimos de examinar es un trozo de Patología, y el análisis es un método terapéutico. Por mi parte, aconsejo, o, mejor dicho, exijo que a todo análisis preceda un diagnóstico médico. La inmensa mayoría de las neurosis que se nos presentan son, afortunadamente, de naturaleza psicógena y exentas de toda sospecha patológica. Una vez comprobada esta circunstancia por el médico, puede este abandonar tranquilamente al analítico profano el tratamiento. En nuestras asociaciones analíticas se sigue con todo rigor esta norma. El íntimo contacto existente en ellas entre los miembros médicos y los que no lo son evita todo posible error en este punto. Hay todavía otro caso en el que el analítico tiene que pedir ayuda al médico. Durante el curso del tratamiento analítico pueden surgir síntomas —generalmente somáticos— de los que no se sabe bien si deben ser incluidos en el cuadro general de la neurosis o referidos a una naciente enfermedad orgánica independiente de ella. La solución de esta duda debe ser también encomendada al médico.

"Así, pues, tampoco durante el análisis puede el analítico profano prescindir del médico. Un nuevo argumento a favor de este último".

No, no; de esta posibilidad no puede deducirse un argumento contra el analítico profano, pues el analítico médico procedería exactamente lo mismo en igual caso.

"Eso sí que no lo entiendo".

Muy sencillo. Una de nuestras normas técnicas prescribe que en estos casos de síntomas equívocos surgidos durante el tratamiento no se atenga nunca el analítico, aunque sea médico y confíe plenamente en sus reconocimientos, a su propio juicio, debiendo contrastarlo con el de otro médico ajeno al análisis, por ejemplo, un internista.

"¿Y a qué responde una tal prescripción que me parece superflua?"

No lo es ciertamente, pues obedece a varias razones fundamentales. En primer lugar, no es nunca conveniente reunir en una sola mano dos tratamientos, el psíquico y el orgánico. Además, por la relación especialísima que la transferencia establece entre el enfermo y el analítico, debe este abstenerse de todo reconocimiento corporal del paciente. Por último, el analítico, que tiene concretado todo su interés en los factores psíquicos, no puede, quizá, confiar plenamente en su imparcialidad.

"Veo ya claramente su actitud con respecto al análisis profano. Persiste usted en su idea de que debe haber analíticos-no médicos. Pero como no puede usted negar su insuficiencia, reúne usted sólo lo que puede servir para disculpar y facilitar su existencia. Por mi parte, no logro comprender por qué ha de haber analíticos profanos que no pueden pasar de terapeutas de segunda clase. Admitiendo ya, si usted quiere, a los dos o tres profanos que han recibido la preparación analítica, creo que debiera evitarse su aumento, comprometiéndose los institutos analíticos a no acoger en sus aulas más que médicos".

Estaré de acuerdo con usted si resulta posible demostrar que tal limitación no desatiende ninguno de los intereses que aquí entran en juego. Estos intereses son en número de tres: el de los enfermos, el de los médicos y *—last but not least—* el de la ciencia, que integra en sí el de todos los enfermos futuros. ¿Quiere usted que examinemos juntos estos tres puntos?

Para el enfermo es indiferente que el analítico sea o no médico, siempre que todo peligro de error quede eliminado por la contrastación médica exigida antes de iniciar el tratamiento y al surgir, durante el mismo, algún síntoma dudoso. Lo que interesa es que el analítico posea cualidades personales que le hagan merecedor de confianza y haya adquirido aquellos conocimientos y experiencias que le capacitan verdaderamente para el cumplimiento de su labor. Pudiera creerse que la falta de título médico y la necesidad de acudir en ocasiones a quienes lo poseen habrán de disminuir en el ánimo del paciente la autoridad del analítico profano. Naturalmente, nunca omitimos informar a los pacientes de las circunstancias del analítico y hemos podido convencernos de que los prejuicios profesionales no encuentran en ellos el menor eco, mostrándose siempre dispuestos a aceptar la curación, cualquiera que sea su procedencia, actitud que es conocida ya hace mucho tiempo por la clase médica, para la cual viene constituyendo grave motivo de indignación. Por otro lado, los analíticos profanos que hoy practican el análisis no son individuos cualesquiera, de procedencia indistinta, sino personas de formación académica, doctores en Filosofía, pedagogos y algunas señoras de gran experiencia y personalidad sobresaliente. El análisis al que han de someterse todos los candidatos de nuestros institutos de enseñanza es también el mejor medio de precisar su capacidad personal para el ejercicio de la actividad analítica.

Pasemos ahora al interés de los médicos. No puedo creer que la incorporación del psicoanálisis haya de ser ventajosa para la Medicina. El estudio de esta facultad dura ya cinco años y casi seis con la práctica de los últimos ejercicios de examen. Además, cada dos años se exige al estudiante alguna nueva condición, sin cuyo cumplimiento no podría considerarse suficiente su preparación. La entrada en la profesión médica es harto difícil, y su ejercicio no tiene nada de satisfactorio ni de provechoso. Exigir, con plena justificación, desde luego, que el médico haya de estar también familiarizado con el aspecto anímico de la enfermedad, y extender así la educación médica a un trozo de la preparación para el análisis, supondría una nueva ampliación de las materias de enseñanza y una prolongación correlativa de los años de estudio. No sé si esta consecuencia de sus aspiraciones al psicoanálisis satisfará a los médicos. Pero resulta imprescindible. Y todo esto, en una época en que las condiciones materiales de la existencia han empeorado considerablemente para la clase en la cual se reclutan los médicos, viéndose obligada la joven generación a valerse pronto por sí misma.

No querrá usted quizá recargar el estudio de la Medicina con la preparación para la práctica analítica y considerará más adecuado que sean los futuros analíticos los que se preocupen por sí mismos de su preparación, una vez terminada la carrera. Piensa usted que la pérdida de tiempo consiguiente no puede tener importancia práctica ninguna, toda vez que un joven de treinta años no gozará nunca, por parte del paciente, de la confianza indispensable a la ayuda espiritual que precisa. A esto habría que responder que tampoco el médico, no analítico, recién salido de las aulas, puede inspirar mucho respeto a sus pacientes y que el analítico podría aprovechar su tiempo trabajando en una policlínica psicoanalítica bajo la dirección de otros más experimentados.

Más importante me parece el hecho de que con su proposición apoya usted un gasto de energías que en estos tiempos difíciles no puede hallar justificación económica ninguna. La formación analítica corta ciertamente el círculo de la preparación médica, pero ni lo encierra ni es encerrado por él. Si hubiera de fundarse una Facultad Psicoanalítica —idea que aún suena a fantasía—, habría de estudiarse en ella mucha parte de lo que se enseña en la Facultad de Medicina. Además de la psicología de lo inconsciente, que siempre constituiría la disciplina principal, una introducción a la Biología, el más amplio estudio posible de la ciencia de la vida sexual y un conocimiento de los cuadros patológicos de la psiquiatría. Por otro lado, la enseñanza psicoanalítica comprendería también asignaturas ajenas al médico y con los que no suele tropezar en su actividad profesional: Historia de la civilización, Mitología, Psicología de las religiones y Literatura. Sin una buena orientación en estos campos no puede llegar el analítico a una perfecta comprensión de mucha parte de su material. En cambio, no le es precisa para sus fines una gran parte de los conocimientos exigidos por la facultad médica. Tanto el conocimiento de los huesos del pie, como los relativos a la composición del hidrógeno o al trayecto de las fibras nerviosas del cerebro, así como todo lo descubierto por la Medicina sobre los microbios, los sueros y los neoplasmas; todo esto es ciertamente muy estimable, pero para el analítico perfectamente inútil, pues ni puede ayudarle a comprender o a curar una neurosis, ni tampoco contribuir a afinar aquellas facultades intelectuales a las que su actividad plantea las mayores exigencias. Ni puede objetarse que lo mismo sucede en todas las demás especialidades médicas, por ejemplo, en la Odontología. También el odontólogo tiene que estudiar muchas cosas que la facultad no le ha enseñado y olvidar otras sobre las que ha sufrido severos exámenes. Pero su caso no admite comparación con el del analítico. Para la Odontología conservan toda su importancia los puntos capitales de la Patología, las teorías de la inflamación, la supuración, la necrosis y la influencia recíproca de los órganos del cuerpo. Mas el analítico lleva su experiencia a otro distinto mundo con fenómenos y leyes diferentes. De cualquier modo, que la Filosofía salve el abismo entre lo corporal y lo anímico, aquel sigue existiendo para nosotros en principio, y hasta para nuestros esfuerzos prácticos.

Es injusto e ilógico obligar a un hombre, que desea libertar a otros del grave peso de una fobia o una representación obsesiva, a dar el inmenso rodeo que supone el estudio completo de la carrera médica. Además, no se conseguirá si antes no se logra suprimir totalmente el análisis. Represéntese usted un paisaje, y en él, dos caminos que conducen a un mismo punto, uno de ellos corto y en línea recta, el otro, largo y serpenteado. Intente usted prohibir el tránsito por el camino breve porque pasa, por ejemplo, junto a unos macizos de flores que quiere usted proteger contra los paseantes. Sólo si el camino prohibido es penoso y escarpado y, en cambio, el otro descansado y cómodo, podrá usted abrigar alguna esperanza de ver respetada su prohibición. Pero si no sucede así y el sendero largo es, además, el más penoso, no tendrá usted que pensar mucho la suerte que correrán su prohibición y sus flores. Mucho me temo que no consiga usted nunca obligar a los profanos a estudiar Medicina, como tampoco lograría yo obligar a los médicos a estudiar el análisis. Ya conoce usted suficientemente la naturaleza humana.

"Pero si está usted en lo cierto al afirmar que el tratamiento analítico no puede practicarse sin una formación especial, que el estudio de la Medicina no puede soportar la sobrecarga de la preparación analítica y que los conocimientos médicos son en su gran mayoría superfluos para el analítico ¿qué destino reserva usted al ideal al que aspira la formación médica de crear personalidades capaces de afrontar todos los problemas profesionales?"

No puedo predicar cuál será la solución de todas estas dificultades, ni soy tampoco el más llamado a indicarla. Sólo veo dos cosas: primero, que el análisis es para usted un motivo de embarazo y sería mejor que no existiese —desde luego, también el neurótico es un ser embarazoso—; y segundo, que de momento se atendería a todos los intereses decidiéndose los médicos a tolerar a una clase de terapeutas que les evitan el penoso tratamiento de las neurosis psicógenas, tan enormemente frecuentes, y se mantiene en contacto permanente con estos enfermos, con gran ventaja para los mismos.

"¿Es ésta su última palabra sobre la cuestión o le queda aún algo que decir?"

Desde luego. Me queda todavía que hablar del interés de la ciencia en este problema. Lo que sobre este punto he de decir no ha de importarle a usted gran cosa, pero no puedo decir lo mismo de mí.

No creemos deseable, en efecto, que el psicoanálisis sea devorado por la Medicina y encuentre su última morada en los textos de Psiquiatría, capítulo sobre la terapia, y entre métodos tales como la sugestión hipnótica, la autosugestión y la persuasión, que, extraídos de nuestra ignorancia, deben sus efectos poco duraderos a la pereza y la cobardía de las masas humanas. Merece mejor suerte y hemos de esperar que la logre. Como "psicología abismal" o ciencia de lo anímico inconsciente puede llegar a ser indispensable a todas aquellas ciencias que se ocupan de la historia de los orígenes de la civilización humana y de sus grandes instituciones, tales como el arte, la religión y el orden social. En mi opinión ha prestado ya una considerable ayuda a estas ciencias para la resolución de sus problemas, pero estas son aún aportaciones muy pequeñas, comparadas con las que se conseguirían si los hombres de ciencia dedicados al estudio de la Historia de la civilización, la Psicología de las religiones, la Filología, etc., se decidieran a manejar por sí mismos el nuevo medio de investigación puesto a su alcance. El empleo del análisis para la terapia de las neurosis es sólo una de las aplicaciones y quizá venga el porvenir a demostrar que no es siquiera la más importante. De todos modos, sería injusto sacrificar a una aplicación todas las demás por la sola razón de que aquella roza el círculo de los intereses médicos.

Se desarrolla aquí una nueva relación, en la cual no puede intervenirse sin grave daño. Si los representantes de diversas ciencias del espíritu han de estudiar el psicoanálisis para aplicar sus métodos y puntos de vista a su propio material científico, no les bastará atenerse a los resultados reseñados en la literatura analítica. Habrán de aprender a comprender el análisis siguiendo el único camino abierto para ello, esto es, sometiéndose por sí mismos a un análisis. Así, a los neuróticos necesitados del análisis vendría a agregarse una segunda clase de personas que aceptarían ser sometidos a ella por motivos intelectuales, pero que seguramente saludarían con entusiasmo el incremento de su capacidad funcional accesoriamente conseguido. La práctica de estos análisis exigiría una cantidad de analíticos a los cuales no ofrecerían ventaja ninguna los conocimientos médicos. Pero estos analíticos habrán de ser objeto, en cambio, de una formación particularmente cuidadosa, y si no se quiere mutilar su preparación, habrá de proporcionárseles ocasiones de practicar el análisis en casos instructivos y probatorios. Ahora bien; como aquellos hombres sanos a quienes no mueve un interés científico no acuden a someterse al análisis, habrán de ser nuevamente individuos neuróticos los que constituyen el material vivo utilizado —bajo el más cuidadoso control— para la enseñanza práctica de tales analíticos. Todas estas circunstancias hacen precisa una cierta libertad de movimientos y no toleran limitaciones mezquinas.

Quizá no crea usted en este interés puramente teórico del psicoanálisis, o no quiera reconocer su influencia en la cuestión práctica del análisis profano. En este caso, habré de advertirle que existe todavía otra aplicación del psicoanálisis completamente sustraída al alcance de la ley sobre el curanderismo y las aspiraciones médicas. Me refiero a su aplicación a la Pedagogía. Cuando un niño comienza a manifestar signos de una evolución indeseable, mostrándose malhumorado, irritable y distraído, ni el pediatra ni el médico escolar pueden hacer nada por él, incluso en aquellos casos en los que el infantil sujeto presenta claros fenómenos nerviosos, tales como angustia, inapetencia, vómitos o insomnios. En cambio, por medio de un tratamiento mixto del influjo analítico y medidas pedagógicas, desarrollado por personas que no desprecian ocuparse de las circunstancias del ambiente infantil, se consigue muy pronto suprimir los síntomas nerviosos y deshacer la naciente modificación del carácter. Nuestro conocimiento de que las neurosis infantiles, con frecuencia poco visibles, suponen una disposición a graves enfermedades ulteriores, nos indica estos análisis de niños como un excelente medio profiláctico. Es innegable que aún tiene el psicoanálisis muchos enemigos. Ignoro de qué medios podrán disponer para oponerse también a la actividad de los analíticos pedagógicos o pedagogos analíticos, y no creo posible que lo logren. Pero nunca se puede estar seguro.

Por lo demás, volviendo a nuestra cuestión del tratamiento analítico de los neuróticos adultos, he de advertirle que tampoco hemos agotado todos sus puntos de vista. Nuestra civilización ejerce sobre nosotros una presión ya casi intolerable y demanda una rectificación. ¿Será quizá demasiada fantasía esperar que el psicoanálisis esté llamado, no obstante las dificultades que se le oponen, a preparar a los hombres a una tal rectificación? Acaso haya de nuevo un americano a quien se le ocurra dedicar parte de su dinero a la preparación analítica de los *social workers* de su país, para formar un ejército auxiliar, dedicado a combatir las neurosis producto de la civilización.

"¿Una nueva especie de *salvation army*?"

¿Por qué no? Nuestra imaginación labora siempre con sujeción a algún modelo. La masa de gentes deseosa de aprender, que afluiría entonces a Europa, tendría que pasar de largo por Viena, pues la evolución analítica habría sucumbido ya aquí a un precoz trauma prohibitivo. ¿Sonríe usted? No digo esto, ciertamente, para influir sobre su juicio. Sé ya muy bien que no me presta usted fe y no puedo predecir si alguna vez cambiará usted de opinión. Pero sí estoy seguro de una cosa. No importa mucho cuál sea la resolución que ustedes hagan recaer sobre la cuestión del análisis profano. Cualquiera que sea, sólo puede tener un efecto local. Lo verdaderamente importante es que las posibilidades de desarrollo que en sí entraña el psicoanálisis no pueden ser coartadas por leyes ni reglamentos.

II

# EL MÚLTIPLE INTERÉS DEL PSICOANÁLISIS

*El múltiple interés del Psicoanálisis* apareció en la revista *Sciencia* (Bolonia, 1913).

I

## El interés psicológico del Psicoanálisis

El psicoanálisis es un procedimiento médico que aspira a la curación de ciertas formas de la nerviosidad (neurosis) por medio de una técnica psicológica. En un trabajo publicado en 1910 hube ya de describir la evolución del psicoanálisis desde su punto de partida en el método *catártico*, de J. Breuer, y sus relaciones con las teorías de Charcot y P. Janet[1].

Como ejemplos de las formas patológicas accesibles al psicoanálisis pueden ser citadas las convulsiones e inhibiciones de la histeria y los diversos síntomas de la neurosis obsesiva (actos e ideas obsesivas). Trátase de estados que desaparecen a veces espontáneamente y responden de un modo caprichoso, hasta ahora inexplicado, a la influencia personal del médico. En las formas graves de las perturbaciones mentales propiamente dichas no alcanza el psicoanálisis resultado positivo alguno. Pero tanto en las psicosis como en las neurosis nos facilita, por vez primera en la historia de la Medicina, una visión de los orígenes y el mecanismo de estas enfermedades.

Esta importancia médica del psicoanálisis no justificaría la tentativa de presentarlo en un círculo de hombres de estudio interesados por la síntesis de las ciencias, y mucho menos cuando tal empresa habría de parecer prematura mientras una gran parte de los psiquiatras y neurólogos continúe mostrándose opuesto al nuevo método terapéutico y rechace tanto sus hipótesis como sus resultados. Si, no obstante, considero legí-

---

[1] "Psicoanálisis: Cinco conferencias...", en el tomo II de estas *Obras Completas*.

tima esta tentativa es porque el psicoanálisis aspira a interesar a hombres de ciencia distintos de los psiquiatras, pues se extiende a otros varios sectores científicos diferentes y establece entre ellos y la patología de la vida psíquica relaciones insospechadas.

Dejaré, pues, a un lado, por ahora, el interés médico del psicoanálisis y trataré de demostrar, con una serie de ejemplos, mis anteriores asertos sobre nuestra joven ciencia.

Tanto en el hombre normal como en los enfermos tropezamos con una serie de expresiones mímicas y verbales y con numerosos productos mentales, que no han llegado a ser hasta ahora objeto de la Psicología por haberlos considerado meramente como resultados de una perturbación orgánica o de una disminución anormal de la capacidad funcional del aparato anímico. Me refiero a las funciones fallidas (equivocaciones orales o en la escritura, olvidos, etc.), a los actos casuales y a los sueños de los normales, y a los ataques convulsivos, delirios, visiones, ideas y actos obsesivos de los neuróticos. Estos fenómenos —en cuanto no han pasado, como las funciones fallidas, totalmente inadvertidos— se han venido adscribiendo a la Patología, esforzándose en hallarles explicaciones *fisiológicas* que jamás han resultado satisfactorias. El psicoanálisis ha demostrado, en cambio, que todos estos fenómenos pueden ser explicados e integrados en el conjunto conocido del suceder psíquico por medio de hipótesis de naturaleza puramente psicológica. Nuestra disciplina ha restringido así el radio de acción de la Fisiología, conquistando, en cambio, para la Psicología una parte considerable de la Patología. La máxima fuerza probatoria corresponde aquí a los fenómenos normales, sin que pueda acusarse al psicoanálisis de transferir a lo normal conocimientos extraídos del material patológico, pues aporta sus pruebas independientemente unas de otras en cada uno de dichos sectores, y muestran así que los procesos normales y los llamados patológicos siguen las mismas reglas.

De los fenómenos normales a que nos venimos refiriendo, esto es, de los observables en hombres normales, dedicaremos atención preferente a dos: las funciones fallidas y los sueños.

Las funciones fallidas, o sea, el olvido ocasional de palabras y nombres, el de propósitos, las equivocaciones orales en la lectura y la escritura, el extravío de objetos, la pérdida definitiva de los mismos, determinados errores contrarios a nuestro mejor conocimiento, algunos gestos y movimientos habituales; todo esto que reunimos bajo el nombre común de funciones fallidas del hombre sano y normal ha sido, en general, muy poco atendido por la Psicología, atribuyéndose a la "distracción" y considerándose derivado de la fatiga, de la falta de atención o de un afecto accesorio de ciertos leves estados patológicos. La investigación analítica ha demostrado con suficiente certeza que tales factores últimamente citados constituyen, todo lo más, circunstancias favorables a la producción de los fenómenos de referencia, pero nunca condiciones indispensables de la misma. Las funciones fallidas son verdaderos fenómenos psíquicos y entrañan siempre un sentido y una tendencia, constituyendo la expresión de determinadas intenciones que, a consecuencia de la situación psicológica dada, no encuentran otro medio de exteriorizarse. Tal situación es, por lo general, la correspondiente a un conflicto psíquico, y en ella queda privada de expresión directa y derivada por caminos indirectos a la tendencia vencida. El individuo que comete el acto fallido puede darse cuenta de él y puede conocer, separadamente, la tendencia reprimida que en su fondo existe, pero ignora, en cambio, casi siempre y hasta que el análisis se la revela, la relación causal existente entre la tendencia y el acto. Los análisis de las funciones fallidas son muchas veces fáciles y rápidos. Una vez advertido el fallo por el sujeto, su primera ocurrencia suele traer consigo la explicación buscada.

Los actos fallidos constituyen el material más cómodo para confirmar las hipótesis psicoanalíticas. En un trabajo que data de 1904 he reunido numerosos ejemplos de este orden con su interpretación correspondiente, colección que ha sido luego aumentada por las aportaciones de otros observadores[2].

El motivo que más frecuentemente nos mueve a reprimir una intención, obligándola así a contentarse con hallar expresión indirecta en un acto fallido, es la evitación de displacer. De este modo, olvidamos tenazmente un nombre propio cuando abrigamos hacia la persona a quien corresponde un secreto enfado, o dejamos de realizar propósitos que sólo a disgusto hubiéramos llevado a cabo, forzados, por ejemplo, por las conveniencias sociales. Perdemos un objeto cuando nos hemos enemistado con la persona a quien nos recuerda o que nos lo ha regalado. Tomamos un tren equivocado cuando emprendemos el viaje a disgusto y hubiéramos querido permanecer en donde estábamos o trasladarnos a un lugar distinto. Donde más claramente se nos muestra la evitación de displacer como causa de estos fallos funcionales es en el olvido de impresiones y experiencias, circunstancia observada ya por autores preanalíticos. La memoria es harto parcial y presenta una gran disposición a excluir de la reproducción aquellas impresiones a las que va unido un afecto penoso, aunque no siempre lo consiga.

En otros casos el análisis de un acto fallido resulta menos sencillo y conduce a soluciones menos transparentes, a causa de la intervención de un proceso al que damos el nombre de *desplazamiento*. Así, cuando olvidamos el nombre de una

---

[2] *Cf.* el tomo I de estas *Obras Completas*, titulado *Psicopatología de la vida cotidiana*. Asimismo, trabajos de A. Maeder, A. A. Brill, E. Jones, O. Rank y otros.

persona contra la cual nada tenemos, el análisis nos hace ver que dicho nombre ha despertado asociativamente el recuerdo de otra persona de nombre igual o semejante que nos inspira disgusto. El olvido del nombre de la persona inocente ha sido consecuencia de tal relación, resultando así que la intención de olvidar ha sufrido una especie de desplazamiento a lo largo de un determinado camino asociativo.

La intención de evitar displacer no es la única causa de los actos fallidos. El análisis descubre en muchos casos otras tendencias que, habiendo sido reprimidas en la situación correspondiente, han tenido que manifestarse como perturbaciones de una función. Así, las equivocaciones orales delatan muchas veces pensamientos que el sujeto quería mantener ocultos a su interlocutor. Varios grandes poetas han comprendido este sentido de tales equivocaciones y las han empleado en sus obras. La pérdida de objetos valiosos resulta ser muchas veces un sacrificio encaminado a alejar una desgracia temida, no siendo esta la única superstición que aún se impone a los hombres cultos bajo la forma de un acto fallido. El extravío temporal de objetos no es, por lo común, sino la realización inconsciente del deseo de verlos desaparecer, y su rotura, la de sustituirlos por otros mejores.

La explicación psicoanalítica de las funciones fallidas trae consigo, no obstante la insignificancia de esos fenómenos, una cierta modificación de nuestra concepción del mundo. Hallamos, además, que el hombre normal aparece movido por tendencias contradictorias con mucha mayor frecuencia de lo que sospechábamos. El número de acontecimientos a los que damos el nombre de "casuales" queda considerablemente limitado. En cierto modo resulta consolador pensar que la pérdida de objetos no constituye casi nunca una casualidad, y que nuestra torpeza no es muchas veces sino un disfraz de intenciones ocultas. Mucha mayor importancia entraña el descubrimiento analítico de una participación inconfesada de la propia voluntad del sujeto en numerosos accidentes graves, que de otro modo hubieran sido adscritos a la casualidad. Este hallazgo del psicoanálisis viene a hacer aún más espinosa la diferenciación entre la muerte por accidente casual y el suicidio, tan difícil ya en la práctica.

La explicación de los actos fallidos presenta, desde luego, un innegable valor teórico por la sencillez de la solución y la frecuencia de tales fenómenos en el hombre normal. Pero como el resultado del psicoanálisis no es comparable en importancia al obtenido en la aplicación del mismo a otro distinto fenómeno de la vida anímica de los hombres sanos. Me refiero a la interpretación de los *sueños*, con la cual comienza el psicoanálisis a situarse enfrente de la ciencia oficial. La investigación médica considera los sueños como un fenómeno puramente somático, desprovisto de todo sentido y significación, no viendo en ello sino la reacción del órgano anímico dormido a estímulos somáticos que le fuerzan a despertar parcialmente. El psicoanálisis, superando la singularidad, la incoherencia y el absurdo del fenómeno onírico, lo eleva a la categoría de un acto psíquico, que posee sentido e intención propios y ocupa un lugar en la vida anímica del individuo. Para él los estímulos somáticos no son sino uno de los materiales que la formación de los sueños elabora. Entre estas dos concepciones de los sueños no hay acuerdo posible. En contra de la concepción fisiológica, testimonia su infertilidad. A favor de la psicoanalítica, puede aducirse el haber traducido con pleno sentido y aplicado al descubrimiento de la más íntima vida anímica del hombre millares de sueños.

En un trabajo publicado en 1900 he tratado el importantísimo tema de la *interpretación de los sueños*, teniendo luego la satisfacción de comprobar que casi todos mis colaboradores en la investigación psicoanalítica han confirmado y propulsado, con sus propias aportaciones, las teorías por mí iniciadas en el mismo[3]. Hoy en día se reconoce unánimemente que la interpretación de los sueños es la piedra angular de la labor psicoanalítica y que sus resultados constituyen la más importante aportación del psicoanálisis a la Psicología.

No me es posible exponer aquí la técnica por medio de la cual se llega a la interpretación de los sueños, ni tampoco fundamentar los resultados a los que ha conducido la elaboración psicoanalítica de los mismos. Habré, pues, de limitarme a señalar algunos nuevos conceptos, comunicar los resultados analíticos y acentuar su importancia para la psicología normal.

Así, pues, el psicoanálisis nos enseña lo siguiente: todo sueño posee un sentido. Su singularidad procede de las deformaciones que ha sufrido la expresión del mismo; su absurdo es intencionado y expresa la burla, el insulto y la contradicción; su incoherencia es diferente para la interpretación. Lo que del sueño recordamos al despertar no es sino su contenido manifiesto. Aplicando a este contenido manifiesto la técnica interpretadora, llegamos a las ideas latentes que se esconden detrás de él, confiándole su representación. Estas ideas latentes no son ya singulares, incoherentes ni absurdas, sino elementos plenamente significativos de nuestro pensamiento despierto. El proceso que ha transformado las ideas latentes del sueño en el contenido manifiesto del mismo es designado por nosotros con el nombre de *elaboración del sueño*, y es el que lleva a cabo la deformación a consecuencia de la cual no reconocemos ya en el contenido del sueño las ideas del mismo.

La elaboración onírica es un proceso de un orden desconocido antes en Psicología y presenta un doble interés. En primer lugar, nos descubre procesos nuevos, tales como la *condensación*

---

[3] *La interpretación de los sueños*, en los tomos VI y VII de estas *Obras Completas*. Véase también, en el tomo II, el trabajo titulado *Los sueños*.

(de representaciones) y el *desplazamiento* (del acento psíquico desde una representación a otra), que no hemos hallado en el pensamiento despierto o sólo como base de los llamados errores mentales. Pero, además, nos permite adivinar en la vida anímica un dinamismo cuya acción permanecía oculta a nuestra percepción consciente. Advertimos que existe en nosotros una *censura*, una instancia examinadora que decide si una representación emergente debe o no llegar a la conciencia y excluye inexorablemente, dentro de su radio de acción, todo lo que puede producir displacer o despertarlo de nuevo. Recordaremos que tanto esta tendencia a evitar el displacer provocado por el recuerdo como de los conflictos surgidos entre las tendencias de la vida anímica encontramos ya indicios en el análisis de las funciones fallidas.

El estudio de la elaboración de los sueños nos impone una concepción de la vida psíquica que parece resolver las cuestiones más discutidas de la Psicología. La elaboración onírica nos obliga a suponer la existencia de una actividad psíquica *inconsciente* más amplia e importante que la enlazada a la conciencia y ya conocida y explorada. (Sobre este punto retornaremos al ocuparnos del interés filosófico del psicoanálisis). Asimismo, nos permite llevar a cabo una articulación del aparato psíquico en varias instancias o sistemas, y demuestra que en el sistema de la actividad anímica inconsciente se desarrollan procesos de naturaleza muy distinta a la de los que son percibidos en la conciencia.

La función de la elaboración onírica no es sino la de mantener el estado de reposo. En otras palabras: "El sueño (fenómeno onírico) es el guardián del estado de reposo". Por su parte, las ideas del sueño pueden hallarse al servicio de las más diversas funciones anímicas. La elaboración onírica cumple su cometido, representando realizado, en forma alucinatoria, un *deseo* emergente de las ideas del sueño.

Puede decirse sin temores, que el estudio psicoanalítico de los sueños ha procurado la primera visión de una psicología abismal o psicología de lo inconsciente no sospechada hasta ahora[4]. La psicología normal habrá, pues, de sufrir modificaciones fundamentales para armonizarse con estos nuevos conocimientos.

No nos es posible llevar a cabo, dentro de los límites de este trabajo, una exposición completa del interés psicológico de la interpretación de los sueños. Dejando bien afirmado que los sueños son un fenómeno pleno de sentido, y como tal *objeto de la Psicología*, pasaremos a ocuparnos de los descubrimientos aportados a la Psicología por el psicoanálisis en el terreno patológico.

Si las novedades psicológicas deducidas del estudio de los sueños y de las funciones fallidas poseen existencia y valores reales, habrán de ayudarnos a la explicación de otros fenómenos. Así sucede, en efecto, y el psicoanálisis ha demostrado que las hipótesis de la actividad anímica inconsciente, la censura y la represión, la deformación y la producción de sustitutivos, deducidas del análisis de aquellos fenómenos normales, nos facilitan, por vez primera, la comprensión de toda una serie de fenómenos patológicos, proporcionándonos, por decirlo así, la clave de todos los enigmas de la psicología de las neurosis. Los sueños se constituyen de este modo en prototipo normal de todos los productos psicopatológicos y su comprensión nos descubre los mecanismos psíquicos de las neurosis y psicosis.

Partiendo de sus investigaciones sobre los sueños, ha podido edificar el psicoanálisis una psicología de las neurosis, que una continuada labor va haciendo cada vez más completa. Para la demostración aquí intentada del interés psicológico de nuestra

---

[4] El psicoanálisis rechaza, hasta ahora, la referencia de esta tópica psíquica a una situación anatómica o a una estratificación histológica.

disciplina, sólo precisamos tratar con cierta amplitud de dos puntos de aquel magno conjunto: la demostración de que muchos fenómenos de la Patología que se creía deber explicar fisiológicamente son actos psíquicos, y la de que los procesos que producen los resultados anormales pueden ser atribuidos a fuerzas motoras psíquicas.

Aclaremos la primera de estas afirmaciones con algunos ejemplos. Los ataques histéricos han sido reconocidos, hace ya mucho tiempo, como signos de una elevada excitación emotiva y equiparados a las explosiones de afecto. Charcot intentó encerrar la diversidad de sus formas en fórmulas descriptivas. P. Janet descubrió la representación inconsciente que actúa detrás de estos ataques. El psicoanálisis ha visto en ellos representaciones mímicas de escenas vividas o fantaseadas que ocupan la imaginación del enfermo sin que el mismo tenga conciencia de ellas. El sentido de tales pantomimas queda velado a los ojos del espectador por medio de condensaciones y deformaciones de los actos representados. Este punto de vista resulta aplicable a todos los demás síntomas típicos de los enfermos histéricos. Todos ellos son, en efecto, representaciones mímicas o alucinatorias de fantasías que dominan inconscientemente su vida emotiva, y significan una satisfacción de secretos deseos reprimidos. El carácter atormentador de estos síntomas procede del conflicto interior provocado en la vida anímica de tales enfermos por la necesidad de combatir dichos impulsos optativos inconscientes.

En otra afección neurótica —la neurosis obsesiva— quedan sujetos los pacientes a la penosa ejecución de un ceremonial sin sentido aparente, constituido por la repetición de actos totalmente indiferentes, tales como los de lavarse o vestirse, la obediencia a preceptos insensatos o la observación de misteriosas prohibiciones. Para la labor psicoanalítica constituyó un triunfo llegar a demostrar que todos estos actos obsesivos, hasta los más insignificantes, poseen pleno sentido y reflejan por medio de un material indiferente los conflictos de la vida, la lucha entre las tentaciones y las coerciones morales, el mismo deseo rechazado y los castigos y penitencias con los que se quiere compensar. En otra distinta forma de la misma enfermedad padece el sujeto ideas penosas, representaciones obsesivas cuyo contenido se le impone imperiosamente, acompañadas de afectos cuya naturaleza e intensidad no corresponden casi nunca al contenido de las ideas obsesivas. La investigación analítica ha demostrado aquí que tales afectos se hallan perfectamente justificados, correspondiendo a reproches basados, por lo menos, en una *realidad psíquica*. Pero las ideas adscritas a dichos afectos no son ya las primitivas, sino otras distintas, enlazadas a ellos por un desplazamiento (sustitución) de algo reprimido. La reducción de estos desplazamientos abre el camino hasta el conocimiento de las ideas reprimidas y nos demuestra que el enlace del afecto y la representación es perfectamente adecuado.

En otra afección nerviosa, la incurable demencia precoz (parafrenia, esquizofrenia), en la cual los enfermos muestran una absoluta indiferencia, hallamos frecuentemente, como únicos actos, ciertos movimientos y gestos, uniformemente repetidos, a los que se ha dado el nombre de "estereotipias". La investigación analítica de tales actos (llevada a cabo por C. G. Jung) ha permitido reconocer en ellos residuos de actos mímicos plenos de sentido, por medio de los cuales se creaban antes una expresión los impulsos optativos que dominaban al sujeto. La aplicación de las hipótesis analíticas a los discursos más absurdos y a las actitudes y gestos más singulares de estos enfermos ha permitido su comprensión y su integración en la vida anímica conjunta del sujeto.

Análogamente sucede con los delirios, alucinaciones y sistemas delirantes de otros diversos enfermos mentales. Allí donde parecía reinar la más singular arbitrariedad, ha descubierto la labor psicoanalítica una norma, un orden y una coherencia. Las más diversas formas patológicas psíquicas han sido reconocidas como resultados de procesos idénticos en el fondo, susceptibles de ser aprehendidos y descritos por medio de conceptos psicológicos. En todas partes hallamos la actuación del *conflicto psíquico* descubierto en la elaboración de los sueños: la *represión* de determinados impulsos instintivos, rechazados a lo inconsciente por otras fuerzas psíquicas; los *productos reactivos* de las fuerzas represoras y los *productos sustitutivos* de las fuerzas reprimidas, pero no despojadas totalmente de su energía. Por todas partes también encontramos en estos procesos aquellos otros —la condensación y el desplazamiento— que nos fueron dados a conocer por el estudio de los sueños. La diversidad de las formas patológicas observadas en la clínica de psiquiatría depende de otros dos factores: de la multiplicidad de los mecanismos psíquicos de que dispone la labor de la represión y de la multiplicidad de las disposiciones histórico-evolutivas que permiten a los impulsos reprimidos llegar a constituirse en productos sustitutivos.

Una buena mitad de la labor psiquiátrica es encomendada por el psicoanálisis a la Psicología. Pero constituirá un grave error suponer que el análisis aspira a una concepción puramente psicológica de las perturbaciones anímicas. No puede desconocer que la otra mitad de la labor psiquiátrica tiene por contenido la influencia de factores orgánicos (mecánicos, tóxicos, infecciosos) sobre el aparato anímico. En la etiología de los trastornos psíquicos no admite, ni aun para los más leves, como lo son las neurosis, un origen puramente psicógeno, sino que busca su motivación en la influencia de la vida anímica por un elemento, indudablemente orgánico, del que más adelante trataremos.

Los resultados psicoanalíticos susceptibles de alcanzar una importante significación para la psicología general son demasiado numerosos para que podamos detallarlos en este breve trabajo. Únicamente citaremos, sin detenernos en su examen, dos puntos determinados: el modo inequívoco en que el psicoanálisis reclama para los procesos afectivos la primacía en la vida anímica, y su demostración de que en el hombre normal se da, lo mismo que en el enfermo, una insospechada perturbación y obnubilación afectiva del intelecto.

## II

EL INTERÉS DEL PSICOANÁLISIS PARA
LAS CIENCIAS NO PSICOLÓGICAS

*A) Interés filológico*

Al postular el interés filológico del psicoanálisis voy seguramente más allá de la significación usual de la palabra *filología*, o sea, "ciencia del lenguaje", pues bajo el concepto de lenguaje no me refiero tan sólo a la expresión del pensamiento en palabras, sino también al lenguaje de los gestos y a todas las demás formas de expresión de la actividad anímica, como, por ejemplo, la escritura. Ha de tenerse en cuenta que las interpretaciones del psicoanálisis son, en primer lugar, traducciones de una forma expresiva extraña a nosotros a otra familiar a nuestro pensamiento. Cuando interpretamos un sueño no hacemos sino traducir del "lenguaje del sueño" al de nuestra vida despierta un cierto contenido mental (las ideas latentes del sueño). Al efectuar esta labor aprenderemos a conocer las peculiaridades de aquel lenguaje onírico, y experimentamos la impresión de que pertenece a un sistema de expresión altamente arcaico. Así, se observa que la negación no encuentra jamás en él una expresión especial directa, y que un mismo elemento sirve de representación a ideas antitéticas. O, dicho de otro modo: en el lenguaje de los sueños los conceptos son todavía ambivalentes; reúnen en sí significaciones opuestas, condición que, según las hipótesis de los filólogos, presentaban también las más antiguas raíces de las lenguas históricas[5]. Otro

---

[5] Abel, *Sentido contradictorio de las palabras primitivas* (*Ueber den Gegensinn der Urworte*), 1884.

carácter singular de nuestro lenguaje onírico es el frecuentísimo empleo de símbolos, circunstancia que permite en una cierta medida una traducción del contenido del sueño, sin el auxilio de las asociaciones individuales. La esencia de estos símbolos no ha sido aún totalmente aprehendida por la investigación; tratase de sustituciones y comparaciones, basadas en analogías claramente visibles en algunos casos, mientras que en otros escapa por completo a nuestra percepción consciente el sospechado *tertium comparationis*. Estos últimos símbolos serían precisamente los que habrían de proceder de las fases más primitivas del desarrollo del lenguaje y de la formación de conceptos. En el sueño, son predominantemente los órganos y las funciones sexuales lo que experimenta una representación simbólica en vez de directa. El filólogo Hans Sperber, de Upsala, ha intentado probar en un reciente trabajo que aquellas palabras que designaban primitivamente actividades sexuales han experimentado, merced a tales procesos comparativos, numerosos cambios de sentido[6].

Teniendo en cuenta que los medios de representación del sueño son principalmente imágenes visuales, y no palabras, habremos de equipararlo más adecuadamente a un sistema de escritura que a un lenguaje. En realidad, la interpretación de un sueño es una labor totalmente análoga a la de descifrar una antigua escritura figurada, como la de los jeroglíficos egipcios. En ambos casos, hallamos elementos no destinados a la interpretación o, respectivamente, a la lectura, sino a facilitar, en calidad de determinativos, la comprensión de otros elementos. La múltiple significación de diversos elementos del sueño encuentra también su reflejo en estos antiguos sistemas gráficos, lo mismo que la omisión de ciertas relaciones que

---

[6] *La influencia de los factores sexuales en la génesis y la evolución del lenguaje.* (*Imago*, I, 1912).

en uno y otro caso han de ser deducidas del contexto. Si una tal concepción de la representación del sueño no ha sido aún ampliamente desarrollada, ha sido tan sólo porque el psicoanalítico carece de aquellos conocimientos que el filólogo podría aplicar a un tema como el de los sueños.

Puede decirse que el lenguaje de los sueños es la forma expresiva de la actividad anímica inconsciente. Pero lo inconsciente habla más de un solo dialecto. Entre las variadas condiciones psicológicas que caracterizan y diferencian entre sí las distintas formas de neurosis hallamos también constantes cambios de la expresión de los impulsos anímicos inconscientes. Mientras que el lenguaje mímico de la histeria coincide por completo con el lenguaje figurado de los sueños, las visiones, etc., tropezamos, en cambio, con productos idiomáticos especiales para el lenguaje ideológico de la neurosis obsesiva y de las parafrenias (demencia precoz y paranoia), productos que en toda una serie de casos podemos ya comprender y relacionar entre sí. Aquello que una histérica representa por medio de *vómitos* se exteriorizará en las enfermas de neurosis obsesiva por medio de penosas medidas preventivas contra la *infección*, y en las parafrénicas por medio de la acusación o la sospecha de que se trata de *envenenarlas*. Lo que así encuentra tan diversa expresión no es sino el deseo reprimido y rechazado a lo inconsciente *de engendrar en su seno un hijo*, o correlativamente, la defensa de la paciente contra tal deseo.

## B) Interés filosófico

En cuanto la Filosofía tiene como base la Psicología, habrá de atender ampliamente a las aportaciones psicoanalíticas a dicha ciencia y reaccionar a este nuevo incremento de nuestros conocimientos como viene reaccionando a todos los progresos importantes de las ciencias especiales. El descubrimiento de las actividades anímicas inconscientes ha de obligar muy especialmente a la Filosofía a tomar su partido, y en caso de inclinarse del lado del psicoanálisis, a modificar sus hipótesis sobre la relación entre lo psíquico y lo físico, hasta que correspondan a los nuevos descubrimientos. Los filósofos se han ocupado desde luego, repetidamente, del problema de lo inconsciente, pero adoptando, en general —salvo contadas excepciones—, una de las dos posiciones siguientes: o han considerado lo inconsciente como algo místico, inaprehensible e indemostrable, cuya relación con lo anímico permanecía en la obscuridad, o han identificado lo psíquico con lo consciente, deduciendo luego de esta definición que algo que era inconsciente no podía ser psíquico, ni, por tanto, objeto de la Psicología. Estas actitudes proceden de haber enjuiciado los filósofos lo inconsciente sin conocer antes los fenómenos en la actividad anímica inconsciente, y, en consecuencia, sin sospechar su extraordinaria afinidad con los fenómenos conscientes, ni los caracteres que de ellos los diferencian. Si después de adquirir un tal conocimiento de los fenómenos inconscientes mantiene aún alguien la identificación de lo consciente con lo psíquico, y niega, por lo tanto, a lo inconsciente todo carácter anímico, no habremos ya de objetarle sino que tal diferenciación no tiene nada de práctica, toda vez que partiendo de su íntima relación con lo consciente, resulta fácil describir lo inconsciente y seguir sus desarrollos, cosa imposible de conseguir, por lo menos hasta ahora, partiendo del proceso físico. Lo inconsciente debe, pues, permanecer siendo considerado como objeto de la Psicología.

Todavía existe otro aspecto desde el cual puede la Filosofía recibir el impulso del psicoanálisis, y es pasando a ser objeto de la misma. Los sistemas y teorías filosóficas son obra de un limitado número de personas de individualidad sobresaliente, y la Filosofía es la disciplina en la que mayor papel desempeña la personalidad del hombre de ciencia. Ahora bien; el psicoanálisis nos permite dar una psicografía de la personalidad (véase luego su interés sociológico). Nos enseña a conocer las unidades afectivas —los complejos dependientes de los instintos— que hemos de presuponer en todo individuo y nos inicia en el estudio de las transformaciones y los resultados finales generados por estas fuerzas instintivas.

Descubre las relaciones existentes entre las disposiciones constitucionales de la persona, sus destinos y los rendimientos que puede alcanzar merced a dotes especiales. Ante la obra artística, le es posible adivinar, con más o menos seguridad, la personalidad que tras de ella se esconde, y de este modo puede descubrir la motivación subjetiva e individual de las teorías filosóficas, surgidas de una labor lógica imparcial, y señalar a la crítica los puntos débiles del sistema. Esta crítica no es ya cometido del psicoanálisis, pues, naturalmente, la determinación psicológica de una teoría no excluye su corrección científica.

## C) *Interés biológico*

El psicoanálisis no ha tenido, como otras jóvenes ciencias, la suerte de ser acogida con un esperanzado interés por parte de aquellos a quienes preocupan los progresos del conocimiento. Durante mucho tiempo se le negó toda atención, y cuando no fue ya posible desoírla, los que se habían tomado el trabajo de someterla a un detenido enjuiciamiento la hicieron objeto de una violenta hostilidad, dependiente de razones afectivas. La causa de tan contraria acogida ha sido el descubrimiento hecho por nuestra disciplina en sus primeros objetos de investigación de que las enfermedades nerviosas eran la expresión de un trastorno de la *función sexual*, descubrimiento que la condujo a consagrarse a investigar dicha función, tanto tiempo desatendida. Ahora bien: quienquiera que se mantenga fiel al principio de que los juicios científicos no deben sufrir la influencia de las actitudes afectivas, habrá de reconocer a esta orientación investigadora del psicoanálisis un alto interés biológico, viendo en las resistencias a ella opuestas una nueva prueba de sus afirmaciones.

El psicoanálisis ha hecho justicia a la función sexual humana, investigando minuciosamente su extraordinaria importancia para la vida anímica y práctica, importancia señalada ya por muchos poetas y algunos filósofos, pero jamás reconocida por la ciencia. Tal investigación exigía como premisa una ampliación del concepto de la sexualidad, indebidamente restringido, justificada por determinadas transgresiones sexuales (las llamadas perversiones) y por la conducta del niño. Se demostró imposible seguir afirmando la asexualidad de la infancia hasta la repentina eclosión de los impulsos sexuales en la época de la pubertad. Una observación imparcial y libre de prejuicios probó, por el contrario, sin dificultad que el sujeto humano infantil entraña intereses y actividades sexuales en todos los períodos de esta época de su existencia y desde el principio de la misma. La importancia de esta sexualidad infantil no queda disminuida por el hecho de no ser posible trazar con plena seguridad su contorno, diferenciándola en todos sus puntos de la actividad asexual del niño. Ha de tenerse en cuenta que se trata de algo muy distinto de la sexualidad llamada "normal" del adulto. Su contenido entraña los gérmenes de todas aquellas actividades sexuales que oponemos luego, en calidad de perversiones, a la vida sexual normal, pareciéndonos incomprensibles y viciosas. De la sexualidad infantil surge la norma del adulto a través de una serie de procesos evolutivos, asociaciones, disociaciones y represiones que jamás se desarrollan de un modo idealmente perfecto y dejan tras de sí, a consecuencia de tal imperfección, disposiciones a una regresión de la función de estados patológicos.

La sexualidad infantil posee otras dos cualidades muy interesantes biológicamente. Se muestra compuesta por una serie de instintos parciales ligados a determinadas regiones del soma —zonas erógenas—, algunas de las cuales surgen desde un principio formando pares antitéticos, esto es, como instintos con fin activo y pasivo. Del mismo modo que en los posteriores estados de apetencia sexual no son meramente los órganos sexuales de la persona amada, sino todo su cuerpo lo que se constituye en objeto sexual, resultan ser en el niño punto de origen de excitación sexual y de producción de placer sexual ante un estímulo adecuado, no sólo los genitales, sino también otras distintas partes del soma. Estrechamente enlazado a este, hallamos el segundo carácter peculiar de la sexualidad infantil: su aposición inicial a las funciones encaminadas a la conservación, tales como la ingestión de alimentos, la excreción, y, probablemente también, la inervación muscular y la actividad sensorial.

Al estudiar con auxilio del psicoanálisis la sexualidad del adulto y observar a la luz de los conocimientos así adquiridos la vida del niño, no se nos muestra ya la reproducción y equivalente a las funciones digestiva, respiratoria, etc., sino como algo mucho más independiente, opuesto más bien a todas las demás actividades del individuo y que sólo por una complicada evolución, muy rica en restricciones, es forzada a entrar en la liga de la economía individual. El caso teóricamente muy posible de que los intereses de estas tendencias sexuales no coincidan con los de la conservación individual, aparece realizado en el grupo patológico de las neurosis, pues la última fórmula en que el psicoanálisis ha concretado la esencia de las neurosis afirma que el conflicto original del que surgen las neurosis es el nacido entre los instintos conservadores del *yo* y los instintos sexuales. Las neurosis corresponden a un vencimiento más o menos parcial del *yo* por la sexualidad, después de haber fracasado al *yo* su tentativa de dominar la sexualidad.

Durante nuestra labor psicoanalítica hemos creído necesario mantenernos alejados de los puntos de vista biológicos y no utilizarlos tampoco para fines heurísticos, con el fin de evitar errores en la apreciación imparcial de los resultados analíticos. Pero una vez terminada dicha labor, habremos de buscar su confirmación biológica, y nos satisface verla conseguida en varios puntos esenciales. La antítesis entre los instintos del *yo* y el instinto sexual, a la que hubimos de referir la génesis de las neurosis, se prolonga al terreno biológico como antítesis entre los instintos encaminados a la conservación del individuo y otros puestos al servicio de la continuación de la especie. En la Biología tropezamos con la idea más amplia del plasma germinativo inmortal, del que dependen, como órganos sucesivamente desarrollados, los individuos perecederos, idea que nos facilita, por fin, la exacta comprensión del papel desempeñado por las fuerzas instintivas sexuales en la fisiología y la psicología del ser individual.

A pesar de nuestros esfuerzos por evitar en nuestra labor psicoanalítica términos y puntos de vista biológicos, no podemos por menos de emplearlos ya en la descripción de los fenómenos por nosotros estudiados. El concepto de "instinto" se nos impone como concepto límite entre las concepciones psicológica y biológica, y hablamos de cualidades y tendencias anímicas "masculinas" y "femeninas", aunque las diferencias de sexo no pueden aspirar, en realidad, a una característica psíquica especial. Aquello que en la vida llamamos masculino o femenino se reduce, para la consideración psicológica, a los caracteres de actividad y pasividad, esto es, a cualidades que no pueden atribuirse a los instintos mismos, sino a sus fines. En la constante comunidad de tales instintos "activos" y "pasivos" en la vida anímica se refleja la bisexualidad de los individuos, premisa clínica del psicoanálisis.

Me satisfará haber logrado llamar la atención con estas consideraciones sobre la amplia mediación que el psicoanálisis establece entre la Biología y la Psicología.

*D) El interés del psicoanálisis para la historia de la evolución*
No todo análisis de fenómenos psicológicos merece el nombre de psicoanálisis. Esta último significa algo más que

la descomposición de fenómenos compuestos en otros más simples; consiste en una reducción de un producto psíquico a otros que le han precedido en el tiempo y de los cuales se ha desarrollado. El método médico psicoanalítico no conseguiría suprimir un solo síntoma patológico si no investigara su génesis y su desarrollo, y de este modo el psicoanálisis hubo de orientarse desde un principio hacia la investigación de procesos evolutivos. Así, descubrió primero la génesis de los síntomas neuróticos y en su ulterior progreso hubo de ampliar su radio de acción a otros productos psíquicos y realizar con ellos la labor de una psicología genética.

El psicoanálisis se ha visto obligado a deducir la vida anímica del adulto de la del niño, dando así razón a la afirmación de que el niño es el padre del hombre. Ha perseguido la continuidad de la psique infantil con la del adulto, pero también las transformaciones y alteraciones que en tal trayectoria tienen efecto. La memoria de la mayor parte de los hombres presenta una laguna en lo que se refiere a los primeros años de su vida infantil, de la cual sólo conservamos algunos recuerdos fragmentarios. Puede afirmarse que el psicoanálisis ha llenado tal laguna, suprimiendo esta amnesia infantil de los hombres (*Cf.* del interés pedagógico).

Al profundizar en la vida anímica infantil hemos realizado algunos singulares descubrimientos. Así, pudimos confirmar algo ya sospechado, la extraordinaria importancia que para toda la ulterior orientación del hombre tienen las impresiones de su infancia, y muy especialmente las recibidas en sus primeros años. Tropezamos aquí con una paradoja psicológica que sólo deja de serlo para la concepción psicoanalítica, pues resulta que tales impresiones, de máxima importancia, no aparecen contenidas en la memoria en los años ulteriores. Pero precisamente en lo que respecta a la vida sexual ha sido donde el psicoanálisis ha logrado fijar con más precisa claridad la ejemplaridad y la marca indeleble de los más tempranos sucesos de la vida humana. El *on revient toujours à ses premiers amours* no es sino una tímida verdad. Los múltiples enigmas de la vida erótica del adulto no se resuelven sino teniendo en cuenta los factores infantiles del amor. Para la teoría de estos efectos ha de tenerse en cuenta que las primeras experiencias infantiles del individuo no son fruto único del azar, sino que corresponden también a las primeras actividades de las disposiciones instintivas constitucionales con que ha venido al mundo.

Otro de nuestros descubrimientos más sorprendente fue el de que, a pesar de la ulterior evolución, ninguno de los productos psíquicos infantiles ha sucumbido en el adulto. Todos los deseos, impulsos instintivos, modos de reacción y disposiciones del niño subsisten en el adulto, y pueden volver a emerger bajo constelaciones adecuadas. No han quedado destruidos, sino simplemente sepultados por la superposición de otros estratos psíquicos. Constituye así un carácter particular del pretérito anímico el no ser devorado por sus propias secuelas, como el pasado histórico. Por el contrario, subsiste al lado de aquello que de él ha surgido en una simultaneidad, bien meramente virtual, bien por completo real. Prueba de esta afirmación es que los sueños del hombre normal reavivan todas las noches su carácter infantil y retrotraen toda su vida anímica a un grado infantil. Esta misma regresión al infantilismo psíquico tiene efecto también en las neurosis y psicosis, cuyas singularidades han de ser descritas, en su gran mayoría, como arcaísmos psíquicos. La energía que los restos infantiles hayan conservado en la vida anímica nos da la medida de la disposición a la enfermedad, pasando ésta a constituir así, para nosotros, la expresión de una coerción del desarrollo. Aquello que en el material psíquico del hombre ha permanecido infantil y se halla reprimido como inutilizable, constituye el nódulo de su inconsciente, y creemos poder seguir en la historia de la vida de nuestros pacientes cómo este inconsciente, retenido por las fuerzas represoras, espía el momento de entrar en actividad y aprovecha las ocasiones que para ello se le presentan, cuando las formaciones psíquicas ulteriores y más elevadas no consiguen dominar las dificultades del mundo real.

En los últimos años ha caído el psicoanálisis en que el principio de que "la ontogenia es una repetición de la filogenia" podía ser también aplicable a la vida anímica[7], y de esta reflexión ha surgido una nueva ampliación del interés de nuestra disciplina.

## *E) El interés del psicoanálisis para la historia de la civilización*

La comparación de la infancia del individuo con la historia primitiva de los pueblos se ha demostrado muy fructífera bajo distintos aspectos, no obstante, se trata de una labor científica apenas comenzada. La concepción psicoanalítica viene a constituir aquí un nuevo instrumento de trabajo. La aplicación de sus hipótesis a la psicología de los pueblos permite plantear nuevos problemas y contemplar a una nueva luz los ya investigados, cooperando a su solución.

En primer lugar, parece muy posible aplicar la concepción psicoanalítica obtenida en el estudio de los sueños a los productos de la fantasía de los pueblos, tales como los mitos y las fábulas[8]. Hace ya tiempo que se labora en la interpretación de tales productos, sospechándose que entrañan un "sentido oculto", encubierto por diversas transformaciones y modificaciones. El psicoanálisis aporta a esta labor la experiencia extraída de su investigación de los sueños y de las neurosis, mediante la cual ha de serle posible descubrir los caminos técnicos de tales deformaciones. Pero, además, puede revelar en toda una

---

[7] Abraham, Spielrein, Jung.
[8] Abraham, Rank, Jung.

serie de casos los motivos ocultos que han desviado al mito de su sentido original. No ve el primer impulso a la formación de mitos en una necesidad teórica de explicación de los fenómenos naturales o de justificación de preceptos culturales o usos devenidos incomprensibles, sino que lo busca en aquellos mismos "complejos" psíquicos y en aquellas mismas tendencias afectivas, cuya existencia hubo de comprobar como base de los sueños y de la formación de síntomas.

Esta misma transferencia de sus puntos de vista, hipótesis y conocimientos capacita al psicoanálisis para arrojar luz vivísima sobre los orígenes de nuestras grandes instituciones culturales, tales como la religión, la moral, el derecho y la filosofía[9]. Investigando aquellas primitivas situaciones psicológicas en las que pudo surgir el impulso a tales creaciones, se le hace posible rechazar alguna tentativa de explicación basada en una provisionalidad psicológica y sustituirla por una visión más profunda.

El psicoanálisis establece una íntima relación entre todos estos rendimientos del individuo y de las colectividades al postular para ambos la misma fuente dinámica. Parte de la idea fundamental de que la función capital del mecanismo psíquico es descargar el ser de las tensiones generadas en él por las necesidades. Una parte de esta labor se soluciona por medio de la satisfacción extraída del mundo exterior, y para este fin, se hace preciso el dominio del mundo real. Pero otra parte de tales necesidades, y entre ellas, esencialmente, ciertas tendencias afectivas, se ve siempre negada por la realidad toda satisfacción. Esta circunstancia da origen a la segunda parte de la labor antes indicada, consistente en procurar a las tendencias insatisfechas una distinta descarga. Toda historia de la

---

[9] Jung: *Wandlungen und Symbole der Libido*, 1912. Freud: *Tótem y tabú*, en el tomo VIII de estas *Obras Completas*.

civilización es una exposición de los caminos que emprenden los hombres para dominar sus deseos insatisfechos, según las exigencias de la realidad y las modificaciones en ella introducidas por los progresos técnicos.

La investigación de los pueblos primitivos nos muestra a los hombres entregados en un principio a una fe infantil en la omnipotencia[10] y nos proporciona la explicación de toda una serie de productos anímicos, revelándolos como esfuerzos encaminados a negar los fracasos de tal omnipotencia y a mantener así, a la realidad, lejos de toda influencia sobre la vida afectiva, en tanto no es posible dominarla mejor y utilizarla para la satisfacción. El principio de la evitación de displacer rige la actividad humana hasta que es sustituida por el de la adaptación al mundo exterior, mucho más conveniente al individuo. Paralelamente al dominio progresivo del hombre sobre el mundo exterior, se desarrolla una evolución de su concepción del universo, que va apartándose cada vez más de la primitiva fe en la omnipotencia y se eleva desde la fase animista, hasta la científica, a través de la religiosa. En este conjunto entran el mito, la religión y la moralidad, como tentativas de lograr una comprensión de la no lograda satisfacción de deseos.

El conocimiento de las enfermedades neuróticas del individuo ha facilitado mucho la comprensión de las grandes instituciones sociales, pues las neurosis mismas se nos revelan como tentativas de resolver individualmente aquellos problemas de la compensación de los deseos, que habrían de ser resueltos socialmente por las instituciones. La desaparición del factor social y el predominio del factor sexual convierten estas solu-

---

[10] Ferenczi: "Entwicklungstufen des Wirklichkeitssinnes", en *Intern. Zeitschr. f. Aertl. Psychoanalyse*, I, 1915. Freud: "Animismo, magia y omnipotencia de las ideas", en *Tótem y tabú* (cap. III del tomo VIII de estas *Obras Completas*).

ciones neuróticas en caricaturas inutilizables para cosa distinta de nuestra aclaración de estos importantes problemas.

## F) *El interés del psicoanálisis para la Estética*

El psicoanálisis ha logrado resolver también satisfactoriamente algunos de los problemas enlazados al arte y al artista. Otros se le escapan por completo. Reconoce también en el ejercicio del arte una actividad encaminada a la mitigación de deseos insatisfechos, y ello, tanto en el mismo artista creador como luego en el espectador de la obra de arte. Las fuerzas impulsoras del arte son aquellos mismos conflictos que conducen a otros individuos a la neurosis y han movido a la sociedad a la creación de sus instituciones. El problema del origen de la capacidad artística creadora no toca resolverlo a la Psicología. El artista busca, en primer lugar, su propia liberación y la consigue comunicando su obra a aquellos que sufren la insatisfacción de iguales deseos[11]. Presenta realizadas sus fantasías optativas personales; pero si estas llegan a constituirse en una obra de arte, es mediante una transformación que mitiga lo repulsivo de tales deseos, encubre el origen personal de los mismos y ofrece a los demás, atractivas primas de placer, ateniéndose a normas estéticas. Para el psicoanálisis resulta fácil descubrir, al lado de la parte manifiesta del goce artístico, otra parte latente, mucho más activa, procedente de las fuentes ocultas de la liberación de los instintos. La relación entre las impresiones infantiles y los destinos del artista y sus obras, como reacciones a tales impulsos, constituye uno de los objetos más atractivos de la investigación analítica[12].

---

[11] O. Rank: *Der Kuenstler*, Viena, 1907.

[12] *Cf.* Freud: *El chiste y su relación con lo inconsciente*, en el tomo III de estas *Obras Completas*. Asimismo, O. Rank: *Das Inzestmotiv in Dichtung u. Sage*, Viena, 1912.

Por lo demás, la mayoría de los problemas de la creación y el goce artísticos esperan aún ser objeto de una labor que arroje sobre ellos la luz de los descubrimientos analíticos y les señale su puesto en el complicado edificio de las compensaciones de los humanos deseos. A título de realidad convencionalmente reconocida, en la cual, y merced a la ilusión artística, pueden los símbolos y los productos sustitutivos provocar afectos reales, forma el arte un dominio intermedio entre la realidad que nos niega el cumplimiento de nuestros deseos y el mundo de la fantasía, que nos procura su satisfacción, un dominio en el que conservan toda su energía las aspiraciones a la omnipotencia de la humanidad primitiva.

## G) *Interés sociológico*

El psicoanálisis ha hecho, desde luego, objeto de su investigación la psique individual, pero en esta labor no podían escapársele los fundamentos afectivos de la relación del individuo con la sociedad. Ha hallado así que los sentimientos sociales reciben una aportación de carácter erótico, cuya superacentuación y ulterior represión vienen a constituirse en características de un determinado grupo de perturbaciones anímicas. Asimismo, ha reconocido, en general, el carácter asocial de las neurosis, que tienden todas a expulsar al individuo de la sociedad, sustituyendo el asilo que antes le brindaba el claustro por el aislamiento que la enfermedad trae consigo. El intenso sentimiento de culpabilidad, dominante en tantas neurosis, resulta ser a sus ojos una modificación social de la angustia erótica.

Por otra parte, ha descubierto el psicoanálisis cuán ampliamente participan las circunstancias y exigencias sociales en la causación de la neurosis. Las fuerzas que producen la limitación y la represión de los instintos por el *yo* nacen esencialmente de la docilidad del mismo con respecto a las exigencias culturales y sociales. Aquella misma constitución y aquellas mismas experiencias infantiles, que habrían de conducir al individuo a la neurosis, no lograrán tal efecto cuando no existe dicha docilidad o no sean planteadas tales exigencias en el círculo social en el que el individuo vive. La vieja afirmación de que la nerviosidad era un producto de la civilización tiene, por lo menos, una parte de verdad. La educación y el ejemplo sitúan al individuo joven ante las exigencias culturales. En aquellos casos en que la represión de los instintos llega a efecto en él, con independencia de los dos factores citados, habremos de suponer que la exigencia primitiva ha llegado a convertirse, al fin, en una propiedad hereditaria organizada del hombre. El niño que produce espontáneamente represiones de instintos no haría con ello sino repetir una parte de la historia de la civilización. Lo que hoy constituye una restricción interna fue en un tiempo sólo externa, impuesta quizá por las circunstancias de la época, resultando así que también lo que hoy se plantea ante cada individuo como exigencia cultural externa podrá convertirse un día en disposición interna a la represión.

## H) Interés pedagógico

El máximo interés del psicoanálisis para la Pedagogía se apoya en un principio demostrado hasta la evidencia. Sólo puede ser pedagogo quien se encuentre capacitado para infundirse en el alma infantil, y nosotros, los adultos, no comprendemos nuestra propia infancia. Nuestra amnesia infantil es una prueba de cuán extraños a ello hemos llegado a ser. El psicoanálisis ha descubierto los deseos, productos mentales y procesos evolutivos de la infancia. Todos los esfuerzos anteriores fueron incompletos y erróneos a más no poder, como consecuencia de haber dejado de lado por completo al inestimable factor de la sexualidad en sus manifestaciones somáticas y anímicas. El escéptico asombro con que son acogidos los descubrimientos más evidentes del psicoanálisis en esta cuestión de la infancia —los referentes al complejo de Edipo, el narcisismo, las disposiciones perversas, el erotismo anal y la curiosidad sexual— dan idea de la distancia que separa nuestra vida anímica, nuestras valoraciones e incluso nuestros procesos mentales de los de los del niño normal.

Cuando los educadores se hayan familiarizado con los resultados del psicoanálisis, le será más fácil reconciliarse con determinadas fases de la evolución infantil y, entre otras cosas, no correrán el peligro de exagerar la importancia de los impulsos instintivos perversos o asociales que el niño muestre. Por el contrario, se guardarán de toda tentativa de yugular violentamente tales impulsos al saber que tal procedimiento de influjo puede producir resultados tan indeseables como la pasividad ante la perversión infantil, tan temida por los pedagogos. La represión violenta de instintos enérgicos, llevada a cabo desde el exterior, no produce nunca en los niños la desaparición ni el vencimiento de tales instintos, y sí tan sólo una represión, que inicia una tendencia a ulteriores enfermedades neuróticas. El psicoanálisis tiene frecuente ocasión de comprobar la gran participación que una educación inadecuadamente severa tiene en la producción de enfermedades nerviosas o con qué pérdidas de la capacidad de rendimiento y de goce es conquistada la normalidad exigida. Pero también puede enseñar cuán valiosas aportaciones proporcionan estos instintos perversos y asociales del niño a la formación del carácter cuando no sucumben a la represión, sino que son desviados, por medio del proceso llamado *sublimación*, de sus fines primitivos y dirigidos hacia otros más valiosos. Nuestras mejores virtudes han nacido, en calidad de reacciones y sublimaciones, sobre el terreno de las peores disposiciones. La educación debería guardarse cuidadosamente de cegar estas preciosas fuentes de energía, y limitarse a impulsar aquellos procesos por medio de los cuales son dirigidas tales energías por buenos caminos.

Una educación basada en los conocimientos psicoanalíticos puede constituir la mejor profilaxis individual de las neurosis (*Cf.* los trabajos del doctor Oskar Pfister, Zurich).

No podía plantearme en este trabajo la labor de exponer a un público científico el alcance y el contenido del psicoanálisis, con todas las hipótesis, problemas y resultados de la misma. Me bastará haber indicado claramente para cuántos sectores científicos resultan interesantes sus investigaciones y cuán numerosas relaciones comienzan a establecer con los mismos.

# III

# HISTORIA DEL MOVIMIENTO PSICOANALÍTICO

La *Historia del movimiento psicoanalítico*, escrita en febrero de 1914, apareció el mismo año en el *Jahrbuch der Psychoanalyse* (*Anuario de Psicoanálisis*), tomo IV, y luego en el volumen titulado *Colección de aportaciones a la teoría de las neurosis* en su cuarta serie. (Hugo Heller y Ca, Leipzig y Viena, 1918; 2.ª edición, por el *Internationaler Psychoanalytischer Verlag*, Leipzig y Zurich, 1922). Actualmente forma parte del tomo IV de la edición de las *Obras Completas* de Sigmund. Freud, publicada por el *Int. Psychoanalytischer Verlag*.

De este trabajo existe una traducción inglesa, publicada por A. A. Brill, bajo el título *The History of the Psychoanalytical Movement*, en el número 25 de las *Nervous and Mental Disease Monograph Series*, Nueva York, 1916.

FLUCTUAT NEC MERGITUR

En las armas de la ciudad de París.

I

Siendo el propósito del presente trabajo trazar la historia del movimiento psicoanalítico, no habrá de extrañar su carácter subjetivo, ni la preponderancia en él de mi propia persona. El psicoanálisis es, en efecto, obra mía. Durante diez años fui el único en ocuparme de ella, y todo el disgusto que su aparición provocó cayó sobre mí, haciéndome objeto, mis contemporáneos, de las más diversas y violentas críticas. Todavía hoy, no siendo ya el único psicoanalítico, me creo con derecho a sostener que nadie puede saber mejor que yo lo que es el psicoanálisis, en qué se diferencia de los demás procedimientos de investigación psíquica y qué es lo que puede acogerse bajo su nombre o debe ser excluido de él.

Cuando en 1909, y desde la cátedra de una universidad americana, se me ofreció la primera ocasión de hablar públicamente sobre psicoanálisis, declaré, movido por la importancia del momento para mis aspiraciones, no haber sido yo quien diera la vida al psicoanálisis. Tal merecimiento había sido conquistado por otro, por el doctor J. Breuer, en una época en la que yo me hallaba entregado a la preparación de mis exámenes finales (1880–82)[13]. Posteriormente, varios benévolos amigos míos me han reprochado haber dado con tales palabras una expresión desmesurada a mi agradecimiento hacia el doctor Breuer. Hubiera debido presentar, según lo había hecho en otras ocasiones anteriores, el *método*

---

[13] Véase, en el tomo II de estas *Obras Completas*, el trabajo titulado *Psicoanálisis: Cinco conferencias*.

*catártico* de Breuer como un estadio preanalítico, situando el punto de partida del psicoanálisis en mi abandono de la técnica hipnótica y mi introducción de las asociaciones espontáneas del enfermo. A mi juicio, es indiferente iniciar la historia del psicoanálisis con el método catártico o sólo con mi ulterior modificación del mismo. Toco esta cuestión nada interesante tan sólo porque algunos adversarios del psicoanálisis suelen acordarse, ocasionalmente, de que este arte no fue iniciado por mí, sino por Breuer. Esto no sucede, claro está, sino cuando su situación les permite reconocer algo estimable en nuestra disciplina, pues en caso contrario, el psicoanálisis es indiscutiblemente obra mía. No he sabido nunca que la considerable participación correspondiente a Breuer en el psicoanálisis haya atraído sobre él su parte de críticas y reproches. Pero habiendo reconocido hace ya mucho tiempo como destino inevitable del psicoanálisis el de excitar la contradicción y el disgusto de los hombres, me he decidido a considerarme como el único autor responsable de sus caracteres fundamentales. Añadiré, con satisfacción, que ninguna de estas tentativas de disminuir mi participación en el tan despreciado análisis ha partido nunca de Breuer mismo, ni ha podido envanecerse de su apoyo.

El contenido del descubrimiento de Breuer ha sido expuesto ya tantas veces que podemos omitir aquí su detallada descripción. Recordaremos tan sólo su principio fundamental, que hacía depender los síntomas de los histéricos de escenas impresionantes, pero olvidadas, de su vida (traumas): la terapia fundada en este principio, consistente en hacer que el paciente recordase y reprodujese tales sucesos en la hipnosis (catarsis); y la teoría, consiguientemente deducida, de que tales síntomas correspondían al empleo anormal de magnitudes de excitación no derivadas (conversión). Al tratar Breuer, en su aportación teórica al trabajo que titulamos

*Estudios sobre la histeria*[14], del tema de la conversión, hubo de añadir siempre entre paréntesis mi nombre, como si dicha primera tentativa de explicación teórica fuese de mi exclusiva propiedad espiritual. Por mi parte, creo que tal exclusividad no va más allá del nombre dado al proceso de referencia, pues su concepción fue resultado de la labor común.

Como también es sabido, después de su primera experiencia abandonó Breuer durante varios años el tratamiento catártico, no volviendo a ocuparse de él hasta darle yo nueva ocasión para ello, a mi regreso de la clínica de Charcot. Dedicado a la medicina interna, su amplia clientela agotaba su tiempo. Por mi parte, había seguido a disgusto la carrera de Medicina, pero en aquel período existían para mí poderosos motivos de esforzarme en hallar medio de aliviar el estado de los enfermos nerviosos o llegar, por lo menos, a la comprensión de sus dolencias. Me había asimilado la terapia física, y me hallaba perplejo ante los desengaños que me proporcionaba la "electroterapia" de W. Erb, tan rica en consejos e indicaciones. A la ausencia de los éxitos prometidos por esta terapia debo seguramente no haber sido el primero en formular el juicio, postulado luego por Moebius, de que los resultados obtenidos por el tratamiento eléctrico de los trastornos nerviosos eran obra exclusiva de la sugestión. Por esta época parecía ofrecérsenos una sustitución suficiente de la fracasada terapia eléctrica en el tratamiento por medio de sugestiones durante un profundo estado hipnótico del enfermo, método que me fue dado a conocer por las impresionantes demostraciones de Liébault y Bernheim. Pero la investigación en la hipnosis, en la que Breuer me inició, había de ofrecerme, con su eficacia automática y su inmediata satisfacción de la curiosidad científica, más atractivos que la

---

[14] Véase el tomo X de estas *Obras Completas*.

violenta y monótona prohibición sugestiva, la cual excluía toda posibilidad de investigación.

Se nos ha presentado últimamente como una de las más recientes conclusiones del psicoanálisis el precepto de situar el conflicto actual y el motivo de la enfermedad en el primer término del análisis. No de otro modo obrábamos Breuer y yo al comenzar a aplicar el método catártico. Orientábamos directamente la atención del enfermo sobre la escena traumática en la cual había surgido el síntoma, e intentábamos adivinar el conflicto psíquico en ella latente y liberar el afecto reprimido. En esta labor descubrimos aquel factor característico de los procesos psíquicos de las neurosis, al que luego di yo el nombre de *regresión*. Las asociaciones del enfermo retrocedían desde la escena que de aclarar se trataba a sucesos anteriores, y forzaban a nuestro análisis, encaminado a rectificar el presente, a ocuparse del pasado. Esta regresión nos fue conduciendo cada vez más atrás. Al principio, parecía detenerse en la época de la pubertad; pero después ciertos fracasos y determinadas lagunas en la comprensión del caso atrajeron al análisis hasta los años anteriores a dicho período, inaccesibles hasta entonces a toda clase de investigación. Esta dirección regresiva llegó a constituir un importante carácter del análisis, pues se demostró que el psicoanálisis no conseguía explicar nada actual, sino refiriéndolo a algo pretérito, e incluso que todo suceso patógeno supone otro anterior, que, no siéndolo por sí mismo, presta dicho carácter al suceso ulterior. Era, sin embargo, tan grande la tentación de permanecer en el motivo actual conocido, que todavía hube de ceder a ella en análisis posteriores. En el tratamiento de la enferma a la que hemos dado el nombre de "Dora" me era conocida la escena que había motivado la explosión de la enfermedad actual. Infinitas veces me esforcé en llevar al análisis dicho suceso, no consiguiendo nunca sino la misma breve descripción incompleta. Sólo después de un largo rodeo, que atravesaba la más temprana infancia de la paciente, surgió un sueño, en cuyo análisis fueron recordados los detalles olvidados de la escena investigada, con lo cual se hizo posible la comprensión y la solución del conflicto actual.

Basta este ejemplo para demostrar cuán erróneo es el precepto antes citado y cuán lamentable regresión científica constituye su consejo de prescindir de la regresión de la técnica psicoanalítica.

La primera diferencia entre Breuer y yo surgió en una cuestión relativa al íntimo mecanismo psíquico de la histeria. Breuer se inclinaba hacia una teoría que podía aún ser calificada de fisiológica; quería explicar la disociación anímica de los histéricos por la falta de intercomunicación de diversos estados psíquicos (o como aún decíamos por entonces: estados de conciencia), y creó así la teoría de los "estados hipnoides", cuyos resultados quedaban enquistados como cuerpos extraños no asimilados en la "conciencia despierta". Por mi parte, menos científicamente orientado, presentía por todas partes tendencias e inclinaciones análogas a las de la vida cotidiana y concebía incluso la misma disociación psíquica como el resultado de un proceso de repulsa, al que di, por entonces, el nombre de *defensa*, y luego, el de *represión*. Sin embargo, hice una efímera tentativa de conciliar ambos mecanismos, pero como la experiencia me mostraba siempre una misma y sola cosa, hube de oponer a la teoría de los "estados hipnoides" mi teoría de la defensa.

De todos modos, estoy completamente seguro de que esta diferencia de criterio no influyó para nada en nuestra separación, acaecida poco después. Tuvo ésta más profundos motivos, pero se efectuó de un modo que me impidió por entonces explicármela, no lográndolo sino mucho después, guiado por seguros indicios que fueron llegando a mi conocimiento. De su primera famosa paciente había dicho Breuer que el elemento sexual se hallaba en ella singularmente poco desarrollado, no habiendo aportado nunca factor alguno a su rico cuadro patológico. Siempre me ha asombrado que los críticos no hayan opuesto con más frecuencia este aserto de Breuer a mi afirmación de la etiología sexual de las neurosis, y todavía hoy no sé si debo ver en esta omisión una prueba de su discreción o simplemente de su ligereza. Aquellos que lean de nuevo el historial clínico de Breuer a la luz de la experiencia conquistada en los últimos veinte años, no errarán seguramente la significación del simbolismo de las serpientes, la rigidez y la paralización del brazo, y teniendo en cuenta la situación de la paciente junto al lecho de su padre enfermo, adivinarán con facilidad la verdadera interpretación de tales productos sintomáticos. Su juicio sobre el papel desempeñado por la sexualidad en la vida anímica de aquella muchacha diferirá entonces considerablemente del de su médico. Breuer disponía, para el restablecimiento de los enfermos, de un intensísimo *rapport* sugestivo, en el que podemos ver precisamente el prototipo de aquello que nosotros denominamos *transferencia*. Pues bien; tengo poderosas razones para sospechar que después de la supresión de todos los síntomas hubo de descubrir Breuer, por nuevos indicios, la motivación sexual de dicha transferencia, escapándole, en cambio, la naturaleza general de tal fenómeno, y viéndose así impulsado a cortar el tratamiento. Sobre estas circunstancias no me ha comunicado nunca Breuer dato alguno directo, pero sí me ha proporcionado en diversas ocasiones puntos de apoyo suficientes para justificar mis sospechas. Cuando más tarde fui sosteniendo yo, cada vez con mayor decisión, la importancia de la sexualidad en la causación de las neurosis, fue él el primero en mostrarme aquellas reacciones de disgustada repulsa que ulteriormente habían de hacérseme tan familiares, pero en las que no había reconocido aún mi inexorable destino.

El hecho de la transferencia cariñosa u hostil, de franco carácter sexual, emergente en todo tratamiento neurótico, a pesar de no ser deseada ni provocada por ninguna de las dos partes, me ha parecido siempre la prueba más incontrastable de que las fuerzas impulsoras de la neurosis tienen su origen en la vida sexual. Este argumento no ha sido aún seriamente examinado, pues, de lo contrario, no quedaría ya a la investigación camino que elegir. Para mi propia convicción resulta decisivo, al lado y por encima de los resultados especiales de la labor analítica.

La reflexión de que luchaba por una idea nueva y original me consolaba de la mala acogida dispensada a mi teoría de la etiología sexual de la neurosis, incluso en el estrecho círculo de mis amistades. Pero un día surgieron en mí algunos recuerdos que turbaron dicha satisfacción, proporcionándome, en cambio, una interesante visión del origen de nuestra labor creadora y de la naturaleza de nuestro saber. La idea de que se me hacía responsable no había nacido en mi cerebro. Me había sido comunicada por tres personas cuya opinión podía constar con mi más profundo respeto. Estas tres personas eran el mismo Breuer, Charcot y el ginecólogo de nuestra Universidad, Chrobak, quizá el más sobresaliente de nuestros médicos vieneses. Los tres me habían transmitido un conocimiento que, en rigor, no poseían. Dos de ellos negaron los hechos cuando más tarde quise recordárselos. El tercero, (Charcot) hubiera seguido probablemente igual conducta si me hubiera sido dado verle de nuevo. Por lo que a mí respecta, dichas tres sugestiones idénticas, incomprensivamente recibidas, durmieron en mí años enteros, para despertar luego un día bajo la forma de una idea aparentemente original.

Recién ingresado yo como interno en el hospital, acompañaba a Breuer en un paseo por la ciudad cuando se le acercó un individuo, solicitando hablar con él urgentemente. Me separé un poco de Breuer, y al terminar este su diálogo, me comunicó con su acostumbrada amabilidad instructiva que se trataba del marido de una de sus pacientes, el cual le había traído noticias de ella. La mujer —añadió— había comenzado a conducirse en sociedad de un modo tan singular que la familia, suponiéndola neurótica, había decidido encargarle de su tratamiento. Pero en estos casos —concluyó— se trata siempre de *secretos de alcoba*; y al preguntarle yo, asombrado, qué es lo que quería decir con aquellas palabras, insistió: "Sí, secretos del lecho conyugal", extrañando que la cosa me hubiera parecido tan inaudita.

Años después, en una de las reuniones nocturnas a las que Charcot invitaba a sus discípulos y amigos, me encontraba yo cerca del venerado maestro, a quien Brouardel parecía relatar alguna historia interesante de su práctica médica de aquel día. Al principio no puse cuidado, pero poco a poco fue ligando mi atención el relato. Un joven matrimonio de lejana procedencia oriental, la mujer gravemente doliente, el marido impotente o muy torpe. *Táchez donc* —oí repetir a Charcot— *je vous assure, vous y arriverez*. Brouardel, que hablaba en voz más baja, debió de expresar entonces su asombro de que en tales circunstancias surgieran síntomas como los que presentaba su enferma, replicando Charcot vivamente: *Mais, dans des cas pareils, c'est toujours, la chose génitale, toujours..., toujours..., toujours*. Y al hablar así, cruzó sus manos sobre el vientre y movió dos o tres veces el cuerpo con su peculiar vivacidad. Recuerdo que durante un momento quedé poseído del más profundo asombro y me dije: "Pero si lo sabe, ¿por qué no lo dice nunca?" Sin embargo, olvidé pronto esta impresión; la anatomía cerebral y la producción experimental de parálisis histéricas absorbieron todo mi interés.

Un año después comenzaba yo como "docente" mi actividad médica en Viena, la cual poseía, en lo referente a la etiología de las neurosis, toda la inocencia y la ignorancia que pueden exigirse a un médico de formación académica, cuando recibí un amigable aviso de Chrobak, encargándome de una paciente suya, a la que no podía dedicar ya tiempo suficiente por haber sido nombrado profesor de la Universidad. Llegué antes que él a casa de la enferma y supe que padecía de absurdos ataques de angustia, cuyo alivio sólo se conseguía informándole minuciosamente del lugar en que su médico se hallaba a cada momento del día. Al llegar Chrobak, me llevó a un lado y me informó que la angustia de la paciente procedía de ser aún "virgo intacta", no obstante dieciocho de matrimonio. El marido era absolutamente impotente. No quedaba, pues, al médico otro camino que el de cubrir con su reputación la desgracia conyugal y resignarse a que se dijera de él, encogiéndose de hombros: "Tampoco este ha logrado nada en tantos años de tratamientos". La única receta para esta dolencia —terminó Chrobak— nos es bien conocida, pero no podemos prescribirla. Hela aquí:

Rp. *Penis normalis dosim*
*¡Repetatur!*

Nunca había oído yo tal receta, y tuve que contenerme para no dejar ver a mi favorecedor la mala impresión que me causaba su cinismo.

No he revelado el noble origen de la idea maldita, para echar sobre otros la responsabilidad a ella inherente. Sé muy bien que una cosa es expresar una idea bajo la forma de una pasajera observación, y otra tomarla en serio, conducirla a través de todos los obstáculos y conquistarle un puesto entre las verdades reconocidas. Hay aquí la misma diferencia que entre un leve *flirt* y un matrimonio con todos sus deberes y dificultades. *Epouser les idées de...* es, por lo menos en francés, un giro usual.

Entre los demás factores aportados por mí al método catártico y que lo transformaron en el psicoanálisis, señalaré la teoría de la represión y de la resistencia, el descubrimiento de la sexualidad infantil, la interpretación de los sueños y su aplicación a la investigación de lo inconsciente.

En la teoría de la represión mi labor fue por completo independiente. No sé de ninguna influencia susceptible de haberme aproximado a ella, y durante mucho tiempo creí también que se trataba de una idea original, hasta el día en que O. Rank nos señaló un pasaje de la obra de Schopenhauer *El mundo como voluntad y representación*, en el que se intenta hallar una explicación de la demencia[15]. Lo que el filósofo de Dantzig dice aquí sobre la resistencia opuesta a la aceptación de una realidad penosa coincide tan por completo con el contenido de mi concepto de la represión, que, una vez más, debo sólo a mi falta de lectura el poder atribuirme un descubrimiento. No obstante, son muchos los que han leído el pasaje citado y nada han descubierto. Quizá me hubiese sucedido lo mismo si en mis jóvenes años hubiera tenido más afición a la lectura de autores filosóficos. Posteriormente, me he privado de propósito del alto placer de leer a Nietzsche para evitar toda idea preconcebida en la elaboración de las impresiones psicoanalíticas. Ello me obliga a estar dispuesto —y lo estoy gustosamente— a renunciar a toda prioridad en aquellos frecuentes casos en los que la trabajosa investigación psicoanalítica no puede hacer más que confirmar la visión intuitiva del filósofo.

La teoría de la represión, piedra angular del edificio del psicoanálisis, no es en sí más que la expresión teórica de una experiencia comprobable siempre que se emprende el análisis de un neurótico sin el auxilio de la hipnosis. Se advierte entonces, sin excepción alguna, una resistencia que se opone a la labor analítica y provoca, para hacerla fracasar, amnesias parciales. La hipnosis encubre esta resistencia, por lo cual, la historia del psicoanálisis verdaderamente dicha no comienza sino con la innovación técnica constituida por la renuncia a la

---

[15] *Zentralblatt für Psychoanalyse*, I, 1911, pág. 69.

hipnosis. La repercusión teórica de la coincidencia afectiva de esta resistencia con una amnesia conduce luego fatalmente a la peculiarísima concepción psicoanalítica, tan distinta de las especulaciones filosóficas, sobre lo inconsciente. Puede, por lo tanto, decirse que la teoría psicoanalítica es una tentativa de hacer comprensibles dos hechos —la transferencia y la resistencia—, que surgen de un modo singular e inesperado al intentar referir los síntomas patológicos de un neurótico a sus fuentes en la vida del mismo. Toda investigación que reconozca estos dos hechos y los tome como punto de partida de su labor podrá ser denominada psicoanálisis, aun cuando llegue a resultados distintos de los míos. Mas quienes ataquen otras facetas del problema y rechacen las dos premisas indicadas no escaparán al reproche de usurpación de la propiedad, con un intento de *mimikry*, si persisten en llamarse psicoanalíticos.

La teoría de la represión y la resistencia no pertenecen, en modo alguno, a las hipótesis del psicoanálisis, sino a sus resultados. Existen hipótesis análogas, de naturaleza generalmente psicológica y biológica, y sería adecuado tratar de ellas en otro lugar, pero la teoría de la represión es un resultado de la labor psicoanalítica, legítimamente conquistado como extracto teórico de incontables experiencias. Otro resultado semejante, pero obtenido en época muy posterior, ha sido el descubrimiento de la sexualidad infantil, de la cual nada habló el análisis en su primera época de tanteos investigadores. En un principio, sólo se advirtió que era necesario referir al pasado el efecto de las impresiones actuales. Pero el investigador "halló más de lo que deseaba encontrar". Atraídos cada vez más atrás en el pasado, creímos, primero, poder detenernos, por fin, en la pubertad, época del despertar tradicional de los impulsos sexuales. Vana esperanza; las huellas que perseguíamos continuaban hasta los primeros años infantiles. En este nuestro camino regresivo hubimos de superar un error que hubiera podido ser fatal a nuestra joven investigación. Bajo la influencia de la teoría traumática de la histeria, enlazada a los descubrimientos de Charcot, era fácil inclinarse a dar crédito e importancia etiológica a las manifestaciones en que los enfermos mismos atribuían sus síntomas a experiencias sexuales pasivas sufridas en su primera infancia, esto es, a una temprana seducción. Cuando esta etiología naufragó a causa de su propia inverosimilitud y de su choque contra precisas circunstancias opuestas, pasamos por una fase de perplejidad. El análisis nos había conducido por un camino correcto hasta tales traumas sexuales infantiles, que, sin embargo, no eran ciertos. Habíamos, pues, perdido el contacto con la realidad. Por entonces, estuve a punto de abandonarlo todo como Breuer, mi ilustre predecesor, cuando hizo su indeseado descubrimiento. Si persistí en mi labor fue, quizá, porque ya no me era posible comenzar otra. Por último, se me impuso la reflexión de que el mero hecho de no haber visto confirmadas mis hipótesis no debía desalentarme, siendo mucho más razonable proceder a su revisión. Si los histéricos refieren sus síntomas a traumas por ellos inventados, habremos de tener en cuenta este nuevo hecho de su imaginación de escenas traumáticas, y conceder a la realidad psíquica un lugar al lado de la realidad práctica. No tardamos, pues, en descubrir que tales fantasías se hallaban destinadas a encubrir la actividad autoerótica de los primeros años infantiles, disimulándola y elevándola a una categoría superior. Detrás de estas fantasías apareció entonces la vida sexual infantil en toda su amplitud.

En esta actividad sexual de los primeros años infantiles pudo por fin señalarse un puesto a la constitución innata. La disposición y la experiencia se fundieron aquí en una unidad etiológica indisoluble, siendo elevadas por la disposición a la categoría de traumas productores de excitación y fijación, impresiones que de otro modo hubieran sido inocuas, y despertando las experiencias factores dispositivos que sin ellas hubieran dormido largo tiempo, permaneciendo, quizá, sin desarrollar. Abraham dijo luego (1907) la última palabra sobre la cuestión de la etiología traumática al indicar cuán favorable es, precisamente, la peculiarísima constitución sexual del niño a la producción de experiencias sexuales de una especial naturaleza, o sea, de traumas[16].

Mis afirmaciones sobre la sexualidad del niño se basaban al principio casi exclusivamente en los resultados regresivos del análisis de adultos, no habiendo tenido aún ocasión de realizar observaciones directas en sujetos infantiles. Constituyó, pues, un triunfo, obtener, años después, la confirmación de la mayoría de mis deducciones por medio de la observación directa y el análisis de sujetos infantiles en años muy tempranos. Un triunfo que fue disminuyendo paulatinamente ante la reflexión de que el descubrimiento realizado debía, en realidad, avergonzarnos, pues cuanto más nos entregábamos a la observación del niño, más evidente se hacía y más inexplicable la general ceguera anterior.

De todos modos, ha de tenerse en cuenta que una tan segura convicción de la existencia y la significación de la sexualidad infantil no puede adquirirse más que por el camino del análisis y retrocediendo desde los síntomas y las singularidades de los neuróticos hasta sus últimas fuentes, cuyo descubrimiento explica lo que de ellos es explicable y permite modificar lo que admite una modificación. Comprendo que se obtengan resultados distintos, como recientemente C. G. Jung, cuando se quiere llegar a la comprensión de la vida del niño partiendo de una represión preconcebida de la naturaleza del instinto sexual. Una tal representación ha de ser necesariamente arbi-

---

[16] "Klinische Beitraege zur Psychoanalyse aus dem Jahren 1907-1920", en *Intern. Psychoanalyt. Bibliothek*, tomo X, 1921.

traria o depender de reflexiones ajenas a la cuestión, y corre el peligro de no resultar adecuada al sector al que quiere aplicarse. El camino analítico conduce también, desde luego, a ciertas últimas dificultades y obscuridades en lo que respecta a la sexualidad y a su relación con la vida total del individuo, pero tales dificultades no pueden ser resueltas por la especulación y su solución ha de esperarse de otras observaciones o de observaciones realizadas en sectores distintos.

Sobre la interpretación de los sueños puedo concretarme a breves indicaciones. Su idea nació en mí como fruto primero de la innovación técnica de sustituir la hipnosis por las asociaciones libres, innovación a la que me decidí siguiendo una obscura intuición. Mi curiosidad científica no se hallaba orientada desde un principio hacia la comprensión de los sueños. No sé tampoco de influencia ninguna que orientase mi interés en tal sentido. Antes de mi separación de Breuer, apenas había tenido tiempo de comunicarle una vez y de pasada, que había llegado a poder traducir los sueños. A consecuencia de la trayectoria seguida en este descubrimiento, fue el simbolismo del lenguaje onírico lo último que en los sueños se me hizo accesible, pues las asociaciones del sujeto proporcionan muy pocos datos para el conocimiento de los símbolos. Habiendo tenido siempre la costumbre de estudiar directamente las cosas antes de recurrir a los libros, pude establecer fijamente el simbolismo de los sueños antes que el libro de Scherner me orientara en este sentido. En toda su amplitud no he estudiado este medio expresivo de los sueños, sino algo después, bajo la influencia, en parte, de los trabajos de W. Stekel, tan meritorios en un principio como luego descuidados. La íntima relación de la interpretación psicoanalítica de los sueños con la onirocrítica de la antigüedad, tan estimada en su época, no se me hizo presente hasta muchos años después. La parte más singular e importante de mi teoría de los sueños, la referencia de la deformación onírica a un conflicto interior, o sea, a una especie de hipocresía íntima, aparece expuesta también por un autor ajeno a la Medicina, aunque no a la Filosofía, el famoso ingeniero J. Popper, que publicó en 1899, bajo el seudónimo de Lynkeus, un libro titulado *Fantasías de un realista*.

La interpretación de los sueños fue para mí un consuelo y un apoyo en aquellos primeros años difíciles en los que, habiendo de dominar simultáneamente la técnica, la clínica y la terapia de las neurosis, me hallaba totalmente aislado y temía, a veces, perder la orientación y la seguridad en medio de la maraña de problemas y la acumulación de dificultades en que me debatía. La prueba de mi hipótesis de que una neurosis tenía que hacerse comprensible por medio del análisis se dilataba de un modo desesperante en muchos enfermos. En cambio, los sueños, que podían ser considerados como elementos análogos a los síntomas, me ofrecían una constante confirmación de mi hipótesis.

Estos últimos resultados positivos me permitieron vencer el desaliento. De esta época procede mi costumbre de medir la comprensividad de un investigador psicológico por su actitud ante los problemas de la interpretación de los sueños, y he observado con satisfacción que la mayoría de los adversarios del psicoanálisis ha evitado pisar este terreno, o se ha comportado harto inhábilmente cuando se ha arriesgado a penetrar a él. Mi propio análisis, cuya necesidad se me hizo pronto evidente, lo llevé a cabo con auxilio de una serie de sueños propios, que me condujeron a través de todos los acontecimientos de mis años infantiles, y aún hoy en día, mantengo la opinión de que, tratándose de un hombre de sueños frecuentes y no demasiado anormal, puede bastar esta clase de análisis.

Con el desarrollo de esta historia genética creo haber mostrado, mejor que con una exposición sistemática, lo que el psicoanálisis es. Al principio no me di cuenta de la especial naturaleza de mis descubrimientos. Sin titubear un solo instante, sacrifiqué en mi naciente reputación médica la afluencia de enfermos nerviosos a mi consulta, investigando consecuentemente la causación sexual de sus neurosis, tenacidad que me proporcionó, en cambio, datos suficientes para fijar definitivamente mi convicción de la importancia práctica del factor sexual. También, sin el menor recelo, tomé parte en las sesiones de la asociación psiquiátrica de Viena, presidida entonces por Krafft-Ebbing, pensando que el interés y la consideración de mis colegas me indemnizaría de mis voluntarias pérdidas materiales. Expuse mis descubrimientos, considerándolos como aportaciones científicas ordinarias y esperando que los demás los acogiesen como tales. Pero el silencio que se mantenía al terminar mis conferencias, el vacío que se formó en torno de mi persona y varias indicaciones que a mí fueron llegando, me hicieron comprender poco a poco que las afirmaciones sobre el papel de la sexualidad en la etiología de la neurosis no podían contar con ser tratadas como las demás aportaciones. Me di así cuenta de pertenecer en adelante a aquellos que "han turbado el sueño del mundo", según la expresión de Hebbel, no pudiendo ya esperar objetividad ni consideración alguna. Mas como mi convicción de la exactitud general de mis observaciones y conclusiones iba siendo mayor cada día, y no carecía tampoco, precisamente, de valor moral ni de confianza en mi propio juicio, no podía ser dudosa mi resolución. Me decidí, pues, a creer que había tenido la fortuna de descubrir algo de singularísima importancia, y me dispuse a aceptar el destino enlazado a tales descubrimientos.

Este destino me lo representaba en la siguiente forma: El positivo resultado terapéutico del nuevo procedimiento me permitiría subsistir, pero la ciencia no tendría durante mi vida noticia alguna de mí. Algunos decenios después de mi muerte, tropezaría inevitablemente otro investigador con aquellas cosas rechazadas ahora por inactuales, conseguiría su reconocimiento y haría honrar mi nombre como el de un precursor necesariamente desgraciado. Entre tanto —Robinson en mi isla desierta— me las arreglé lo más cómodamente posible. Ahora, cuando desde la confusión y el barullo del presente, vuelvo la vista hacia aquellos años solitarios, me aparecen estos como una bella época heroica. Mi *splendid isolation* de entonces presentaba sus ventajas y sus encantos. No tenía que leer, obligatoriamente, nada, ni que escuchar a adversarios mal informados; no me hallaba sometido a influencia ninguna, ni había nada que me forzase a apresurar mi labor. Durante este tiempo aprendí a domar toda inclinación especulativa y a revisar —según el inolvidable consejo de mi maestro Charcot— una y otra vez las mismas cosas, hasta que comenzasen por sí mismas a decirme algo. Mis publicaciones, para las cuales hallé, no sin algún trabajo, un editor, podían permanecer retrasadas con respecto al avance de mis conocimientos y ser aplazadas sin perjuicio alguno toda vez que no existía ninguna "prioridad" dudosa que defender. Así, *La interpretación de los sueños,* terminada en mi pensamiento a principios de 1896, no fue traslada a las cuartillas hasta el verano de 1899. El tratamiento de "Dora" se dio por terminado a fines de 1899 y su historial clínico, escrito en las dos semanas siguientes, no vio la luz hasta 1905. Entre tanto, mis trabajos no eran siquiera citados en las bibliografías de las revistas profesionales, o cuando se les concedía un puesto en ellas, era para rechazar sus ideas con un aire de superioridad compasiva e irónica. De cuando en cuando algún colega emitía en sus publicaciones un juicio sobre mis teorías, siempre muy breve y nada adulador: insensatas, extremas, muy extrañas... Una vez, un ayudante de la clínica de Viena en la que daba yo mi ciclo semestral de conferencias me pidió permiso para asistir a las mismas. Me escuchó devotamente, sin decir nada; pero al finalizar la última lección se ofreció a acompañarme, y por el camino me confesó haber escrito, con el conocimiento de su jefe, un libro contra mis teorías, las cuales le habían convencido ahora por completo. Antes de ponerse a escribir había preguntado en la clínica si para acabar de documentarse debía leer *La interpretación de los sueños*, pero le habían dicho que no valía la pena. A continuación comparó mi teoría, tal y como ahora había llegado a comprenderla y por la firmeza de su estructura interna, con la Iglesia católica. En interés de su salvación eterna, quiero creer que estas manifestaciones respondían a un sentimiento verdadero. Por último, acabó lamentándose de que fuese tarde para introducir alguna modificación en su libro, terminado ya de imprimir. Este colega no ha considerado necesario dar a conocer más tarde al público su cambio de opinión sobre el psicoanálisis, prefiriendo acompañar con burlonas glosas su desarrollo desde las columnas de la revista médica en que se halla encargado de la crítica de libros.

Mi susceptibilidad personal quedó embotada, para ventaja mía, en estos años. Si mi espíritu no llegó a quedar amargado para siempre, lo debí a una circunstancia con cuyo auxilio no han podido contar todos los investigadores solitarios. Sin tal ayuda, se atormentan estos buscando el origen de la indiferencia o la repulsa de sus contemporáneos, y ven en ellas una penosa contradicción en la seguridad de sus propias convicciones. En cambio, no tenía yo por qué atormentarme en tal sentido, pues la teoría psicoanalítica me permitía interpretar dicha conducta de mis coetáneos como una necesaria consecuencia de las hipótesis analíticas fundamentales. Si era exacto que los hechos por mí descubiertos en el análisis eran mantenidos lejos de la conciencia de los enfermos por resistencias afectivas internas, tales resistencias habían de surgir también en los hombres sanos, al serles comunicado desde fuera lo reprimido, no siendo de extrañar que supieran luego motivar, por medio de una fundamentación intelectual, la repulsa afectivamente ordenada. Esto último sucedía también en los enfermos, y los argumentos por estos esgrimidos —"los argumentos son tan comunes como las moras", dice Falstaff— eran exactamente los mismos, y no muy agudos, ciertamente. La única diferencia estaba en que con los enfermos se disponía de medios de presión para hacerles reconocer y superar sus resistencias, auxilio que nos faltaba en el caso de nuestros adversarios presuntamente sanos. El modo de obligar a estos últimos a un examen desapasionado y científico de la cuestión constituía un problema cuya solución parecía deberse dejar al tiempo. En la historia de la ciencia se ha podido comprobar, efectivamente, que una misma afirmación, rechazada al principio, ha sido después aceptada sin necesidad de nuevas pruebas.

Ahora bien: no esperará nadie que en estos años, durante los cuales fui el único representante del psicoanálisis, se desarrollara en mí un particular respeto al juicio del mundo ni una tendencia a la flexibilidad intelectual.

II

A partir de 1902 se congregó en derredor mío cierto número de médicos más jóvenes, con el propósito manifiesto de aprender, ejercitar y difundir el psicoanálisis. El estímulo había partido de uno de mis colegas, que había experimentado en su propia persona la eficacia de la terapia analítica. Este pequeño grupo inicial acudía a mi casa determinadas noches, discutía conforme a ciertas reglas acordadas y procuraba orientarse en el nuevo campo de la investigación y atraer a él el interés de otros. Un día recibimos un manuscrito firmado por Otto Rank, exalumno de la Escuela de Artes y Oficios. La extraordinaria comprensividad en que en dicho trabajo se revelaba nos llevó a mover a su autor a terminar sus estudios de segunda enseñanza, ingresar en la Universidad y dedicarse a las aplicaciones no médicas del psicoanálisis. Nuestra pequeña asociación adquirió así su laborioso y concienzudo secretario, y yo, el más fiel de mis auxiliares y colaboradores[17].

El pequeño círculo así iniciado adquirió pronto más amplitud y cambió varias veces de composición en el curso de los años siguientes. Por la riqueza y la variedad de dotes de sus miembros podía ser comparado, sin desventaja, con el estado mayor de cualquier profesor clínico. Desde un principio formaron parte de él aquellas personalidades que más tarde han desempeñado, en la historia del movimiento analítico, papeles importantes, aunque no siempre satisfactorios. Pero en aquella

---

[17] Otto Rank ha sido durante mucho tiempo director del *Intern. Psychoan. Verlag* y figura desde un principio en las redacciones de las revistas psicoanalíticas *Int. Zeitschrif für Psychoan.* e *Imago*.

época no podía prever yo un tal desarrollo. Debía darme por contento, y creo haber puesto de mi parte todo lo posible para hacer accesibles a los demás mis conocimientos y mi experiencia. Surgieron, sin embargo, dos circunstancias que constituían un mal presagio y que acabaron por distanciarme internamente del grupo. No conseguí, en efecto, establecer entre sus miembros aquel acuerdo que debe reinar entre hombres consagrados a una misma ardua labor, ni tampoco ahogar las disputas sobre prioridad, a las que el trabajo común daba frecuente ocasión. Las dificultades particularmente grandes de la enseñanza práctica del psicoanálisis, a las cuales se deben muchas de las desavenencias actuales, no tardaron en hacerse sentir en la naciente Asociación Psicoanalítica Privada de Viena. Yo mismo no me atrevía a exponer una técnica aún inacabada y una teoría en constante desarrollo con la autoridad que hubiera sido necesaria para apartar a los demás de ciertos caminos equivocados, cuyo final han sido, en algunos casos, errores definitivos. La independencia del trabajador intelectual y su pronto desligamiento del maestro son siempre convenientes desde el punto de vista psicológico, pero desde el punto de vista científico sólo significa una ventaja cuando el discípulo posee ciertas cualidades personales no demasiado frecuentes. El psicoanálisis hubiera necesitado, precisamente, una severa disciplina preparatoria. Pero reconociendo el valor que suponía consagrarse a algo tan depreciado y falto de porvenir, hube de inclinarme a dejar pasar a los miembros de la asociación algunas cosas, que, en otras circunstancias, me hubieran causado vivo disgusto. Nuestro círculo comprendía, además, no sólo médicos, sino también otras personas cultas que habían visto en el psicoanálisis algo importante; escritores, artistas, etc. *La interpretación de los sueños*, el libro sobre *El chiste* y otros trabajos míos habían mostrado desde un principio que las teorías del psicoanálisis no podían permanecer limitadas al campo de la Medicina, sino que eran susceptibles de aplicación a otras diversas ciencias del espíritu.

A partir de 1907 cambio de pronto, inesperadamente, la situación. Se advirtió que el psicoanálisis había ido despertando calladamente un considerable interés y contaba ya con muchos partidarios, e incluso con personalidades científicas dispuestas a confesarla. Una carta de Bleuler me había anticipado ya que mis trabajos eran estudiados y aplicados en Burghölzli. En enero de 1907 acudió a Viena por vez primera un miembro de la clínica de Zurich, el doctor M. Eitingon[18], seguido pronto de otros visitantes, que iniciaron un vivo intercambio de ideas. Por último, sobrevino la invitación de C. G. Jung, entonces aún adjunto en Burghölzli, para celebrar en Salzburgo, durante la primavera de 1908, una reunión que había de congregar a los amigos del psicoanálisis, residentes en Viena, Zurich y otros puntos. De este primer Congreso psicoanalítico surgió la fundación de la revista *Jahrburch für psychoanalytische und psychopathologische Forschung*, editada por Bleuler y Freud y dirigida por Jung, publicación cuyo primer número apareció en 1909. En esta revista se desarrolló una íntima labor común entre Viena y Zurich.

Repetidas veces he reconocido con agradecimiento los grandes méritos contraídos por la escuela psiquiátrica de Zurich, muy especialmente por Bleuler y Jung, en la difusión del psicoanálisis, y todavía hoy, que tanto han variado las cosas, no vacilo en hacerlo de nuevo. No debe creerse, sin embargo, que la agregación de la escuela de Zurich fuera exclusivamente lo que atrajo la atención del mundo científico sobre el psicoanálisis. El período de latencia había pasado ya, y nuestra disciplina iba siendo en todas partes objeto de un creciente interés. Pero en todos los demás lugares el resultado de tal interés no fue al

---

[18] Fundador luego de la Policlínica psicoanalítica de Berlín.

principio sino una apasionada repulsa, mientras que en Zurich reinó, desde luego, un acuerdo positivo. En ningún otro sitio existía tampoco un tan compacto grupo de partidarios, ni podía establecerse una clínica pública puesta al servicio del psicoanálisis o encontrarse un profesor clínico que acogiese la teoría psicoanalítica como parte integrante de la enseñanza psiquiátrica. Los zuriqueses constituyeron así un núcleo escogido dentro de la legión combatiente por el reconocimiento del psicoanálisis. Sólo en su residencia había ocasión de aprender y practicar el nuevo arte. La mayoría de mis actuales partidarios y colaboradores han llegado a mí pasando antes por Zurich, incluso aquellos que se hallaban geográficamente más cerca de Viena que de Suiza. Viena ocupa una situación excéntrica con respecto a la Europa occidental, sede de los grandes centros de cultura, y se halla, además, hace ya muchos años, bajo el peso de graves prejuicios, que la han hecho disminuir en la consideración cultural. En Suiza, nación de fina sensibilidad espiritual, confluyen representantes de las naciones más significadas, y un foco de infección en ella surgido tenía que ser de extrema importancia para la difusión de una epidemia psíquica, calificativo aplicado por Hoche (Friburgo) a nuestra teoría.

Según el testimonio de un colega que siguió el desarrollo analítico en Burghölzli, puede afirmarse que el psicoanálisis despertó allí el interés desde muy temprano. En un trabajo de Jung sobre los fenómenos ocultos, publicado en 1902, se encuentra ya una primera mención de la interpretación de los sueños. Entre 1903 y 1904 ocupaba ya el psicoanálisis, según mi comunicante, un lugar principal. Iniciadas las relaciones personales entre Viena y Zurich, se formó también en Burghölzli, a mediados de 1907, una asociación privada, cuyos miembros examinaban y discutían en reuniones periódicas los problemas del psicoanálisis. En la unión celebrada entre las escuelas de Viena y Zurich no fueron los suizos la parte simplemente receptora, pues aportaron, a su vez, una labor científica muy respetable, cuyos resultados fueron muy útiles al psicoanálisis. Su interpretación psicoanalítica del experimento de asociación iniciado por la escuela de Wundt les permitió dar al mismo inesperadas aplicaciones, haciendo posible hallar una rápida confirmación experimental de hechos psicoanalíticos y demostrar a los principiantes circunstancias que los analíticos mismos sólo de oídas conocían. Fue este el primer puente construido entre la psicología experimental y el psicoanálisis.

El experimento de asociación facilita en el tratamiento psicoanalítico un previo análisis cualitativo del caso, pero no constituye aportación ninguna esencial a la técnica, y puede prescindirse perfectamente de el en la práctica del análisis. Mucho más importante fue otro distinto rendimiento de la escuela de Zurich, o de sus dos directores, Bleuler y Jung. El primero demostró la posibilidad de explicar toda una serie de casos puramente psiquiátricos por la intervención de procesos semejantes a los descritos por el psicoanálisis en su explicación de los sueños y de las neurosis ("mecanismos freudianos"), y Jung aplicó con éxito el método de interpretación analítico, a los fenómenos más extraños y obscuros de la demencia precoz, evidenciando que tales fenómenos tenían su origen en la vida y las preocupaciones de los enfermos. A partir de aquí se hizo ya imposible a los psiquiatras seguir ignorando el psicoanálisis. La gran obra de Bleuler sobre la esquizofrenia (1911), en la cual aparecen situadas a un mismo nivel las opiniones psicoanalíticas y las clínico-sistemáticas, acabó de asegurar el éxito.

No quiero dejar de señalar una diferencia de orientación que ya se hacía notar por entonces entre ambas escuelas. En 1897 había yo publicado ya el análisis de un caso de esquizofrenia, pero mostrando este un marcado sello paranoico, no podía su análisis anticipar la impresión causada luego por los de Jung. Ahora bien: lo importante para mí no hubo de ser, entonces, la interpretabilidad de los síntomas, sino el mecanismo psíquico de la enfermedad, y, sobre todo, la coincidencia de este mecanismo con el de la histeria, ya conocido. Las diferencias entre ambos quedaban aún por entonces en la obscuridad, pues en aquella época tendía yo principalmente a una libidoterapia de las neurosis, que habría de explicar todos los fenómenos neuróticos y psicóticos atribuyéndolos a destinos anormales de la libido, o sea, al hecho de haber sido esta desviada de su empleo normal. Este punto de vista escapó a los investigadores suizos. Que yo sepa, sostiene todavía Bleuler hoy en día la causación orgánica de las formas de la demencia precoz, y Jung, cuyo libro sobre esta enfermedad apareció en 1907, defendió en 1908, en el congreso de Salzburgo, la teoría tóxica de la misma, que va más allá de la teoría de la libido, aunque sin excluirla. En esta misma cuestión ha naufragado luego (1912), sirviéndose con exceso de la materia que antes no había querido utilizar.

Una tercera aportación de la escuela suiza, atribuible quizá exclusivamente a Jung, no es, a mi juicio, tan valiosa como lo creen algunos, más alejados que yo de la cuestión. Me refiero a la doctrina de los *complejos*, fruto de los *Estudios diagnósticos de asociación* (1906–1910). No ha dado nacimiento a una teoría psicológica ni ha podido ser integrada sin violencia en el conjunto de las doctrinas psicoanalíticas. En cambio, la palabra *complejo* ha adquirido derecho de ciudadanía en el psicoanálisis, en calidad de término muy adecuado, y a veces imprescindible, para la síntesis descriptiva de hechos psicológicos. Ninguno de los demás nombres creados por las necesidades psicoanalíticas ha adquirido una tan amplia popularidad ni ha sido tampoco tan equivocadamente empleado, con daño de otros conceptos más sutiles. Así, se comenzó a hablar entre los psicoanalíticos, del "retorno del complejo" cuando se trataba en realidad del "retorno de lo reprimido", sustituyéndose también incorrectamente por este término el de *resistencia*.

A partir de 1907, y en los años siguientes a la unión de las escuelas de Viena y Zurich, fue adquiriendo el psicoanálisis el extraordinario incremento que hoy conserva y del que testimonian tanto la difusión de las publicaciones a ella referentes y el número creciente de médicos que lo practican o quieran aprenderlo como los numerosos ataques de que es objeto en congresos y asociaciones. Ha llegado hasta los países más lejanos, sobresaltando a los psiquiatras y despertando el interés de los hombres cultos en general y de los investigadores de otras ramas científicas. Havelock Ellis, que había seguido con simpatía sus progresos, aunque sin declararse nunca partidario suyo, escribió en 1911, en una Memoria enviada al Congreso Médico de Australasia: *Freuds psychoanalysis is now championed and carried out not only in Austria and in Switzerland, but in the United States, in England, in India, in Canada, and, I doubt not in Australasia*[19]. Un médico —probablemente alemán— de Chile defendió en el Congreso Médico Internacional de Buenos Aires, en 1910, la existencia de la sexualidad infantil, y encomió los resultados de la terapia psicoanalítica en los síntomas obsesivos[20]. Un neurólogo inglés de la India central —Berkeley-Hill— me comunicó, por conducto de otro distinguido colega, de regreso a Europa, que los hindúes mahometanos, a los cuales aplicaba el análisis, mostraban una etiología de su neurosis idéntica a la de nuestros pacientes europeos.

La introducción del psicoanálisis en Norteamérica tuvo efecto de un modo particularmente honorífico. En el otoño de 1909 fuimos invitados Jung y yo por Stanley-Hall, presidente de la Clark University de Worcester (Boston), a tomar parte en las fiestas organizadas con motivo del vigésimo aniversario

---

[19] Havelock-Ellis: *The doctrines of the Freud School.*

[20] G. Greve: *Sobre psicología y psicoterapia de ciertos estados angustiosos. Cf. Zeitschrift f. Psychoanalyse*, tomo I, pág. 594.

de dicha institución, pronunciando una serie de conferencias en idioma alemán. Con gran sorpresa comprobamos que todos los miembros de aquella Universidad pedagógico-filosófica, pequeña, pero altamente considerada, conocían los trabajos psicoanalíticos y los habían dado a conocer a sus alumnos. Así, pues, en la pudibunda América podían discutirse y examinarse científicamente con toda libertad, por lo menos dentro de los círculos académicos, cosas que en la vida individual eran objeto de violenta repulsa. Las cinco conferencias que hube de improvisar en Worcester aparecieron luego, traducidas al inglés, en el *American Journal of Psychology*, y poco después, en una edición alemana titulada *Ueber Psychoanalyse*[21]. Jung habló sobre sus estudios diagnósticos de asociación y sobre los "conflictos del alma infantil". Al terminar nuestras intervenciones se nos honró con el título de "doctores en ambos derechos". El psicoanálisis se halló representado en estas fiestas por cinco personas, pues además de Jung y de mí, acudieron Ferenczi, que me acompañó en mi viaje; Ernest Jones, que por entonces, y antes de trasladarse a Londres, pertenecía a la Universidad de Toronto (Canadá), y A. Brill, que ejercía ya en Nueva York la práctica psicoanalítica.

De los conocimientos personales que hube de hacer en Worcester, el más importante fue el de James J. Putnam, profesor de Neuropatología de la Universidad de Harvard, que, habiendo expresado años atrás opiniones contrarias al psicoanálisis, se reconcilió ahora rápidamente con él y comenzó a recomendarlo a sus compatriotas en conferencias tan sustanciosas como bellas. El respeto que en América inspiraba su persona por sus altas dotes morales y su valeroso amor a la verdad hizo mucho bien al psicoanálisis y le protegió contra los ataques, a los que pronto

---

[21] *Psicoanálisis: Cinco conferencias*, tomo II de estas *Obras Completas*.

hubiera sucumbido[22]. Putnam ha cedido después con exceso a la magna necesidad ética y filosófica de su naturaleza, exigiendo al psicoanálisis una actuación —a mi juicio imposible— en el sentido de una determinada concepción universal de carácter ético-filosófico. De todos modos, continúa siendo el principal apoyo del movimiento psicoanalítico en Norteamérica.

Brill y Jones adquirieron también los más grandes merecimientos en la difusión de este movimiento, presentando una y otra vez en sus trabajos, a los ojos de sus compatriotas, los hechos fundamentales de la vida cotidiana, el sueño y la neurosis. Brill ha reforzado esta campaña con su propia actividad médica y con la traducción de mis escritos; Jones, con instructivas conferencias y brillantes discusiones en los congresos americanos[23].

La falta de una arraigada tradición científica y la menor rigidez de la autoridad oficial han sido decisivamente ventajosas para el estímulo iniciado en América por Stanley-Hall. Otra circunstancia característica fue la de que los profesores y directores de los manicomios mostraran desde un principio por el análisis un interés tan grande como el de los médicos independientes. Mas por ello mismo es evidente que la lucha por el psicoanálisis ha de decidirse allí donde ha surgido la mayor resistencia, o sea, en los viejos centros de cultura.

Entre los países europeos es hasta ahora Francia el que menos acogedor se muestra al psicoanálisis, no obstante existir meritorios trabajos del zuriqués A. Maeder, que ofrecen al lector francés un cómodo acceso a sus doctrinas. Los primeros signos de interés

---

[22] J. J. Putnam: "Addresses on Psychoanalysis", en *Internat. Psichoanalytical Lybrari*, núm. 1, 1921. Putnam murió en 1918.

[23] Brill: *Psychoanalysis, its theories and practical applications*, 1912; y E. Jones: *Papers on Psychoanalysis*, 1913.

Del primer libro se ha publicado una segunda edición en 1914, y del segundo, otra, considerablemente aumentada, en 1918, y en 1923, la tercera.

surgieron fuera de la capital. Morichau-Beauchant (Poitiers) fue el primer francés que confesó públicamente el psicoanálisis. Régis y Hesnard (Burdeos) han intentado recientemente (1913) disipar los prejuicios de sus compatriotas contra nuestras teorías con una minuciosa exposición de las mismas, no siempre comprensiva, sobre todo en lo que respecta al simbolismo. En París parece reinar aún la convicción, tan elocuentemente expresada por Janet en el Congreso de Londres (1913), de que todo lo bueno del psicoanálisis no hace sino repetir, con escasas modificaciones, las opiniones de Janet mismo, siendo absolutamente rechazable lo demás. En este mismo congreso tuvo Janet que tolerar una serie de rectificaciones por parte de E. Jones, el cual le demostró su escaso conocimiento de la materia. No obstante, nos es imposible olvidar, aun rechazando las aspiraciones en tal ocasión manifestadas, los grandes merecimientos de Janet en la psicología de las neurosis.

Tampoco en Italia ha alcanzado el movimiento psicoanalítico la importancia que parecía presagiar su iniciación. No así en Holanda, donde la actuación de varias personalidades científicas que nos honraban con su amistad facilitó desde un principio la difusión analítica. Van Emden, Van Ophuijsen, Van Renterghem (*Freud en zijn School*) y los dos Stärcke actúan allí teórica y prácticamente con éxito[24]. El interés de los círculos científicos de Inglaterra hacia el psicoanálisis se ha desarrollado muy lentamente, pero todo hace creer que el gran sentido práctico de los ingleses y su apasionado amor a la justicia harán alcanzar a nuestra disciplina en los países británicos un espléndido florecimiento.

---

[24] La interpretación de los sueños y el psicoanálisis obtuvieron en Europa su primer reconocimiento oficial en el discurso rectoral del psiquiatra Jelgersma, de la Universidad de Leiden (9 de febrero de 1914). *Cf.* "Unberwusstes Geistesleben" en *Beihefte der Intern. Zeitschrift für Psychoanalyse*, núm. 1.

En Suecia, P. Bjerre, continuador de la actividad médica de Wetterstrand, ha sustituido, por lo menos temporalmente, la sugestión hipnótica por el tratamiento psicoanalítico. R. Vogt (Cristianía) acogió ya el psicoanálisis en su obra *Psykiatriens grundtraek* (1927), resultando así que el primer tratado de psiquiatría en el que se ha dado cabida a las teorías analíticas ha sido escrito en Noruega. En Rusia es generalmente conocida nuestra disciplina y gozan de gran difusión sus teorías. Casi todos mis trabajos, así como los de otros partidarios del análisis, se hallan traducidos al ruso. Sin embargo, no se ha llegado aún en este país a un conocimiento realmente profundo del psicoanálisis. Las aportaciones de los médicos rusos a este sector son hasta ahora insignificantes. Solamente Odesa posee en la persona de M. Wulff un verdadero analítico. La introducción del psicoanálisis en la ciencia y la literatura polacas ha sido obra casi exclusiva de L. Jekels. Hungría, tan íntimamente enlazada a Austria desde el punto de vista geográfico, como ajena a ella científicamente, no nos ha aportado hasta ahora más que un solo colaborador: S. Ferenczi; pero tal, que vale por una asociación entera[25].

---

[25] *Apéndice en 1923*: No es, desde luego, mi propósito continuar *update* esta descripción, desarrollada en 1914. Quiero tan sólo indicar, con algunas observaciones, lo mucho que ha variado la situación en el intervalo ocupado por la guerra europea. En Alemania va teniendo efecto una lenta infiltración, no siempre confesada, de las teorías analíticas en la psiquiatría clínica. Las traducciones francesas de algunas de mis obras, publicadas en los últimos años, han despertado, por fin, en Francia un intenso interés hacia el psicoanálisis, si bien más en los círculos literarios que en los científicos. En Italia han surgido dos traductores y defensores del psicoanálisis: Levi Bianchini y Eduardo Weiss (*Biblioteca Psicoanalítica Italiana*). De la viva participación de los países de habla española (profesor H. Delgado, de Lima), testimonia la edición de mis *Obras Completas*, actualmente en curso de publicación en Madrid (traducción de López-Ballesteros). En Inglaterra parece ir cumpliéndose la predicción antes expresada. En las Indias británicas (Calcuta) existe ya una clínica psicoanalítica. La profundidad alcanzada por la investigación analítica en Norteamérica no

Para descubrir la situación del psicoanálisis en Alemania bastará hacer constar que ocupa el punto central de la discusión científica y despierta, tanto entre los médicos como entre los profanos, vivas manifestaciones contrarias, que hasta ahora no se han acallado, repitiéndose siempre de nuevo con intensificaciones periódicas. Ninguna institución pedagógica oficial ha acogido hasta ahora el psicoanálisis, y son todavía muy pocos los médicos que lo practican. Sólo dos establecimientos médicos —el de Binswanger en Kreuzlingen (Suiza alemana), y el de Marcinowsky en Holstein— le han abierto hasta el día sus puertas. En el terreno crítico de Berlín se afirma uno de los más ilustres representantes del psicoanálisis, el doctor K. Abraham, antiguo ayudante de Bleuler. Este estancamiento del movimiento psicoanalítico en Alemania podría extrañar si no advirtiésemos que la anterior descripción no refleja más que la apariencia externa. No debe exagerarse, en efecto, la importancia de la actitud adoptada por los representantes oficiales de la ciencia, los directores de establecimientos médicos y sus respectivos estados mayores. Es comprensible que nuestros adversarios eleven la voz, guardando, en cambio, nuestros partidarios un tímido silencio. Algunos de estos últimos, cuyas primeras aportaciones parecían muy prometedoras, se han visto obligados a ceder a la presión de las circunstancias, retirándose de la lucha. Pero el movimiento psicoanalítico continúa progresando en silencio, adquiere cada vez más partidarios entre los psiquíatras y los profanos, aporta a la literatura analítica un número creciente de lectores y obliga

---

puede compararse aún a su popularidad. En Rusia se ha iniciado de nuevo en varios centros, después de la revolución, la labor psicoanalítica. En Polonia se publica una *Polska Bibljoteka Psychoanalityczna*. En Hungría ha florecido, bajo la dirección de Ferenczi, una brillante escuela psicoanalítica. (*Cf. Festschrift*). La mayor resistencia es mostrada ahora por las naciones escandinavas.

así a los adversarios a tentativas de defensa cada vez más violentas. Durante este solo año he leído una docena de veces, en artículos referentes a la celebración de ciertos congresos o a la aparición de determinadas publicaciones, la noticia de que el psicoanálisis había muerto, habiendo sido definitivamente vencido y deshecho. La respuesta hubiera sido semejante al telegrama dirigido por Mark Twain al periódico que había dado la noticia de su muerte: "La noticia de mi fallecimiento es considerablemente exagerada". Después de cada uno de estos funerales ha reclutado el psicoanálisis nuevos partidarios o creado nuevos órganos de difusión.

Simultáneamente a la descrita expansión espacial del psicoanálisis ha tenido efecto una expansión de su contenido, habiendo extendido sus ramificaciones a otros campos científicos distintos de la Psiquiatría y la Neurología. La existencia de un excelente trabajo de Rank y Sachs (en las *Grenzfragen* de Löwenfeld), relativo precisamente a estos rendimientos de la labor analítica, me evita una descripción detallada de este sector del movimiento psicoanalítico. Trátase, además, de investigaciones apenas iniciadas, y a veces de meros propósitos. Nadie podrá, sin embargo, acusarnos con justicia de descuidar esta nueva labor. Son muchos los problemas planteados y muy pocos los investigadores, habiendo estos de atender, además, a su propia especialidad, y no pasando en tales nuevos campos de la categoría de meros aficionados. Estos investigadores, procedentes del psicoanálisis, no ocultan ciertamente su falta de preparación con respecto al terreno por ellos invadido, y su pretensión se limita a mostrar a los especialistas respectivos un nuevo camino de investigación y a demostrarles las ventajas que pueden extraer aplicando en su labor la técnica y las hipótesis psicoanalíticas. Si los resultados obtenidos presentan ya importancia nada despreciable, se debe, en primer lugar, a la fertilidad de los métodos analíticos, y en segundo, al hecho de existir ya algunos investigadores que sin ser médicos se han consagrado a la aplicación del psicoanálisis a las ciencias del espíritu.

La mayoría de estas aplicaciones han sido iniciadas siguiendo estímulos contenidos en mis primeros trabajos analíticos. La investigación analítica de los nerviosos y de los síntomas neuróticos de los normales me obligó a suponer la existencia de relaciones psicológicas que habían de traspasar los límites del terreno en el que se habían dado a conocer. El análisis nos proporcionó de este modo no sólo la explicación de sucesos patológicos, sino también su conexión con la vida anímica normal, descubriéndonos relaciones insospechadas entre la Psiquiatría y las demás diversas ciencias, cuyo contenido era una actividad psíquica. Así, el análisis de ciertos sueños típicos facilitó la comprensión de algunos mitos y fábulas. Riklin y Abraham siguieron esta indicación e iniciaron la investigación de los mitos, labor llevada luego a su perfección en los trabajos de Rank sobre mitología, a los cuales nada puede oponer el más escrupuloso especialista. El estudio del simbolismo de los sueños condujo a los problemas de la mitología, el folklore y las abstracciones religiosas. En uno de los congresos psicoanalíticos, causó profunda impresión una memoria presentada por un discípulo de Jung sobre la coincidencia de las fantasías esquizofrénicas con las cosmogonías de épocas y pueblos primitivos. En ciertos trabajos de Jung, encaminados a establecer una relación entre la neurosis y las fantasías religiosas y mitológicas, ha sido también objeto de una elaboración muy interesante, aunque no siempre indiscutible, el material mitológico.

Otro nuevo camino condujo a nuestros investigadores desde la investigación de los sueños al análisis de las creaciones poéticas, y luego, al del poeta y el artista mismos, descubriéndose que los sueños inventados por los poetas se comportan frecuentemente, con respecto al análisis, como sueños genuinos[26]. La concepción de la actividad anímica inconsciente facilitó una primera representación de la esencia de la labor poética y creadora, y el estudio de los impulsos instintivos, llevado a cabo en el análisis de las neurosis, nos permitió descubrir las fuentes de la creación artística y planteó los problemas de cómo reacciona el artista a tales estímulos y con qué medios disfraza su reacción (Rank: *El artista*; diversos análisis de personalidades poéticas, publicados por Sadger, Reik y otros. Mi trabajo sobre *Un recuerdo infantil de Leonardo da Vinci*[27]; el análisis de Segantini, por Abraham, etcétera). Naturalmente, tampoco faltó aquí la crítica negativa de los desconocedores del psicoanálisis, expresados con la misma incomprensividad y el mismo apasionamiento que en las cuestiones psicoanalíticas fundamentales. Desde un principio era de esperar que a cualquier campo que se dirigiese al psicoanálisis había de tropezar con la resistencia de sus ocupantes, si bien tales tentativas invasoras no han despertado aún en todos los terrenos la atención que habrán de despertar en lo futuro. Entre las aplicaciones estrictamente literarias del análisis ocupa el primer lugar la obra fundamental de Rank sobre el motivo del incesto, cuyo contenido puede contar con despertar máximo disgusto. En las ciencias filológica e histórica existen aún pocos trabajos de base analítica. La primera tentativa de atacar los problemas planteados por la psicología de las religiones ha sido llevada a cabo por mí mismo en 1910, con una comparación entre el ceremonial religioso y el neurótico. El doctor Pfister, pastor de Zurich, ha referido en su estudio sobre la piedad del conde de Zinzendorf (y en otros ensayos) el fanatismo religioso a un

---

[26] Véase, en el tomo III de estas *Obras Completas*, el estudio titulado *Los delirios y los sueños en la "Gradiva" de W. Jensen.*

[27] Este trabajo forma parte del tomo VIII de estas *Obras Completas*.

erotismo perverso. En cambio, los últimos trabajos de la escuela de Zurich muestran más bien como contrapartida intencionada una impregnación del análisis por representaciones religiosas.

En mi obra *Tótem y tabú*[28] he intentado aplicar el análisis a la investigación de ciertos problemas de la psicología de los pueblos, que conducen inmediatamente a los orígenes de nuestras más importantes instituciones culturales —el orden social, la moral y la religión—, y a los de la prohibición del incesto y la conciencia ética. Por ahora, no es aún posible precisar hasta qué punto resistirán un examen crítico los resultados obtenidos en esta investigación.

Mi libro sobre el "chiste"[29] dio un primer ejemplo de la aplicación del pensamiento analítico a temas estéticos. Esta labor espera aún continuadores, que seguramente habrían de obtener en tal terreno una rica cosecha. Todas estas aplicaciones analíticas se hallan faltas de investigadores procedentes del sector correspondiente, y para atraerlos fundó H. Sachs en 1912 la revista *Imago*, de cuya redacción forma también parte Rank. Hitschmann y Winterstein han iniciado, por su parte, la labor de proyectar la luz de los conocimientos analíticos, sobre los sistemas filosóficos y la personalidad de sus autores, tarea que hemos de desear sea continuada y profundizada.

Los revolucionarios descubrimientos del psicoanálisis sobre la vida anímica del niño, el papel desempeñado en ella por los impulsos sexuales (Hug-Hellmuth) y los destinos de estos elementos de la sexualidad, inútiles para la reproducción, hablan de orientar pronto nuestra atención hacia la Pedagogía e incitarnos a situar en primer término de este sector científico puntos de vista analíticos. Al doctor Pfister, pastor de Zurich, corresponde

---

[28] Tomo VIII de estas *Obras Completas*.
[29] Tomo III de estas *Obras Completas*.

el merecimiento de haber iniciado, con honrado entusiasmo, esta aplicación del psicoanálisis, dándolo a conocer a los pedagogos y a todos aquellos que tienen cura de almas (*Die psychoanalytische Methode*, publicado en el primer tomo del *Paedagogium*, de Meumann y Mesmer, 1913). Su actuación ha tenido resultados positivos, atrayendo el interés de un considerable número de pedagogos suizos. Varios de sus colegas comparten también, probablemente, sus convicciones, pero han preferido mantener un prudente silencio. Una parte de los analíticos vieneses parece haber llegado, a su retirada del psicoanálisis, a una pedagogía médica (Adler y Furtmüller, *Heilen und Bilden*, 1913).

Con estas indicaciones incompletas he intentado señalar la plenitud de relaciones, aún indeterminable, surgida entre el psicoanálisis médico y otros sectores de la ciencia. Hay materia para la labor de toda una generación de investigadores, y no dudo que tal labor quedará realizada una vez vencidas las resistencias opuestas al psicoanálisis en su terreno de origen[30].

Me parece inútil e inadecuado trazar ahora la historia de dichas resistencias. No es ciertamente muy halagüeña para los hombres de ciencia de nuestros días. Pero sí quiero añadir en el acto que nunca se me ha ocurrido tratar violenta o despreciativamente a los adversarios del psicoanálisis sólo por su calidad de tales, con la única excepción de algunos aventureros, pescadores de río revuelto, de los que surgen siempre en ocasiones de lucha en ambas partes combatientes. He sabido explicarme la conducta de mis adversarios y he tenido en cuenta que el psicoanálisis hace emerger lo peor de cada individuo. Pero resolví no contestar, y retraer a los demás, dentro de mi círculo de influencia, de toda polémica. Dadas las especiales circunstancias del combate

---

[30] Véase *El múltiple interés del psicoanálisis*, incluido en el presente tomo.

desarrollado en torno del psicoanálisis, me parecía muy dudosa la utilidad de una discusión pública o literaria, estaba seguro de hallarme en minoría en los congresos y reuniones, y no abrigaba gran confianza en la equidad ni en la distinción de mis señores adversarios. La observación demuestra que sólo contadísimas personas logran conservar su educación, no hablemos ya de su objetividad, en las discusiones científicas, y por mi parte, nada me ha inspirado nunca tanto horror como las disputas científicas. Esta actitud mía ha sido quizá erróneamente interpretada, teniéndome por tan bondadoso o tan intimidado que no era preciso guardarme consideración alguna. Se equivocan los que así piensan. Sé encolerizarme e insultar también como cualquiera; lo que no sé es dar forma literaria a la expresión de estos afectos, y, por lo tanto, he preferido abstenerme.

Desde cierto punto de vista, quizá hubiera sido mejor haber dado libre curso a mis propias pasiones y a las de mis amigos. Todos conocemos la curiosa teoría que intenta explicar la génesis del psicoanálisis por la influencia del ambiente vienés. Janet no despreció hacer uso de ella en 1913, a pesar de hallarse orgulloso seguramente de su origen parisino, y no poder aspirar París a ser considerado como una ciudad de más severa moral que Viena. Dicha teoría pretende que el psicoanálisis, y correlativamente la afirmación de que las neurosis dependen de perturbaciones de la vida sexual, no puede haber nacido sino en una ciudad como Viena, en la que reina un ambiente de sensualidad e inmoralidad ajeno a otras ciudades, no siendo nuestra disciplina sino una proyección teórica de aquellas peculiares condiciones de la vida vienesa. No soy, ciertamente, un apasionado localista, pero la teoría descrita me ha parecido particularmente insensata, tan insensata, que me ha inclinado repetidas veces a suponer que el reproche dirigido a Viena no era sino la representación eufemística de otro distinto reproche, que no se quería expresar públicamente. Si las circunstancias alegadas hubieran sido las contrarias, todavía tendría la explicación un matiz lógico. Suponiendo que existe una ciudad cuyos habitantes se impusiesen particulares limitaciones de la satisfacción sexual y mostrasen, al mismo tiempo, una especial tendencia a graves enfermedades neuróticas, tales circunstancias podrían, en rigor, sugerir a un observador la idea de unir ambos hechos y derivar uno de otro. Pero no es este el caso de Viena. Los vieneses no son ni más abstinentes ni más nerviosos que los demás habitantes de las grandes ciudades. Las relaciones sexuales son en Viena más francas, y la mojigatería, menor que en las ciudades del Occidente y del Norte, tan orgullosas de su castidad. Estas peculiaridades vienesas habrían de equivocar al supuesto observador más bien que iluminarle sobre la causación de las neurosis.

Pero la ciudad de Viena ha hecho también todo lo posible por negar su participación en la génesis del psicoanálisis. En ningún otro punto se hace tan claramente perceptible al analítico la hostil indiferencia de los centros de cultura.

Quizá tenga yo en esto parte de culpa por mi política contraria a toda amplia publicidad. Si hubiese provocado o permitido que el psicoanálisis ocupase a las asociaciones médicas vienesas en ruidosas sesiones, en las cuales se hubieran descargado todas las pasiones y hubiesen hallado expresión suficiente todos los reproches y las invectivas que unos contra otros llevamos en el pensamiento, quizá se hubiese levantado ya el destierro del psicoanálisis y no sería este extranjero aún en su patria. Pero habiendo seguido la conducta opuesta, puedo decir, con el Wallenstein schilleriano, que "los vieneses no me han perdonado el haberles privado de un espectáculo".

La labor —imposible para mí— de demostrar, *suaviter in modo*, a nuestros adversarios su injusticia y sus arbitrariedades ha sido luego honrosamente realizada por Bleuler en su libro *Die Psychoanalyse Freud, Verteidigung und kritische Bermerkungen* (1910). Un encomio mío a este trabajo crítico sería tan natural, que quiero apresurarme a exponer lo que en él no me satisface. Me parece todavía parcial, demasiado considerado para las faltas de los adversarios y excesivamente severo para los errores de nuestros partidarios. Esta circunstancia puede explicar también por qué el juicio de un psiquíatra tan respetado y de competencia e independencia tan indudables no ha ejercido mayor influjo sobre sus colegas. El autor de la *Afectividad* (1906) no puede extrañar que el efecto de una obra no responda a su valor argumental, sino a su tono afectivo. Otra parte de este efecto —el correspondiente a los partidarios del psicoanálisis— la ha destruido más tarde el propio Bleuler al mostrar en su *Crítica de la teoría freudiana* (1913) el reverso de su actitud ante el psicoanálisis. Destruye en ella tanta parte del edificio psicoanalítico, que los adversarios pueden estar contentos del auxilio que les presta este partidario nuestro. Como base de estos nuevos juicios no invoca Bleuler nuevos argumentos ni observaciones más correctas, sino tan sólo su propio conocimiento, cuya insuficiencia no reconoce ya como en trabajos anteriores. Pareció, pues, amenazar aquí al psicoanálisis una dolorosísima pérdida. Pero en sus últimas manifestaciones (*Die Krittiken der Schizophrenie*, 1914), se alza Bleuler contra los ataques que se la han dirigido por su integración del psicoanálisis en su libro sobre la esquizofrenia: "Pienso —dice— que las diversas psicologías construidas hasta hoy para la explicación de los síntomas y los estados patológicos psicógenos han dado escasísimo rendimiento, y que, en cambio, la psicología abismal constituye una parte de aquella psicología aún por crear que el médico precisa para comprender y curar a sus enfermos. Llego incluso a opinar que en mi *Esquizofrenia* he dado algún paso hacia tal comprensión. Las dos primeras afirmaciones son exactas, la última puede ser equivocada".

Dado que con las palabras "psicología abismal" no puede aludirse sino al psicoanálisis, podemos declararnos contentos, por ahora, con tal confesión.

# III

Dos años después del primero se celebró en Nuremberg el segundo Congreso psicoanalítico privado (1910). En el intervalo, las impresiones de mi viaje a América, la creciente hostilidad de los países germanos y el inesperado refuerzo que nos aportaba la escuela de Zurich me habían inspirado un propósito, que llevé a cabo en este segundo congreso. Pensaba organizar el movimiento psicoanalítico, trasladar a Zurich su centro y darle un director que me cuidase de su porvenir. Esta iniciativa mía ha despertado tanta oposición entre los mismos partidarios del psicoanálisis, que me parece conveniente exponer ahora con más detalle sus motivos, esperando quedar justificado, aunque algún día llegue a demostrarse que no obré prudentemente.

A mi juicio, la centralización del movimiento en Viena constituía una rémora. Un lugar como Zurich, situado en el corazón de Europa, y en el cual existía un profesor académico que había abierto su clínica al psicoanálisis, me parecía mucho más conveniente. Veía, además, un segundo obstáculo en mi propia persona, difícil de situar justamente entre el favor de mis partidarios y el odio de mis enemigos. Tan pronto se me comparaba con Colón, Darwin o Kepler, como se veía en mí un caso de demencia. Me proponía, pues, relegar a segundo término, tanto mi persona como la ciudad cuna del psicoanálisis. Lejos ya de la juventud, me abrumaba verme obligado a tomar la dirección del movimiento analítico. Pero este no podía tampoco prescindir, a mi juicio, de una personalidad directora, pues me constaban los errores que acechaban al investigador en los comienzos de su actividad analítica y esperaba poder evitarlos erigiendo tal autoridad, pronta siempre a aconsejar y a orientar a los principiantes. Esta investidura, que había recaído inevitablemente sobre mí en un principio por el peso natural de quince años de experiencia, debía ser transferida ahora a una persona más joven. Siendo Bleuler de mí misma edad, la elección había de recaer sobre C. G. Jung, en cuyo favor hablaban sus extraordinarias dotes, sus numerosas aportaciones al psicoanálisis, su situación independiente y la impresión de segura energía que producía su persona. Parecía, además, dispuesto a entablar conmigo relaciones de amistad personal y a renunciar, por consideración a mí, a ciertos prejuicios de raza, que hasta entonces había abrigado. No sospechaba yo que, a pesar de todas las ventajas indicadas, había de resultar mi elección desdichadísima, por recaer sobre una persona tan incapaz de soportar la autoridad de otra como de imponer la suya, y cuya energía se consagraba por entero a la más desconsiderada persecución de sus propios intereses.

Creía asimismo necesario dar al núcleo analítico la forma de una asociación oficial para evitar los abusos que sabía habían de cometerse a la sombra del psicoanálisis en cuanto este adquiriese popularidad. Debía existir, para entonces, una organización revestida de autoridad suficiente para delimitar el campo de nuestra disciplina y declarar ajenas a ella tales abusos. En las reuniones de los grupos locales que compondrían la asociación internacional se enseñaría la práctica del psicoanálisis, y los médicos que aspirasen a ejercerla podrían seguir así una preparación, quedando garantizada, en cierto modo, su ulterior actividad. También me parecía conveniente que los partidarios del psicoanálisis pudieran tratarse y apoyarse mutuamente en el seno de una asociación, toda vez que la ciencia oficial había opuesto su veto a nuestra disciplina, declarando el boicot a los médicos y a los establecimientos que la practicasen.

Estos propósitos, los únicos que me guiaban en la fundación de la Asociación Psicoanalítica Internacional, excedían, por lo visto, de lo posible. Así como a mis adversarios se les impuso la imposibilidad de atajar el nuevo movimiento, hubo de imponérseme luego a mí la de dirigirlo por el camino que deseaba verle seguir. Sin embargo, mi proposición, expuesta por Ferenczi en Nuremberg, fue aceptada, siendo elegido presidente Jung, que designó a Riklin para el puesto de secretario, y acordándose la publicación de una revista que facilitase la comunicación del órgano central con los grupos locales. Los fines de la asociación se concretaron en la forma siguiente: "Estudio y promoción de la ciencia psicoanalítica fundada por Freud, tanto en su calidad de psicología pura, como en su aplicación a la Medicina y a las ciencias del espíritu, y mutuo apoyo de los asociados en cuanto a la adquisición y difusión de los conocimientos psicoanalíticos". El proyecto fue objeto de viva oposición por parte de los vieneses, expresando Adler, apasionadamente, su temor de que no se intentase sino "una censura y una restricción de la libertad científica"; pero terminaron por ceder a cambio de que la sede de la asociación no se fijase definitivamente en Zurich y variase con la residencia del presidente, elegido cada dos años.

En el mismo Congreso se constituyeron tres grupos locales: el de Berlín, bajo la presidencia de Abraham; el de Zurich, presidido por el mismo Jung, presidente electo de la asociación, y el de Viena, cuya presidencia dejé a Adler. Posteriormente, habría de constituirse en Budapest un cuarto grupo. Bleuler, que no había podido asistir al Congreso por hallarse enfermo, opuso algunas dificultades a ingresar en la asociación, se dejó convencer luego a ello después de una conversación conmigo; pero no tardó en separarse a causa de ciertas diferencias surgidas en Zurich, quedando así rota la relación entre el grupo local de Zurich y el establecimiento médico de Burghölzli.

Otra consecuencia del Congreso de Nuremberg fue la fundación de la revista *Zentralblatt für Psychoanalyse*, para la cual se unieron Adler y Stekel. Originalmente tenía este proyecto una franca tendencia oposicionista y entrañaba el propósito de reconquistar para Viena la hegemonía, amenazada por la elección de Jung. Pero cuando los dos fundadores tropezaron con la dificultad de hallar un editor y acudieron a mí asegurándome sus intenciones pacíficas, en prenda de las cuales me concedieron un derecho de veto, tomé a mi cargo la publicación del nuevo órgano, cuyo primer número apareció en septiembre de 1910.

El tercer congreso psicoanalítico se celebró en Weimar (1911) y superó a los precedentes en armonía e interés científico. J. Putnam, que asistió a su celebración, expresó luego en América su satisfacción y su respeto ante *the mental attitude* de los participantes y citó una de las frases que hube de dirigirles: "Habéis aprendido a soportar un trozo de verdad"[31]. Realmente, todo individuo que hubiera asistido a otros congresos científicos tenía que recibir del nuestro una impresión favorable a la asociación psicoanalítica. En los dos congresos anteriores, presididos por mí, había yo dejado a los conferenciantes todo el tiempo necesario para explanar sus comunicaciones, abandonando al cambio de ideas privado la discusión de las mismas. En Weimar, y bajo la presidencia de Jung, se inició la discusión de cada memoria inmediatamente después de su lectura, procedimiento que todavía no trajo consigo perturbación alguna.

Muy distinto cuanto ofreció el cuarto congreso, celebrado en Munich dos años después (1913). Dirigido por Jung de un modo violento e incorrecto, los conferenciantes vieron limitado su tiempo, y las discusiones ahogaron casi las memorias. El maligno Hoche, al que un perverso capricho del azar había llevado a hospedarse en la misma casa en que los analíticos celebraban sus sesiones, tuvo ocasión de convencerse de lo absurdo de su comparación de nuestro núcleo con una secta

---

[31] "On Freuds Psycho-Analytical method and its evolution", en *Boston Medical and Surgical Journal*, 25 enero 1912.

fanática que seguía ciegamente a su jefe. Después de fatigosos debates, nada satisfactorios, fuere reelegido Jung para la presidencia de la Asociación Psicoanalítica Internacional, puesto que aceptó, no obstante haber negado su confianza las dos quintas partes de los presentes. Al separarnos no sentíamos ciertamente la necesidad de vernos de nuevo.

El estado de la Asociación Psicoanalítica Internacional era en la época de este Congreso el siguiente: Los grupos locales de Viena, Berlín y Zurich se hallaban ya constituidos desde el Congreso de Nuremberg, en 1910. En mayo de 1911 se fundó un nuevo grupo en Munich, bajo la presidencia del doctor L. Seif. En este mismo año surgió también el primer núcleo local americano con el nombre de *The New York Psychoanalytic Society*, presidido por A. Brill. En el congreso de Weimar se dio el visto bueno a la fundación de un segundo grupo americano, que se constituyó en el transcurso del año siguiente. Este grupo, que tomó el título de *American Psychoanalytic Association*, comprendía miembros canadienses y americanos, y eligió presidente a Putnam y secretario a E. Jones. Poco antes del Congreso de Munich quedó formado otro grupo en Budapest, presidido por Ferenczi, y poco después, fundaba E. Jones en Inglaterra, adonde había trasladado su residencia, el primer grupo inglés. El número total de los miembros de los ocho grupos locales existentes en esta fecha no puede, desde luego, servir de base para calcular la cantidad de discípulos y partidarios no organizados con que ya contaba nuestra disciplina.

También merece una breve mención el desarrollo de la literatura periódica psicoanalítica. La primera publicación de este orden consagrada al análisis fueron los *Schriften zur angewandten Seelenkunde*, que vienen publicándose sin periodicidad fija desde 1907, y alcanzan hoy su número quince (editados primero por H. Heller y luego por F. Deuticke, ambos en Viena). En esta publicación han aparecido trabajos míos (1 y 7) y de Riklin, Jung,

Abraham (4 y 11), Rank (5 y 13), Sadger, Pfister, M. Graf, Jones (10 y 14), Storfer y Hug-Hellmuth[32]. La fundación de *Imago*, de la que luego hablaremos, ha disminuido un tanto el valor de este género de publicación. Después del Congreso de Salzburgo (1908) nació el *Jahrbuch für psychoanalytische und psychopathologische Forschungen*, que vivió cinco años dirigido por Jung y renace ahora a la publicidad, con distinto director y bajo el nuevo título de *Jahrbuch der Psychoanalyse*. No será ya, como en los últimos años, un mero archivo de trabajos de un mismo orden, sino que examinará y comunicará cuanto surja en el campo del psicoanálisis[33]. La *Zentralblatt für Psychoanalyse*, proyectada, como ya indicamos, por Adler y Stekel, a raíz de la fundación de la Asociación Internacional (Nuremberg, 1910), ha pasado en poco tiempo por muy diversos destinos. Ya el número décimo de su primer año publicó la noticia de que el doctor Adler había decidido separarse de la redacción, a causa de diferencias surgidas por el editor, asumiendo la dirección el doctor Stekel (1911). En el congreso de Weimar se elevó esta publicación a la categoría de órgano oficial de la Asociación Internacional, que sería remitido a todos los socios mediante una elevación de la cuota anual; pero a partir del tercer número del segundo año (1912) quedó Stekel como único responsable de su contenido, pues su conducta pública, difícilmente imaginable, me obligó a cesar en mi calidad de editor y a crear a toda prisa un nuevo órgano del psicoanálisis: la *Internationale Zeitschrift für ärtzliche Psychoanalyse*. Con la ayuda de casi todos los colaboradores y del nuevo editor, H. Heller, pudo aparecer el primer número de esta revista en enero de 1913, sustituyendo a la *Zentralblatt* como órgano oficial de la Asociación Psicoanalítica Internacional.

---

[32] Posteriormente, de Sadger (16 y 18) y de Kielholz (17).

[33] Esta publicación quedó suspendida al iniciarse la guerra.

Entre tanto, y a principios de 1912, había sido fundada la revista titulada *Imago* (H. Heller, Viena), y consagrada exclusivamente a las aplicaciones del psicoanálisis a las ciencias del espíritu. *Imago* se encuentra hoy en la mitad de su tercer año y ha sabido despertar un creciente interés, incluso en núcleos ajenos al análisis médico.

Aparte de estas cuatro publicaciones periódicas (*Schriften zur angewandten Seelenkunde, Jahrbuc, Internationale Zeistchrift* e *Imago*), existen otras, tanto alemanas como extranjeras, que publican trabajos a los cuales se ha de señalar un puesto en la bibliografía psicoanalítica. El *Journal of Abnormal Psychology*, publicado por Morton Prince, contiene regularmente tantas y tan interesantes colaboraciones analíticas, que debe ser considerado como representación principal de la literatura analítica en América. En 1913 han creado White y Jelliffe, en Nueva York, una nueva revista consagrada exclusivamente al psicoanálisis (*The Psychoanalytic Review*) y encaminada a obviar la dificultad que el idioma alemán supone para la mayor parte de los médicos americanos a quienes interesan nuestras teorías[34].

He de ocuparme ahora de dos defecciones habidas en el movimiento psicoanalítico, y nacidas, la primera, entre la fundación de la Asociación en 1910 y el Congreso de Weimar en 1911, y la segunda, después de este último, surgiendo luego en el de Munich (1913). Mi conocimiento de los procesos que se desarrollan en los individuos sometidos al tratamiento psicoanalítico hubiera debido evitarme, en realidad, el desengaño que tales defecciones me produjeron. Me explicaba, desde luego, que se emprendiera la fuga a la primera tentativa de aproximación a las desagradables

---

[34] En 1920 ha emprendido E. Jones la fundación de un *International Journal of Psycho-Analyse*, destinado a Inglaterra y América.

verdades analíticas y sabía que su comprensión era obstaculizada en un principio por las propias represiones del sujeto. Pero no esperaba que personas llegadas ya a una profunda comprensión del análisis renunciaran de repente a ella o pudieran perderla. Sin embargo, mi experiencia cotidiana con los enfermos me venía demostrando de continuo que la reflexión total del conocimiento analítico puede partir de cualquier estrato, por profundo que sea, en cuanto existe en él una resistencia especialmente enérgica. Aun cuando después de una penosa labor hayamos llegado a conseguir que uno de estos enfermos comprenda ya partes del saber analítico y las maneje como conocimientos propios, hemos de estar siempre preparados a verle despreciar, bajo la presión de la resistencia, todo lo aprendido y comenzar a defenderse de nuevo, como en los peores días iniciales. Me quedaba todavía por aprender que los analíticos podían conducirse también exactamente como los enfermos sometidos al análisis.

No es labor fácil ni envidiable escribir la historia de estas dos defecciones, pues por un lado me faltan enérgicos impulsos personales —no esperé nunca agradecimiento, ni soy tampoco especialmente vengativo—, y por otro, sé que me expongo con ello a las invectivas de adversarios poco considerados y ofrezco a los enemigos del análisis el ansiado espectáculo de cómo "se desgarran entre sí los psicoanalíticos". Habiéndome dominado siempre enérgicamente para no pelear con adversarios ajenos al análisis, me veo obligado ahora a aceptar el combate con personas que figuraron entre los partidarios de nuestra disciplina y con otras que aún aspiran a ser consideradas como tales. Pero no tengo elección: callar sería comodidad o cobardía y perjudicaría más al psicoanálisis que revelar públicamente los daños sufridos. Todo aquel que haya seguido otros movimientos científicos sabe muy bien que casi siempre suelen surgir en ellos disensiones y perturbaciones. Quizá en algunos de estos movimientos se haya puesto más cuidado en mantener secretos tales trastornos. El psicoanálisis, que niega muchos ideales convencionales, es también más sincero en estas cuestiones.

Otra sensible circunstancia, que viene a hacer más penosa mi labor defensiva, es la de serme imposible eludir por completo un esclarecimiento analítico de los dos movimientos adversos. Ahora bien: el análisis no se presta a usos polémicos. Presupone la aquiescencia total del analizado y la existencia de un superior y un subordinado. De este modo, quien emprenda un análisis con fines polémicos habrá de esperar que el analizado vuelva a su vez contra él el análisis, tomando así la discusión un cariz que excluye toda posibilidad de convencer a una tercera persona imparcial. Por tanto, limitaré el empleo del análisis y con él la indiscreción y la agresión a un estricto mínimo, y advertiré que no baso en este medio una crítica científica. No tengo que habérmelas con el eventual contenido de verdad de las teorías que de rechazar se trata, ni me propongo rebatirlas. Esta labor se queda para otros autorizados psicoanalíticos y ha sido ya en parte realizada. Quiero tan sólo mostrar que dichas teorías se oponen — y en qué puntos — a los principios fundamentales del análisis y no pueden, por tanto, acogerse bajo su nombre. Necesito, pues, únicamente, el análisis para hacer comprensible cómo tales divergencias pudieron surgir precisamente en analíticos, y claro está que en algunos puntos habré también de defender, con observaciones puramente críticas, el buen derecho del psicoanálisis.

El psicoanálisis ha hallado como primera labor la explicación de las neurosis. Ha tomado como puntos de partida dos hechos: la resistencia y la transferencia, y teniendo en cuenta un tercer hecho, la amnesia, ha dado su explicación en las teorías de la represión, de las fuerzas instintivas sexuales, de la neurosis y de lo inconsciente. No ha aspirado nunca a ofrecer una teoría completa de la vida psíquica humana, limitándose a demandar que sus aportaciones fueran utilizadas para completar y corregir los conocimientos conquistados en otros terrenos. La teoría de

Alfred Adler va mucho más allá; quiere hacer comprensibles la conducta y el carácter de los hombres al mismo tiempo y por el mismo medio que sus enfermedades neuróticas y psicóticas. En realidad, resulta más adecuada a cualquier otro sector que al de la neurosis, y si lo sitúa en primer término es tan sólo por motivos dependientes de la historia de su génesis. Durante muchos años he tenido ocasión de estudiar al doctor Adler, y siempre he reconocido en él dotes muy importantes, sobre todo en el orden especulativo. Como prueba de las "persecuciones" de que afirma haber sido objeto por mi parte puedo citar el hecho de haberle confiado, al fundarse nuestra asociación, la dirección del grupo local de Viena. Sólo ante la insistente demanda de la totalidad de los asociados de este grupo me decidí a ocupar de nuevo la presidencia en los debates científicos. Cuando reconocí sus escasas dotes para la comprensión del material inconsciente, esperé que sabría, en cambio, descubrir nuevas conexiones entre el psicoanálisis, la psicología y las bases biológicas de los procesos instintivos, esperanza que justificaban en cierto modo sus valiosos trabajos sobre la inferioridad orgánica. Realmente, ha llegado a rendir una labor de este orden, pero su obra parece hallarse destinada únicamente a demostrar que el psicoanálisis se equivoca en todo, no siendo la teoría analítica de la importancia de las fuerzas instintivas sexuales más que un resultado de su credulidad ante las manifestaciones de los neuróticos. Del motivo personal de su trabajo puede también hablarse públicamente, pues él mismo lo ha revelado, diciendo en presencia de unos cuantos miembros del grupo vienés: "¿Cree usted, acaso, que es un gran placer para mí permanecer toda mi vida bajo su sombra?" No encuentro reprochable que un hombre joven confiese francamente una ambición que de todos modos habría de descubrirse como uno de los móviles de su labor. Pero aún bajo el dominio de tal motivo debía evitarse caer en aquello que los ingleses, con su fino tacto social, califican de *unfair*, adjetivo cuyo único equivalente en alemán es mucho menos correcto. De lo imposible que ha sido para Adler no traspasar tales límites testimonian su indómita manía de prioridad y la mezquina malevolencia que deforma su labor científica. En la Asociación Psicoanalítica de Viena le hemos oído reclamar para sí la prioridad con respecto a los puntos de vista de la "unidad de las neurosis" y la "concepción dinámica" de las mismas, pretensión que hubo de sorprenderme extraordinariamente, pues creía haber expuesto tales principios antes de conocer a Adler.

Estas aspiraciones de Adler han tenido, por otra parte, una consecuencia beneficiosa para el análisis. Cuando las divergencias de criterio por él manifestadas me obligaron a separarlo de la redacción de nuestro órgano periódico, se separó también de la asociación y fundó una nueva, que adoptó en un principio, con dudoso gusto, el título de *Asociación de Psicoanálisis libre*. Mas para las gentes ajenas al psicoanálisis es, por lo visto, tan difícil aprehender las diferencias existentes entre las ideas de dos psicoanalíticos como para nosotros, europeos, darnos cuenta de los matices que diferencian los rostros de dos individuos de raza amarilla. El psicoanálisis "libre" permaneció bajo la sombra de la "oficial" u "ortodoxa", no siendo considerada sino como una rama de la misma. Adler dio entonces un paso muy de agradecerse. Rompió toda relación con el psicoanálisis y dio a su teoría el nombre de "psicología individual". Hay en la tierra sitio para todos, y nada puede oponerse a quienes quieran y puedan vagar por ella con plena independencia. En cambio, no es agradable seguir viviendo bajo un mismo techo con gentes con las cuales no nos entendemos ya y a las que no podemos aguantar. La "psicología individual" de Adler es ahora una de las muchas orientaciones psicológicas contrarias al psicoanálisis, para el cual resulta indiferente su ulterior evolución.

La teoría adleriana fue, desde un principio, un "sistema", categoría que el psicoanálisis ha evitado siempre cuidadosamente. Es también un excelente ejemplo de una "elaboración secundaria", como la que el pensamiento despierto lleva a cabo por el material de los sueños. Sustituido éste en el caso de Adler por el que constituye el fruto de los estudios psicoanalíticos, es aprehendido desde el punto de vista del *yo*, subordinado a las categorías del mismo, traducido y, exactamente como sucede en la formación de los sueños, erróneamente interpretado. Además, la teoría de Adler aparece menos caracterizada por lo que afirma que por lo que niega, componiéndose de tres elementos de valor muy desigual: las excelentes aportaciones a la psicología del *yo*, las traducciones —superfluas, pero admisibles— de los hechos psicoanalíticos a la nueva jerga adleriana, y las deformaciones y dislocaciones de tales hechos en cuanto no se adaptan a las hipótesis del *yo*. El psicoanálisis ha reconocido siempre el valor de los elementos primeramente citados, aunque no tenía por qué dedicarles atención especial, pues lo que verdaderamente le interesa es demostrar que a todas las tendencias del *yo* se mezclan componentes libidinosos. Nada habríamos de objetar a esta divergencia si Adler no la utilizase para negar siempre, en favor de los componentes de los instintos del *yo*, el impulso libidinoso. Su teoría sigue así la conducta de todos los enfermos y de nuestro propio pensamiento consciente, llevando a cabo una "racionalización" —según término de Jones— encaminada a encubrir el motivo inconsciente. Tan consecuente es aquí Adler, que llega incluso a ver el móvil principal del acto sexual en la intención de mostrar a la mujer su dueño y señor de estar *encima*. Ignoro si también en sus escritos se ha atrevido a sostener estas monstruosidades.

El psicoanálisis descubrió tempranamente que todo síntoma neurótico debe su existencia a una transacción. Tiene, por lo tanto, que satisfacer también en algún modo las aspiraciones del *yo* represor, ofreciéndole alguna ventaja, pues si no, sucumbiría al mismo destino que el impulso instintivo original. A estas circunstancias nos referimos al hablar de la "ventaja de la enfermedad", y aún podríamos distinguir de la ventaja primaria ofrecida al *yo* con la génesis misma del síntoma, otra "secundaria" que, si el síntoma ha de subsistir y afirmarse, viene a agregarse a la primera en apoyo de otras intenciones del *yo*. El análisis sabe también, hace ya mucho tiempo, que la supresión de esta ventaja de la enfermedad o su cesación a consecuencia de una modificación real constituyen uno de los mecanismos de la curación del síntoma. Sobre estas relaciones, fácilmente perceptibles, recae en la teoría de Adler el acento principal, olvidándose por completo que el *yo* se limita innumerables veces a hacer de necesidad virtud, tolerando el síntoma que le es impuesto en gracia a la utilidad que le aporta. De este modo acepta, por ejemplo, la angustia como medio preventivo. El *yo* desempeña en tales casos el ridículo papel de los tontos del circo, que tratan de imponer a los espectadores la convicción de que todo lo que sucede en la pista es en obediencia a sus órdenes. Pero sólo los niños más pequeños se dejan engañar.

El segundo de los componentes de la teoría adleriana es propiedad absoluta del psicoanálisis, que ha de defenderlo como tal. Está constituido en su totalidad por conocimientos psicoanalíticos extraídos por Adler de todas las fuentes accesibles durante diez años de labor común y acumulados luego a su propiedad por medio de un simple cambio de nomenclatura. Así, el término "aseguramiento" me parece mejor que el de "medida protectora" usado por mí; pero no lo encuentro un nuevo sentido. Análogamente, para ver surgir en las afirmaciones de Adler rasgos de antiguos conocidos bastará colocar en lugar de las palabras "fingido", "ficticio" y "ficción" los términos originales "fantaseado" y "fantasía", por ellas sustituidos. El psicoanálisis acentuaría esta identidad, aun cuando Adler no hubiese tomado parte durante muchos años en los trabajos comunes.

La parte tercera de la teoría adleriana, o sea, la constituida por la deformación y el cambio de sentido de los hechos analíticos inadaptables en su significación original, es la que separa definitivamente del análisis la "psicología individual". La idea directiva del sistema de Adler es la de que el factor dominante que se revela bajo la forma de la "protesta masculina" en la conducta, el carácter y la neurosis es el propósito de autoafirmación del individuo, su "voluntad de poderío". Pero esta protesta masculina, el motor adleriano, no es sino la represión, desligada de su mecanismo psicológico y además sexualizado, circunstancia esta última que armoniza muy poco con la tan ensalzada supresión del papel atribuido a la sexualidad en la vida anímica. La protesta masculina existe, desde luego; mas al constituirla en motor del suceder anímico se ha adjudicado a la observación el papel de trampolín utilizado para tomar impulso, pero totalmente abandonado al elevarse. Examinemos, por ejemplo, una de las situaciones básicas del deseo infantil: la observación por el niño del acto sexual entre adultos. El análisis revela entonces en aquellas personas, cuya historia ha de ocupar luego al médico, que durante dichos momentos se apoderan del infantil espectador masculino dos impulsos: el activo, de ocupar el lugar del hombre, y el contrario, pasivo, de identificarse con la mujer. Sólo el primero puede ser subordinado a la protesta masculina si hemos de conceder a tal concepto un sentido. Pero precisamente es el segundo, ignorado por Adler o indiferente para él, el que entraña mayor importancia para la neurosis ulterior. Adler se ha asimilado tan por completo la celosa limitación del *yo*, que sólo tiene en cuenta aquellos impulsos instintivos que el *yo* reconoce y propulsa. La neurosis en la cual se oponen al *yo* los impulsos instintivos queda así fuera de su círculo visual.

Donde Adler incurre en un mayor apartamiento de la realidad de la observación y en más graves confusiones de concepto es en la tentativa de enlazar el principio fundamental de su teoría a la vida anímica del niño, tentativa que los resultados analíticos hacían inexcusable. Los sentidos biológico, social y psicológico de lo "masculino" y lo "femenino" quedan aquí fundidos en un estéril producto mixto. Es inaceptable y contrario a toda observación que el sujeto infantil —masculino o femenino— llegue a basar su plan de vida en una depreciación original del sexo femenino y a proponerse como línea directiva el deseo de ser un hombre completo. En un principio no sospecha siquiera la importancia de la diferencia de sexo, partiendo más bien de la hipótesis de que ambos sexos poseen el mismo órgano genital (el masculino). No inicia su investigación sexual con el problema de las diferencias sexuales ni abriga nada semejante a una depreciación social de la mujer. Hay mujeres en cuya neurosis no ha desempeñado papel ninguno el deseo de ser un hombre. Lo que de protesta masculina puede comprobarse en estos casos resulta fácil de referir a la perturbación del narcisismo primitivo por la amenaza de castración, o, correlativamente a las primeras coerciones de la actividad sexual. Todas las disputas sobre la psicogénesis de las neurosis vienen siempre a dirimirse en el terreno de las neurosis infantiles. La descomposición minuciosa de una temprana neurosis infantil pone fin a todos los errores sobre la etiología de las neurosis y a todas las dudas concernientes a la intervención de los instintos sexuales. De este modo, se vio obligado Adler en su crítica de los *Conflictos del alma infantil*, de Jung, a suponer que, "quizá el padre" había ordenado unitariamente el material del caso[35].

No quiero dedicar más espacio al aspecto biológico de la teoría adleriana ni investigar si la inferioridad orgánica real o el sentimiento subjetivo de la misma —no se sabe bien cuál de los dos— puede verdaderamente constituir la base del sistema

---

[35] *Zentralblatt für Psychoanalyse*, tomo I, pág. 122.

de Adler. Me limitaré a indicar que la neurosis sería entonces un resultado secundario de la inferioridad en general, hipótesis totalmente contradicha por la observación, la cual nos muestra que una inmensa mayoría de los individuos feos, deformes, contrahechos o miserables no reacciona a *su* desgracia enfermando de neurosis. Dejo también a un lado el singular recurso de trasladar la inferioridad al sentimiento infantil arbitrario, que nos revela el disfraz bajo el cual reaparece en la "psicología individual", el infantilismo, tan acentuado por el análisis. En cambio, quiero hacer resaltar cómo se desvanecen en la teoría de Adler todas las conquistas psicológicas del psicoanálisis. Lo inconsciente surge aun en el "carácter nervioso" como una especialidad psicológica, pero sin ninguna relación con el sistema. Siguiendo una trayectoria lógica, ha declarado luego Adler que para él es indiferente que una representación sea consciente o inconsciente. La teoría de la represión no ha hallado tampoco en él comprensión alguna. Así, en un artículo sobre una conferencia dada en la asociación psicoanalítica vienesa (febrero, 1911), escribe lo siguiente: "El enfermo no había reprimido su libido, contra la cual trataba continuamente de asegurarse..."[36]. Y poco después pronunció en el curso de un debate en la misma asociación las palabras que siguen: "Cuando preguntamos de dónde procede la represión, se nos contesta que de la civilización; pero si luego interrogamos sobre el origen de esta última, se nos indica la primera. No se trata, pues, sino de un juego de palabras". Una pequeñísima parte del ingenio empleado por Adler para revelar las artes defensivas de su "carácter nervioso" hubiera sido suficiente para demostrarle la poca consistencia de tal argumentación. Basta advertir que la civilización reposa sobre las represiones de generaciones anteriores y que a cada nueva generación se le plantea la labor de

---

[36] *Korrespondenzblatt*, núm. 5, Zurich, abril, 1911.

conservar tal civilización, llevando a cabo las mismas represiones. Recordamos aquí a un niño que se echó a llorar, quejándose de que se burlaban de él, porque al preguntar de dónde venían los huevos se le respondió que de las gallinas, y cuando luego preguntó de dónde venían las gallinas, le contestaron que de los huevos. Y, sin embargo, su informador le había contestado la verdad y no con un juego de palabras.

Igual de lamentable y vacío es todo lo que dice Adler sobre los sueños. El fenómeno onírico fue para él, primero, un cambio desde la línea femenina a la masculina, lo cual no es sino una traducción de nuestra teoría del cumplimiento de deseos en el sueño al lenguaje de la "protesta masculina". Más tarde, halla la esencia del sueño en el hecho de que por medio de él consigue el hombre, inconscientemente, lo que conscientemente le está velado. También corresponde a Adler la prioridad en la confusión del sueño con las ideas oníricas latentes, confusión sobre la que reposa el descubrimiento de su "tendencia prospectiva". Posteriormente, ha venido a agregársele Maeder. Ambos olvidan gustosamente que toda interpretación de un sueño, el cual no ofrece en su forma manifiesta nada comprensible, reposa sobre la aplicación de aquella misma onirocrítica, cuyas premisas y consecuencias discuten. De la resistencia sabe Adler decir que sirve para la oposición del enfermo contra el médico. Esto es indudablemente cierto, pues equivale a decir que la resistencia sirve para la resistencia. Lo que no explica, por no interesar sin duda al *yo*, es cómo y por qué apoyan sus fenómenos las intenciones del enfermo. Los mecanismos de los síntomas y los fenómenos y los fundamentos de la diversidad de las enfermedades y de las manifestaciones patológicas quedan totalmente desatendidos, puesto que todo ello se adscribe por igual a la protesta masculina, a la autoafirmación y a la intensificación de la personalidad. El sistema queda así listo. Ha exigido una extraordinaria labor de adaptación, pero, en cambio, no ha suministrado ni una sola observación nueva. Creo haber demostrado que es absolutamente ajeno al psicoanálisis.

Siguiendo el sistema adleriano, la vida se nos aparece totalmente basada en el instinto de agresión, sin dejar lugar alguno al amor. Podría extrañar que una tan desconsoladora concepción del mundo haya encontrado partidarios, pero no debe olvidarse que la humanidad, abrumada por el yugo de sus necesidades sexuales, está pronta a aceptar todo de quien maneje el señuelo del "vencimiento de la sexualidad".

El movimiento divergente de Adler tuvo efecto antes del Congreso de Weimar (1911), iniciándose después de esta fecha el de los suizos. Como primeros signos del mismo surgieron ciertas manifestaciones de Riklin en artículos publicados fuera de los órganos analíticos, dándose así el caso singular de que el mundo, ajeno a nuestra disciplina, se enterara antes que nosotros de que el psicoanálisis había superado ya algunos lamentables errores que la desacreditaban. En 1912 se vanagloriaba Jung en una carta de que sus modificaciones del análisis habían logrado vencer las resistencias de muchas personas que antes no querían saber nada de ella. A esta carta, escrita desde América, respondí que no veía motivo ninguno de vanagloria en su conducta, pues cuantas más fueran las verdades psicoanalíticas, tan trabajosamente conquistadas, que sacrificase, más completamente vería desaparecer la resistencia. La modificación de que tan orgullosos se mostraban los suizos no consistía nuevamente sino en la desvalorización teórica del factor sexual. Confieso que desde un principio vi en este "progreso" una excesiva adaptación a las exigencias de la actualidad.

Los dos movimientos regresivos, divergentes del psicoanálisis, que ahora comparamos, muestran también la analogía de aspirar a un prejuicio favorable, invocando en su auxilio ciertas razones abstractas de orden elevado. En Adler desempeñan este papel la relatividad de todo conocimiento y el derecho de la personalidad a conformar individual y artísticamente la materia del saber. Jung hace una llamada al derecho histórico de la juventud a romper las cadenas que quisiera imponerle la vejez, apegada a sus concepciones. Estos argumentos merecen algunas palabras en contrario. La relatividad de nuestro conocimiento es un reparo que puede ser opuesto a cualquier ciencia. Es fruto de conocidas corrientes reaccionarias del presente, hostiles a la ciencia, y trata de arrogarse una superioridad a la que no es posible aspirar. Ninguno de nosotros puede predecir cuál será el juicio definitivo de la humanidad sobre nuestra labor teórica. Se han dado casos en los que la repulsa de tres generaciones ha sido corregida por la siguiente y sustituida por una total aceptación. El individuo no puede hacer más que defender con todas sus energías su convicción, basada en la experiencia, después de oír cuidadosamente su propia voz crítica y con alguna atención la de sus adversarios. Llevemos adelante con máxima honradez nuestra labor y no nos atribuyamos una función enjuiciadora, reservada a un lejano fruto. No es leal acentuar en las cuestiones científicas la influencia del arbitrio personal. Haciéndolo en lo que respecta al psicoanálisis, se le quiere negar la categoría de ciencia, categoría que ya se rebaja mucho al tener en cuenta tal influencia. Todos aquellos que concedan al pensamiento científico un alto valor buscarán más bien medios y métodos para limitar la ecuación personal en aquellos puntos en que pueda resultar excesivo su influjo. Pero ya es tiempo de recordar lo superfluo del celo defensivo que venimos desarrollando. Tales argumentos de Adler carecen de toda seriedad. Son empleados contra el adversario, pero respetan las teorías propias. Ni siquiera han retenido a los partidarios de Adler de festejarle como un Mesías, para cuyo advenimiento había sido preparada la humanidad por tales y cuales precursores. Y el Mesías no es ya, ciertamente, nada relativo.

El argumento de Jung *ad captandam benevolentiam* se basa en la hipótesis demasiado optimista de que el progreso de la humanidad, de la civilización y del saber ha seguido siempre una línea ininterrumpida. Como si no hubiera habido nunca epígonos ni reacciones y restauraciones, ni generaciones que han renunciado, regresivamente, a las conquistas de otras anteriores. Los caracteres especiales de la modificación del psicoanálisis, llevada a cabo por Jung —su aproximación al punto de vista de la masa y su renuncia a una innovación poco grata—, le vedan desde luego toda aspiración a ser considerada como un hecho libertador juvenil. Lo decisivo en este punto no es la edad del autor, sino el carácter del hecho.

De los dos movimientos aquí examinados es, desde luego, el de Adler el más importante. Radicalmente falso, presenta, en cambio, consecuencia y coherencia extraordinarias, y se basa todavía en una teoría de los instintos. Por el contrario, la modificación de Jung ha relajado la conexión de los fenómenos con la vida instintiva, resultando, además, según lo han hecho resaltar todos sus críticos (Abraham, Ferenczi, Jones), tan obscura, opaca y confusa que ha sido mal interpretada y no se sabe aún cómo llegar a su exacta comprensión. Por último, nos es presentada en formas muy diversas, bien cómo "una pequeñísima divergencia que no justifica el griterío elevado en derredor suyo" (Jung), bien como una revelación que inicia una nueva época para el psicoanálisis, e incluso, en general, una nueva concepción del universo.

Bajo la impresión del desacuerdo entre las manifestaciones privadas y las públicas del movimiento dirigido por Jung habremos de preguntarnos qué es lo que de ella corresponde a la propia confusión y qué a la insinceridad. Pero habrá de reconocerse que los partidarios de la nueva doctrina se encuentran en una situación difícil. Combaten ahora cosas que antes defendieron, mas no como consecuencia de nuevas observaciones que hubieran podido ilustrarlos, sino de un mero cambio de interpretación que les hace ver ahora tales cosas de un modo diferente. Por esta razón, no quieren romper sus relaciones con el psicoanálisis, como representantes del cual se dieron a conocer al mundo, y prefieren anunciar que el psicoanálisis ha cambiado. En el congreso de Munich me vi obligado a desvanecer estas sombras, declarando que no reconocía las innovaciones de los suizos como continuación y desarrollo legítimos del psicoanálisis por mí iniciado. Críticos ajenos a nuestro movimiento (como Furtmüller) habían ya observado antes esta situación, y Abraham acierta al afirmar que Jung se halla en plena divergencia del psicoanálisis. Todo el mundo tiene derecho a pensar y escribir lo que quiera, pero no a presentarlo como cosa distinta de lo que realmente es.

Así como la investigación adleriana trajo al psicoanálisis algo nuevo, un trozo de psicología del *yo*, y quiso hacerse pagar demasiado caro tal presente con la renuncia a todas las teorías analíticas fundamentales, así también ha querido enlazar Jung y sus partidarios a una nueva adquisición para el psicoanálisis su lucha contra la misma. Han perseguido minuciosamente (tarea en la cual los precedió Pfister) cómo el material de representaciones sexuales extraído del complejo familiar y de la elección incestuosa de objeto es utilizado para representar los más altos intereses éticos y religiosos de los hombres, aclarando así un caso importante de sublimación de las fuerzas instintivas eróticas y de conversión de las mismas en tendencias que no pueden ya ser llamadas sexuales. Este resultado se hallaba de perfecto acuerdo con las esperanzas contenidas en el psicoanálisis y hubiera podido armonizarse muy bien con nuestra concepción de que el sueño y la neurosis nos muestran la solución regresiva de esta sublimación como, en general, de todas las sublimaciones. Pero entonces el mundo entero hubiera clamado con indignación que se trataba de sexualizar la religión y la ética. No puedo menos de pensar que los descubridores no se sintieron con fuerzas para resistir tal indignación, quizá también latente en ellos. La prehistoria teológica de muchos suizos no es tan poco indiferente para su actitud ante el análisis como la socialista de Adler para el desarrollo de su "psicología individual". Esto nos recuerda la famosa historia del reloj de Mark Twain y la manifestación de asombro con que termina: *And he used to wonder what became of all the unsuccessful tinkers, and gunsmiths, and shoemakers, and blacksmiths; but nobody could ever tell him.*

Entrando ahora en el camino de las comparaciones, supondré la existencia en un grupo social de un aventurero que se jacta de pertenecer a una nobilísima familia residente en un lugar lejano. De repente, se descubre que sus padres viven en un villorrio próximo y son gente muy modesta. El aventurero encuentra aún una salida. No puede negar a sus padres, pero insiste en que son descendientes de una antigua y noble casa, venida a menos, y logra proveerles de un árbol genealógico expedido por un rey de armas complaciente. No de otro modo se han tenido que conducir los suizos. Si la ética y la religión no podían ser sexualizadas, sino que eran originalmente algo "más elevado", pareciendo, por otro lado, indiscutible que sus representaciones tenían su origen en los complejos familiar y de Edipo, no había ya sino una salida, consistente en afirmar que tales complejos no tenían el sentido que aparentaban, sino otro más alto, *anagógico* (según la denominación de Silberer), adaptable a los procesos mentales abstractos de la ética y de la mística religiosa.

No me sorprenderá volver a oír que no he comprendido el contenido ni la intención de las doctrinas de la nueva escuela de Zurich. Pero lo que me interesa es prevenirme por anticipado contra la posibilidad de que me sean achacadas las opiniones insertadas en las publicaciones de esta escuela y totalmente contrarias a mi teoría. Además, sólo teniendo en cuenta el proceso antes indicado me es posible llegar a una comprensión de la teoría de Jung y aprehenderla en conjunto. La intención de suprimir los caracteres repulsivos que puedan presentar los complejos familiares para no volver a encontrarlos en la ética ni en la religión resplandece en todas las modificaciones introducidas por Jung en el psicoanálisis. La libido sexual ha sido sustituida por un concepto abstracto que continúa siendo tan misterioso e inaprehensible para el sabio como para el lego. El complejo de Edipo toma un mero carácter "simbólico", la madre significa en él lo inasequible, aquello a lo que hemos de renunciar en interés de la civilización. El padre, asesinado en el mito de Edipo, es el "padre interior" del que tenemos que libertarnos para llegar a ser independiente. Con el tiempo experimentarán, seguramente, análogos cambios de sentido otros elementos del material de representaciones sexuales. En lugar del conflicto entre tendencias eróticas repulsivas para el *yo* y la afirmación de éste, surge el conflicto entre "labor vital" y la "inercia psíquica", correspondiendo la conciencia de culpabilidad, neurótica, al reproche de no llevar a cabo dicha labor. De este modo queda creado un nuevo sistema ético religioso que, como el de Adler, cambia el sentido de los resultados analíticos, o prescinde de ellos. En realidad, se ha escogido en la sinfonía del suceder universal un par de tonos civilizados y se ha desatendido de nuevo la poderosa melodía primitiva de los instintos.

Para sostener este sistema era necesario prescindir de la observación y de la técnica psicoanalítica. En ocasiones, el entusiasmo hacia creación tan sublime ha llevado incluso a despreciar toda lógica científica, como cuando ya no encuentra Jung el complejo de Edipo suficientemente "específico" para la etiología de las neurosis y reconoce tal condición a la inercia, o sea, a la cualidad más general de los cuerpos animados e inanimados. Ha de observarse aquí que el complejo de Edipo no representa sino un contenido que pone a prueba las energías psíquicas del individuo, no siendo por sí mismo una energía como la "inercia psíquica". La investigación individual había demostrado y demostrará siempre de nuevo que los complejos sexuales subsisten siempre con su pleno sentido primitivo en el sujeto. En consecuencia, se prescindió de ella y se sustituyeron sus resultados por juicios apoyados en la investigación de los pueblos. Asimismo, como donde más peligro había de tropezar con el sentido original y desnudo de los complejos caprichosamente interpretados era en la temprana infancia del individuo, se instituyó para la terapia el precepto de detenerse lo menos posible en tal pretérito, concediendo máxima importancia al retorno al conflicto actual, en el que lo esencial no habrá de ser, desde luego, lo causal y personal, sino lo general, o sea, el incumplimiento de la labor vital. Pero, por otra parte, hemos oído que el conflicto actual del neurótico sólo llega a ser comprensible y soluble cuando se le refiere a la prehistoria del enfermo, siguiendo el camino recorrido por su libido en la génesis de la enfermedad.

Gracias a los datos que la experiencia directa de un paciente me ha proporcionado puedo describir aquí la forma adoptada bajo tales tendencias por la terapia de la nueva escuela de Zurich. "No se atendía para nada al pasado ni a la transferencia. En aquellas ocasiones en que yo creía aprehender algo de esta última, me era presentada como un puro símbolo libidinoso. Las enseñanzas morales eran bellísimas, y yo las seguía fielmente, pero no avanzaba un solo paso. Esto me era, naturalmente, mucho más desagradable que a él, pero, ¿qué le iba a hacer?... En lugar de libertarme analíticamente, cada sesión del tratamiento me aportaba nuevas exigencias durísimas, de cuyo cumplimiento se hacía depender la curación de la neurosis; por ejemplo, concentración interior por medio de la introversión, meditación religiosa, nueva vida común con mi mujer, etc. Tales exigencias acababan por ser superiores a mis fuerzas, tendiendo en definitiva a una transformación radical de mi personalidad interior. Salía uno del análisis como un mísero pecador atormentado por el remordimiento y lleno de los mejores propósitos, pero presa también del más profundo desaliento. Lo que se me prescribía hubiera podido aconsejármelo cualquier sacerdote, pero ¿y la fuerza necesaria para cumplirlo?" El paciente hubo de advertir que había oído hablar de la necesidad previa de un análisis del pasado y de la transferencia, pero se le respondió que ya se había hecho bastante en este sentido. El resultado negativo obtenido me hace pensar que no se había hecho lo suficiente. La otra parte del tratamiento que no merece en absoluto el nombre de psicoanálisis no obtuvo mejor éxito. Asombra pensar que los zuriqueses hayan necesitado rodear por Viena para llegar a la cercana ciudad de Berna, donde Dubois cura las neurosis por medio de un indulgente estimulo ético[37].

La completa divergencia de esta nueva orientación con respecto al psicoanálisis se muestra también en lo referente a la represión, apenas mencionada ya en los trabajos de Jung; en el desconocimiento de la importancia de los sueños, a los que confunde, como Adler, con sus ideas latentes, renunciando así a la psicología onírica; en la incomprensión de lo inconsciente, y, en general, en todos los puntos esenciales de nuestra disciplina. Cuando oímos decir a Jung que el complejo de incesto es tan sólo *simbólico*, careciendo de existencia *real*, y que el salvaje no siente deseo alguno que le impulse hacia su vieja ascendiente, y prefiere una mujer joven y bonita, nos inclinamos a suponer

---

[37] Conozco los reparos que pueden oponerse al aprovechamiento de las manifestaciones de un paciente, y quiero, por lo tanto, hacer constar que mi informador es una persona tan digna de confianza como capaz de juicio. Me he informado sin yo pedírselo y me sirvo de sus manifestaciones sin haberle pedido autorización para ello, porque no creo que una técnica psicoanalítica pueda pretender ampararse de la discreción.

que los términos "simbólico" y "sin existencia real" no significan sino aquello que en psicoanálisis calificamos de "inconscientemente existente", atendiendo a sus manifestaciones y efectos patógenos, y para aclarar la aparente contradicción.

Si tenemos en cuenta que el sueño es algo distinto de las ideas oníricas latentes que elabora, no extrañaremos que los enfermos sueñen con aquello de que se les habla durante el tratamiento, sea la "labor vital" o el "estar arriba o abajo". Es, desde luego, posible orientar en una dirección determinada los sueños de los analizados, como también lo es influir sobre los de cualquier individuo por medio de estímulos aplicados con un fin experimental.

Puede, pues, determinarse una parte del material que surge en los sueños, pero esta circunstancia no cambia nada en el mecanismo ni en la esencia del fenómeno onírico. No creo tampoco que los sueños llamados "biográficos" surjan fuera del análisis. En cambio, si analizamos sueños anteriores al análisis, atendemos a lo que el sujeto añade a los estímulos procedentes de la cura o podemos evitar plantearles tales tareas, adquirimos la convicción de lo ajena que es al sueño la labor de surgir tentativas de solución de la labor vital. El sueño no es sino una forma del pensamiento, cuya comprensión no se puede extraer nunca del contenido de sus ideas. El único camino para llegar a ella es el examen de la elaboración onírica.

No es difícil destruir prácticamente las afirmaciones de Jung en cuanto significan una mala interpretación o una divergencia del psicoanálisis. Todo análisis bien realizado, y muy especialmente los de los sujetos infantiles, refuerzan las convicciones en las que se basa la teoría psicoanalítica, y rechazan las modificaciones de los sistemas de Adler y de Jung. Este último efectuó y publicó en la época anterior a su reparación uno de estos análisis de niños. Veremos si lleva a cabo ahora una nueva interpretación del mismo con ayuda de otra "dirección unitaria de los hechos" (según la expresión de Adler con referencia a esta cuestión).

La teoría de que la representación sexual de ideas "más elevadas" en el sueño y en la neurosis no constituye sino una forma de expresión arcaica, resulta naturalmente inconciliable con el hecho de que tales complejos sexuales demuestren ser en la neurosis los portadores de las magnitudes de libido sustraídas a la vida real. Una mera jerga sexual no podría motivar modificación ninguna de la economía de la libido. El mismo Jung confiesa aún esta circunstancia en su *Exposición de la teoría analítica*, y formula como labor terapéutica la de despojar a estos complejos de su carga de libido. Pero esto no se consigue desatendiéndolos e impulsando al sujeto a una sublimación, sino ocupándose penetrantemente de ellos y haciéndolos conscientes en toda su amplitud. El primer fragmento de la realidad que el enfermo ha de tener en cuenta es precisamente su enfermedad. Los esfuerzos que se hagan por sustraerle a esta labor suponen una incapacidad del médico para ayudarle a vencer las resistencias o un miedo del mismo a los resultados de tal tarea.

Con su "modificación" del psicoanálisis nos ofrece Jung la pareja del famoso cuchillo de Lichtemberg: ha cambiado la hoja y ha puesto un mango nuevo. Mas porque este lleva la misma quiere hacernos creer que se trata del cuchillo primitivo.

Creo haber demostrado, por el contrario, que la nueva teoría que quisiera sustituir al psicoanálisis supone un desgaje de la misma y un abandono total del análisis. Se temerá, quizá, que esta defección puede serle más perjudicial que otras, por tratarse de personas que han desempeñado un papel tan importante en el movimiento y tanto han contribuido a su progreso. Por mi parte, no siento tal temor.

Los hombres son fuertes mientras representan una idea fuerte, impotentes cuando se oponen a ella. El psicoanálisis resistirá esta pérdida y la compensará con la conquista de otros partidarios. Séame permitido terminar con el deseo de que el destino otorgue una cómoda ascensión a todos aquellos a quienes se ha hecho desagradable la permanencia en el infierno del psicoanálisis. Y puedan los demás continuar tranquilamente su labor en lo profundo.

IV

# LA ETIOLOGÍA DE LA HISTERIA
# Y OTROS ENSAYOS

Los trabajos que siguen pertenecen a la serie de ensayos reunida por Freud en la reciente edición alemana de sus *Obras Completas*, bajo el epígrafe común de *Primeras aportaciones a la teoría de las neurosis*, y aparecieron, primitivamente, aislados, en periódicos y revistas médicas en los años de 1892 a 1899, siendo después recogidos con otros varios en el volumen titulado *Colección de aportaciones a la teoría de las neurosis*, 1892-1906 (Franz Deuticke, Leipzig y Viena, 1.ª edición, 1906; 2.ª, 1911; 3.ª, 1920, y 4.ª, 1922).

Por nuestra parte, ciñéndonos a la pauta que nos traza la referida última edición alemana completa, iniciamos en nuestro tomo X, seguimos en el XI y terminamos en éste la publicación de la serie antes mencionada de *Primeras aportaciones a la teoría de las neurosis* (1892-1899).

I

Cuando queremos formarnos una idea de la causación de un estado patológico como la histeria, emprendemos primero una investigación anamnésica, preguntando al enfermo o a sus familiares a qué influencias patógenas atribuyen la emergencia de los síntomas neuróticos. Lo que así averiguamos surge, naturalmente, falseado por todos aquellos factores que suelen encubrir a un enfermo el conocimiento de su estado, o sea, por su falta de comprensión científica de las influencias etiológicas, por falsa conclusión de *post hoc ergo propter hoc*, y por el displacer de recordar determinados traumas y faltas sexuales, o de comunicarlos. Observamos, por tanto, en esta investigación anamnésica la conducta de no aceptar las opiniones del enfermo sin antes someterlas a un penetrante examen crítico, no consintiendo que los pacientes desvíen nuestra opinión científica sobre la etiología de la neurosis. Reconocemos, desde luego, la verdad de ciertos datos que retornan constantemente en las manifestaciones de los enfermos, tales como el de que su estado histérico es una prolongada consecuencia de una emoción pretérita, pero, por otro lado, hemos introducido en la etiología de la histeria un factor que el enfermo no menciona nunca y sólo a disgusto acepta: la disposición hereditaria. La escuela de Charcot, tan influyente en estas cuestiones, ve en la herencia la única causa verdadera de la histeria, y considera como meras causas ocasionales o "agentes provocadores" todos los demás factores dañosos, de tan diversa naturaleza e intensidad.

No se me negará que sería harto deseable la existencia de un segundo medio de llegar a la etiología de la histeria con mayor independencia de los datos del enfermo. Así, el dermatólogo puede reconocer la naturaleza luética de una lesión por sus características visibles y sin que le haga vacilar la oposición del paciente, que niega la existencia de una fuente de infección. Igualmente, el médico forense posee medios de precisar la causación de una herida sin tener que recurrir a la declaración del lesionado. Pues bien, en la histeria existe asimismo una tal posibilidad de llegar al conocimiento de las causas etiológicas, partiendo de los síntomas. Para esclarecer lo que este nuevo método es con respecto a la investigación anamnésica habitual, nos serviremos de una comparación basada en un progreso real alcanzado en un distinto sector científico.

Supongamos que un explorador llega a una comarca poco conocida en la que despiertan su interés unas ruinas, consistentes en restos de muros y fragmentos de columnas y de lápidas con inscripciones borrosas e ilegibles. Puede contentarse con examinar la parte visible, interrogar a los habitantes —quizá semisalvajes— de las cercanías sobre las tradiciones referentes a la historia y la significación de aquellos restos monumentales, tomar nota de sus respuestas... y proseguir su viaje. Pero también puede hacer otra cosa: puede haber traído consigo útiles de trabajo, decidir a los indígenas a auxiliarle en su labor investigadora, atacar con ellos el campo en ruinas, practicar excavaciones y descubrir, partiendo de los restos visibles, la parte sepultada. Si el éxito corona sus esfuerzos, los descubrimientos se explicarán por sí mismos; los restos de muros se demostrarán pertenecientes al recinto de un palacio; por los fragmentos de columnas podrá reconstituirse un templo, y las numerosas inscripciones halladas, bilingües en el caso más afortunado, descubrirán un alfabeto y un idioma, proporcionando su traducción insospechados datos sobre los sucesos pretéritos en conmemoración de los cuales fueron erigidos tales monumentos. *Saxa loquuntur.*

Si queremos que los síntomas de una histeria nos revelen de un modo aproximadamente análogo la génesis de la enfermedad, habremos de tomar como punto de partida el importante descubrimiento de Breuer de que *los síntomas de la histeria* (con excepción de los estigmas) *derivan su determinación de ciertos sucesos de efecto traumático vividos por el enfermo y reproducidos como símbolos mnémicos en la vida anímica del mismo.* Ha de emplearse su método —u otro de naturaleza análoga— para dirigir regresivamente la atención del sujeto desde el síntoma a la escena en la cual y por la cual surgió, y una vez establecida una relación entre ambos elementos se consigue hacer desaparecer el síntoma, llevando a cabo, en la reproducción de la escena traumática, una rectificación póstuma del proceso psíquico en ella desarrollado.

No me propongo exponer aquí la complicada técnica de este método terapéutico ni los esclarecimientos psicológicos que su aplicación nos procura. Había de enlazar al descubrimiento de Breuer mi punto de partida, porque los análisis de este investigador parecen facilitarnos simultáneamente el acceso a las causas de la histeria. Sometiendo a este análisis series enteras de síntomas en numerosos sujetos, llegamos al conocimiento de una serie correlativa de escenas traumáticas en las cuales han entrado en acción las causas de la histeria. Habremos, pues, de esperar que el estudio de las escenas traumáticas nos descubra cuáles son las influencias que generan síntomas histéricos y en qué forma.

Esta esperanza ha de cumplirse necesariamente, puesto que los principios de Breuer se han demostrado exactos en un gran número de casos. Pero el camino que va desde los síntomas de la histeria a su etiología es más largo y menos directo de lo que podíamos figurarnos.

Ha de saberse, en efecto, que la referencia de un síntoma histérico a una escena traumática sólo trae consigo un progreso de nuestra comprensión etiológica cuando tal escena cumple dos condiciones esenciales. Ha de poseer *adecuación determinante y fuerza traumática suficientes*. Un ejemplo nos aclarará mejor que toda explicación estos conceptos. En un caso de vómitos histéricos creemos haber descubierto la causación del síntoma (hasta un determinado resto) cuando el análisis lo refiere a un suceso que hubo de provocar *justificadamente* en el paciente *una intensa repugnancia*; por ejemplo, la vista de un cadáver en descomposición. Si en lugar de esto resulta del análisis que los vómitos proceden de un fuerte sobresalto, experimentado, por ejemplo, en un accidente ferroviario, habremos de preguntarnos, insatisfechos, cómo un sobresalto puede producir precisamente vómitos. Falta aquí toda *adecuación determinante*. Otro caso de explicación insatisfactoria será, por ejemplo, la referencia de los vómitos al hecho de haber mordido el sujeto una fruta podrida. Los vómitos aparecen entonces determinados, desde luego, por la repugnancia, pero no comprendemos que esta haya podido ser tan poderosa como para eternizarse en un síntoma histérico. Falta en este caso la *fuerza traumática*.

Veamos ahora en qué proporción cumplen las escenas traumáticas descubiertas por el análisis de numerosos síntomas y casos histéricos las dos condiciones señaladas. Nos espera aquí un primer desengaño. Sucede, desde luego, algunas veces que la escena traumática en la que por vez primera surgió el síntoma posee, efectivamente, las dos cualidades de que precisamos para la comprensión del mismo: adecuación determinante y fuerza traumática. Pero lo más frecuente es tropezar con alguna de las tres posibilidades restantes, tan desfavorables para la comprensión del síntoma. La escena a la cual nos conduce el análisis, y en la que el síntoma apareció por primera vez, se nos muestra inadecuada para la determinación del síntoma, no ofreciendo su contenido relación alguna con la naturaleza del mismo. O bien el suceso, supuestamente traumático, ofrece dicha relación con el síntoma, pero se nos presenta como una impresión normalmente inofensiva y por lo general incapaz de tal efecto. O, por último, se trata de una "escena traumática" tan inocente como ajena al carácter del síntoma histérico analizado.

(Hacemos observar accesoriamente que la teoría de Breuer sobre la génesis de los síntomas histéricos no queda rebatida por el hallazgo de escenas traumáticas de contenido nimio. Supone Breuer, en efecto, siguiendo aquí a Charcot, que también un suceso insignificante puede constituir un trauma y desplegar fuerza determinante suficiente cuando el sujeto se encuentra en un estado psíquico especial, el llamado *estado hipnoide*. Por mi parte, opino que en muchas ocasiones carecemos de todo punto de apoyo para suponer la existencia de un tal estado. Además, la teoría de los estados hipnoides no nos presta auxilio ninguno para resolver las dificultades que plantea la frecuencia con que las escenas traumáticas carecen de adecuación determinante).

Añádase ahora que a este primer desengaño que nos proporciona la práctica del método de Breuer viene a agregarse en seguida otro, especialmente doloroso para el médico. Cuando el análisis de un síntoma lo refiere a una escena traumática, carente de las condiciones antes señaladas, el efecto terapéutico es nulo. Fácilmente se comprenderá cuán grande se hace entonces para el médico la tentación de renunciar a proseguir una labor tan penosa.

Pero quizá una nueva idea pueda sacarnos de este atolladero y aportarnos valiosos resultados. Hela aquí: Sabemos por Breuer que existe la posibilidad de resolver los síntomas histéricos cuando nos es dado hallar, partiendo de ellos, el camino que conduce al recuerdo de un suceso traumático. Ahora bien: si el recuerdo descubierto no responde a nuestras esperanzas, deberemos, quizá, continuar avanzando por el mismo camino, pues quién sabe si detrás de la primera escena traumática no se esconderá el recuerdo de otra que satisfaga mejor nuestras aspiraciones, y cuya reproducción aporte un mayor efecto terapéutico, no habiendo sido la primeramente hallada sino un anillo de la concatenación asociativa. Y es también posible que esta interpolación de escenas inocuas como transiciones necesarias se repita varias veces en la reproducción, hasta que consigamos llegar, por fin, desde el síntoma histérico a la auténtica escena traumática, satisfactoria ya por todos conceptos y tanto desde el punto de vista terapéutico como desde el analítico. Pues bien; estas hipótesis quedan totalmente confirmadas. Cuando la primera escena descubierta es insatisfactoria, decimos al enfermo que tal suceso no explica nada, pero que detrás de él tiene que esconderse otro anterior más importante, y siguiendo la misma técnica le hacemos concentrar su atención sobre la cadena de asociaciones que enlaza ambos recuerdos: el hallado y el buscado[38]. La continuación del análisis conduce entonces siempre a la reproducción de nuevas escenas, que muestran ya los caracteres esperados. Así, tomando de nuevo como ejemplo el caso antes elegido de vómitos histéricos, que el análisis refirió primero al sobresalto sufrido por el enfermo en un accidente ferroviario, suceso desprovisto de toda adecuación determinante, y continuando la investigación analítica, descubriremos que dicho accidente despertó en el sujeto el recuerdo de otro anterior, del que fue mero espectador, pero en el que la vista de los cadáveres destrozados de las víctimas le inspiró horror y repugnancia. Resulta aquí como si la acción conjunta de ambas escenas hiciera posible el cumplimiento de nuestros postulados, aportando la primera, con el sobresalto, la fuerza traumática, y la

---

[38] Dejamos intencionadamente sin precisar tanto la naturaleza de la asociación de ambos recuerdos (simultaneidad, causalidad, analogía de contenido, etc.) como el carácter psicológico de cada uno (consciente o inconsciente).

segunda, por su contenido, el efecto determinante. El otro caso antes citado, en el que los vómitos fueron referidos por el análisis al hecho de haber mordido el sujeto una manzana podrida, quedará, quizá, completado por la ulterior labor analítica, en el sentido de que la fruta podrida recordó al enfermo una ocasión en la que se hallaba recogiendo las manzanas caídas del árbol y tropezó con una carroña pestilente.

No he de volver ya más sobre estos ejemplos, pues he de confesar que no corresponden a mi experiencia real, sino que han sido inventados por mí y probablemente mal inventados, pues yo mismo tengo por imposibles las soluciones de síntomas histéricos en ellos expuestas. Pero me veo obligado a fingir ejemplos por varias causas, una de las cuales puedo exponerla inmediatamente. Los ejemplos verdaderos son todos muchísimo más complicados, y la exposición detallada de uno solo agotaría todo el espacio disponible. La cadena de asociaciones posee siempre más de dos elementos y las escenas traumáticas no forman series simples, como las perlas de un collar, sino conjuntos ramificados de estructura arbórea, pues en cada nuevo suceso actúan como recuerdos dos o más anteriores. En resumen: comunicar la solución de un único síntoma equivale a exponer un historial clínico completo.

En cambio, queremos hacer resaltar un principio que la labor analítica nos ha descubierto inesperadamente. Hemos comprobado *que ningún síntoma histérico puede surgir de un solo suceso real, pues siempre coadyuva a la causación del síntoma el recuerdo de sucesos anteriores, asociativamente despertado.* Si este principio se confirma, como yo creo, en todo caso y *sin excepción alguna*, tendremos en él la base de una teoría psicológica de la histeria.

Pudiera creerse que aquellos raros casos en los que el análisis refiere en seguida el síntoma a una escena traumática de adecuación determinante y fuerza traumática suficientes, y

con tal referencia lo suprime, como se nos relata en el historial clínico de Anna O., expuesto por Breuer, contradicen la
validez general del principio antes desarrollado. Así parece,
en efecto; mas, por mi parte, tengo poderosas razones para
suponer que también en estos casos actúa una concatenación
de recuerdos que va mucho más allá de la primera escena
traumática, aunque la reproducción de esta última pueda
producir por si sola la supresión del síntoma.

A mi juicio, es algo muy sorprendente que sólo mediante la
colaboración de recuerdos puedan surgir síntomas histéricos,
sobre todo cuando se reflexiona que, según las manifestaciones de los enfermos, en el momento en que el síntoma hizo
su primera aparición no tenían la menor conciencia de tales
recuerdos. Hay aquí materia para muchas reflexiones, pero estos
problemas no han de inducirnos por ahora a desviar nuestro
punto de mira, orientado hacia la etiología de la histeria. Lo que
habremos de preguntarnos será, más bien, adónde llegaremos
siguiendo las concatenaciones de recuerdos asociados que el
análisis nos descubre, hasta dónde alcanzan tales concatenaciones, y si tienen en algún punto su fin natural, y habrán,
quizá, de conducirnos a sucesos de cierta uniformidad bien
por su contenido, bien por su fecha en la vida del sujeto, de
suerte que podamos ver en estos factores siempre uniformes,
la buscada etiología de la histeria.

Mi experiencia clínica me permite contestar ya a estas
interrogantes. Cuando partimos de un caso que ofrece varios
síntomas, llegamos por medio del análisis, desde cada uno de
ellos, a una serie de sucesos, cuyos recuerdos se hallan asociativamente enlazados. Las diversas concatenaciones asociativas
siguen, al principio, cursos retrógrados independientes, pero,
como ya antes indicamos, presentan múltiples ramificaciones.
Partiendo de una escena, alcanzamos simultáneamente dos o
tres recuerdos, de los cuales surgen, a su vez, concatenaciones

laterales, cuyos distintos elementos pueden también hallarse enlazados asociativamente con elementos de la cadena principal. Fórmase, de este modo, un esquema comparable al árbol genealógico de una familia cuyos miembros hubiesen contraído también enlaces entre sí. Otras distintas complicaciones de la concatenación resultan de que una sola escena puede ser despertada varias veces en la misma cadena, presentando así múltiples relaciones con otra escena posterior y mostrando con ella un enlace directo y otro por elementos intermedios. En resumen: la conexión no es, en modo alguno, simple, y el descubrimiento de las escenas en una sucesión cronológica inversa (circunstancia que justifica nuestra comparación con la excavación de un campo de ruinas) no coadyuva ciertamente a la rápida comprensión del proceso.

La continuación del análisis nos aporta nuevas complicaciones. Las cadenas asociativas de los distintos síntomas comienzan a enlazarse entre sí. En un determinado suceso de la cadena de recuerdos correspondientes, por ejemplo, a los vómitos, es despertado, además de los elementos regresivos de esta cadena, un recuerdo perteneciente a otra distinta, que fundamenta otro síntoma diferente, por ejemplo, el dolor de cabeza. Tal suceso pertenece así a ambas series y constituye, por lo tanto, uno de los varios *nudos* existentes en todo análisis. Esta circunstancia tiene su correlación clínica en el hecho de que a partir de cierto momento surgen juntos los dos síntomas, en simbiosis, pero sin dependencia interior entre sí. Todavía más hacia atrás hallamos *nudos de naturaleza diferente*. Convergen en ellos las distintas cadenas asociativas y hallamos escenas de las cuales han partido dos o más síntomas. A uno de los detalles de la escena se ha enlazado la primera cadena, a otro la segunda, y así sucesivamente.

El resultado principal de esta consecuente prosecución del análisis consiste en descubrirnos que, en todo caso, y cualquiera que sea el síntoma que tomemos como punto de partida, *llega-*

*mos indefectiblemente al terreno de la vida sexual.* Quedaría así descubierta una de las condiciones etiológicas de los síntomas histéricos. La experiencia hasta hoy adquirida me hace prever que precisamente esta afirmación, o por lo menos su validez general, ha de despertar vivas contradicciones. O, mejor dicho, la tendencia a la contradicción, pues nadie puede aún apoyar su oposición en investigaciones llevadas a cabo por igual procedimiento y que hayan proporcionado resultados distintos. Por mi parte, sólo he de observar que la acentuación del factor sexual en la etiología de la histeria no corresponde, desde luego, en mí a una opinión preconcebida. Los dos investigadores que me iniciaron en el estudio de la histeria —Charcot y Breuer— se hallaban muy lejos de una tal hipótesis e incluso sentían hacia ella cierta repulsión personal, de la que yo participé en un principio. Sólo laboriosas investigaciones, llevadas a cabo con la más extremada minuciosidad, han podido convertirme —y muy lentamente, por cierto— a la opinión que hoy sustento. Mi afirmación de que la etiología de la histeria ha de buscarse en la vida sexual se basa en la comprobación de tal hecho en dieciocho casos de histeria y con respecto a cada uno de los síntomas; comprobación fortificada, allí donde las circunstancias lo han permitido, por el éxito terapéutico alcanzado. Se me puede objetar, desde luego, que los análisis diecinueve y veinte demostraran, quizá, la existencia de fuentes distintas para los síntomas histéricos, limitando a un ochenta por ciento la amplitud de la etiología sexual. Ya lo veremos. Mas, por lo pronto, como los dieciocho casos citados son también todos los que hasta ahora he podido someter al análisis, y como nadie hubo de molestarse en elegirlos para favorecerme, no extrañaré que no comparta aquella esperanza y esté, en cambio, dispuesto a ir más allá de la fuerza probatoria de mi actual experiencia. A ello me mueve, además, otro motivo de carácter meramente subjetivo hasta ahora. Al tratar de sintetizar mis observaciones en una tentativa de explicación de los mecanismos fisiológico y psicológico de la histeria se me ha impuesto la intervención de fuerzas sexuales instintivas como una hipótesis indispensable.

Así, pues, una vez alcanzada la convergencia de las cadenas mnémicas, llegamos al terreno sexual y a algunos pocos sucesos acaecidos, casi siempre, en un mismo período de la vida; esto es, en la pubertad. De estos sucesos hemos de extraer la etiología de la histeria y la comprensión de la génesis de los síntomas histéricos. Mas aquí nos espera un nuevo y más grave desengaño. Tales sucesos traumáticos aparentemente últimos, con tanto trabajo descubiertos y extraídos de la totalidad del material mnémico, son, desde luego, de carácter sexual y acaecieron en la pubertad del sujeto, pero fuera de estos caracteres comunes presentan *gran disparidad* y *valores muy diferentes*. En algunos casos se trata, efectivamente, de sucesos que hemos de reconocer como intensos traumas: una tentativa de violación, que revela, de un golpe a una muchacha aún inmadura toda la brutalidad del placer sexual; la sorpresa involuntaria de actos sexuales realizados por los padres, que descubre al sujeto algo insospechado y hiere sus sentimientos filiales y morales, etcétera. Otras veces se trata, en cambio, de sucesos singularmente nimios. Una de mis pacientes mostraba como base de su neurosis el hecho de que un muchachito, amigo suyo, le había acariciado una vez, tiernamente, la mano, y había apretado, otra, una de sus piernas contra las suyas hallándose sentado junto a ella, mientras se revelaba en su expresión que estaba haciendo algo prohibido. En otra joven señora la audición de una pregunta de doble sentido, que dejaba sospechar una contestación obscena, había bastado para provocar un primer ataque de angustia e iniciar con él la enfermedad. Tales resultados no son ciertamente favorables a una comprensión de la causación de los síntomas histéricos. Si lo que descubrimos como últimos traumas de la histeria son tanto sucesos graves como insignificantes y tanto sensaciones de contacto como impresiones visuales o auditivas, nos inclinaremos, quizá, a suponer que los histéricos son —por disposición hereditaria o por degeneración— seres especiales en los que el horror a la sexualidad, que en la pubertad desempeña normalmente cierto papel, aparece intensificado hasta lo patológico y subsiste duraderamente; o sea, en cierto modo, personas que no pueden satisfacer psíquicamente las exigencias de la sexualidad. Pero esta interpretación deja inexplicable la histeria masculina, y aunque no pudiésemos oponerle una objeción tan grave, no habría de ser muy grande la tentación de satisfacernos con ella, pues da una franca impresión de incomprensividad, obscuridad e insuficiencia.

Por fortuna para nuestro esclarecimiento, algunos de los sucesos sexuales de la pubertad muestran una nueva insuficiencia que nos impulsa a seguir la labor analítica. Resulta, en efecto, que también tales sucesos carecen de adecuación determinante, aunque con mucha menos frecuencia que las escenas traumáticas de épocas posteriores. Así, las dos pacientes citadas antes como casos de sucesos de pubertad realmente nimios, comenzaron a padecer, consiguientemente a tales sucesos, singulares sensaciones dolorosas en los genitales, que se constituyeron en síntoma principal de la neurosis, y cuya determinación no pudo derivarse de las escenas de la pubertad ni de otras posteriores, pero que no admitían ser incluidas entre las sensaciones orgánicas normales ni entre los signos de excitación sexual. Habíamos, pues, de decidirnos a buscar la determinación de estos síntomas en otras escenas anteriores, siguiendo de nuevo aquella idea salvadora que antes nos había conducido desde las primeras escenas traumáticas a las concatenaciones asociativas existentes detrás de ellas.

Ahora bien: obrando así, se llegaba a la primera infancia, esto es, a una edad anterior al desarrollo de la vida sexual, circunstancia a la cual parecía enlazarse una renuncia a la etiología sexual. Pero ¿no hay acaso derecho a suponer que tampoco la infancia carece de leves excitaciones sexuales y que quizá el ulterior desarrollo sexual es influido de un modo decisivo por sucesos infantiles? Aquellos daños que recaen sobre un órgano aún imperfecto y una función en vías de desarrollo suelen causar efectos más graves y duraderos que los sobrevenidos en edad más madura. Y quizá aquellas reacciones anormales a impresiones de orden sexual con las que nos sorprenden los histéricos en su pubertad tengan, en general, como base tales sucesos sexuales de la infancia, que habrían de ser, entonces, de naturaleza uniforme e importante. Llegaríamos así a la posibilidad de explicar como tempranamente adquirido aquello que hasta ahora achacamos a una predisposición, inexplicable, sin embargo, por la herencia. Y dado que los sucesos infantiles de contenido sexual sólo por medio de sus *huellas mnémicas* pueden manifestar una acción psíquica, tendríamos aquí un complemento de aquel resultado del análisis, según el cual sólo mediante la cooperación de los recuerdos pueden surgir síntomas histéricos.

## II

No es difícil adivinar que si he expuesto tan detalladamente el proceso mental que antecede es por ser el que después de tantas dilaciones ha de llevarnos, por fin, a la meta. Llegamos, en efecto, al término de nuestra penosa labor analítica y hallamos ya cumplidas todas las aspiraciones y esperanzas mantenidas en nuestro largo camino. Al penetrar con el análisis hasta la más temprana infancia, esto es, hasta el límite de la capacidad mnémica del hombre, damos ocasión al enfermo, en todos los casos, para la reproducción de sucesos que por sus peculiaridades y por sus relaciones con los síntomas patológicos ulteriores han de ser considerados como la buscada etiología de la neurosis. Estos sucesos *infantiles* son, nuevamente, de contenido *sexual*, pero de naturaleza mucho más uniforme que las escenas de la pubertad últimamente halladas. No se trata ya en ellos de la evocación del tema sexual por una impresión sensorial cualquiera, sino de experiencias sexuales en el propio cuerpo, de un comercio *sexual* —en un amplio sentido—. Se me confesará que la *importancia* de tales escenas no precisa de más amplia fundamentación. Nos limitaremos a añadir que sus detalles nos revelan siempre aquellos factores determinantes que en las otras, posteriormente acaecidas y reproducidas con anterioridad, habíamos echado aún de menos.

Sentamos, pues, la afirmación de que en el fondo de todo caso de histeria se ocultan —pudiendo ser reproducidos por el análisis, no obstante el tiempo transcurrido, que supone, a veces, decenios enteros— *uno o varios sucesos de precoz experiencia sexual*, pertenecientes a la más temprana infancia[39]. Tengo este resultado por un importante hallazgo: por el descubrimiento de una *caput Nili* de la Neuropatología, pero al emprender su discusión vacilo entre iniciarla con la exposición del material de hechos reunido en mis análisis, o con el examen de la multitud de objeciones y de dudas que su mera enunciación ha de haber hecho rugir. Escogeré eso último, con lo cual podremos, quizá, examinar luego más tranquilamente los hechos.

*a)* Aquellos que se muestran hostiles a una concepción psicológica de la histeria y no quisieran renunciar a la esperanza de ver referidos un día los síntomas de esta enfermedad a "sutiles modificaciones anatómicas", habiendo rechazado la hipótesis de que las bases materiales de las modificaciones histéricas han de ser de igual naturaleza que las de nuestros procesos anímicos normales; estos, repetimos, no podrán abrigar, naturalmente, confianza alguna en los resultados de nuestros análisis. La diferencia fundamental entre sus premisas y las nuestras nos desliga, en cambio, de la obligación de convencerles en una cuestión aislada.

Pero también otros, menos enemigos de las teorías psicológicas de la histeria, se inclinarán a preguntar, ante nuestros resultados analíticos, qué seguridades ofrece el empleo del psicoanálisis y si no es muy posible que tales escenas, expuestas por el paciente como recuerdos, no sean sino sugestiones del médico o puras invenciones y fantasías del enfermo. A esta objeción habré de replicar que los reparos de orden general, opuestos a la seguridad del método psicoanalítico, podrán ser examinados y desvanecidos una vez que realicemos una exposición completa de su técnica y de sus resultados. En cambio, los relativos a la autenticidad de las escenas sexuales infantiles pueden ya ser rebatidos hoy con más de un argumento. En

---

[39] Añadido en 1924.

primer lugar, la conducta de los enfermos, mientras reproducen estos sucesos infantiles, resulta inconciliable con la suposición de que dichas escenas no sean una realidad penosamente sentida y sólo muy a disgusto recordada. Antes del empleo del análisis no saben los pacientes nada de tales escenas y suelen rebelarse cuando se les anuncia su emergencia. Sólo la intensa coerción del tratamiento llega a moverlos a su reproducción, mientras atraen a su conciencia tales sucesos infantiles sufren bajo las más violentas sensaciones, avergonzándose de ellas y tratando de ocultarlas, y aún después de haberlos vivido de nuevo, de modo tan convincente, intentan negarles crédito, haciendo constar que en su reproducción no han experimentado, como en la de otros elementos olvidados, la sensación de recordar[40].

Este último detalle me parece decisivo, pues no es aceptable que los enfermos aseguren tan resueltamente su incredulidad si por un motivo cualquiera hubiesen inventado ellos mismos aquello a lo que así quieren despojar de todo valor.

La sospecha de que el médico impone al enfermo tales reminiscencias, sugiriéndole su representación y su relato, es más difícil de rebatir, pero me parece igualmente insostenible. No he conseguido jamás imponer a un enfermo una escena por mí esperada, de manera que pareciese revivirla con todas sus sensaciones correspondientes. Quizá a otros les sea posible.

Existe, en cambio, toda una serie de garantías de la realidad en las escenas sexuales infantiles. En primer lugar, su uniformidad en ciertos detalles, consecuencia necesaria de las premisas uniformemente repetidas de estos sucesos, si no hemos de atribuirla a un previo acuerdo secreto entre los distintos enfermos, y, además, el hecho de describir a veces los pacientes, como cosa

---

[40] *Adición en 1924*: Todo esto es exacto, pero me hace pensar que en la época en que fue escrito no me había libertado aun de una estimación exagerada de la realidad e insuficiente de la fantasía.

inocente, sucesos cuya significación se ve que no comprenden, pues si no, quedarían espantados, o tocar, sin concederles valor, detalles que sólo un hombre experimentado conoce y sabe estimar como sutiles rasgos característicos de la realidad.

Tales circunstancias robustecen, desde luego, la impresión de que los enfermos han tenido que vivir realmente aquellas escenas infantiles que reproducen bajo la coerción del análisis. Pero la prueba más poderosa de la realidad de dichos sucesos nos es ofrecida por su relación con el contenido total del historial del enfermo. Del mismo modo que en los rompecabezas de los niños se obtiene, después de algunas probaturas, la absoluta seguridad de qué trozo corresponde a determinado hueco, pues sólo él completa la imagen y puede, simultáneamente, adaptar sus entrantes y salientes a los de los trozos ya colocados, cubriendo por completo el espacio libre; de este mismo modo demuestran las escenas infantiles ser, por su contenido, complementos forzosos del conjunto asociativo y lógico de la neurosis, cuya génesis nos resulta comprensible —y a veces, añadiríamos, natural— una vez adaptados estos complementos.

Aunque sin intención de situar este hecho en primer término, he de añadir que en toda una serie de casos resulta posible también una demostración terapéutica de la autenticidad de las escenas infantiles. Hay casos en los que se obtiene una curación total o parcial, sin tener que descender a los sucesos infantiles, y otros, en los que no se consigue resultado alguno terapéutico hasta alcanzar el análisis su fin natural con el descubrimiento de los traumas más tempranos. A mi juicio, los primeros ofrecen el peligro de una recaída. Espero, en cambio, que un análisis completo signifique la curación radical de una histeria. Pero no nos adelantemos a las enseñanzas de la experiencia.

Constituiría también una prueba inatacable de la autenticidad de los sucesos infantiles sexuales en que los datos suministrados en el análisis por una persona fueran confirmados por otra, sometida también al tratamiento o ajena a él. Tales dos personas habrían tomado parte, por ejemplo, en el mismo suceso infantil, habiendo mantenido, quizá, de niños relaciones sexuales. Semejantes relaciones infantiles no son, como en seguida veremos, nada raras, y es también bastante frecuente que ambos protagonistas enfermen luego de neurosis; pero, no obstante, considero como una casualidad, singularmente afortunada, el que de los dieciocho casos me haya sido posible encontrar en dos una tal confirmación objetiva. En uno de ellos fue el hermano mismo de la paciente, exento de todo trastorno neurótico, quien, sin yo pedírselo, me refirió escenas sexuales desarrolladas entre él y su hermana, no pertenecientes, desde luego, a su más temprana infancia, pero sí a una época posterior de su niñez, y robusteció mi sospecha de que tales relaciones podían haberse iniciado en períodos anteriores.

Otra vez resultó que dos de las enfermas sometidas a tratamiento habían tenido en su infancia relaciones sexuales con una misma tercera persona masculina, habiéndose desarrollado algunas escenas *à trois*. En ambas pacientes había surgido luego un mismo síntoma, que se derivaba de aquellos sucesos infantiles y testimoniaba de la indicada comunidad.

*b)* Las experiencias sexuales infantiles, consistentes en la estimulación de los genitales, actos análogos al coito, etc., han de ser, pues, consideradas en un último análisis, como aquellos traumas de los cuales parten la reacción histérica contra los sucesos de la pubertad y el desarrollo de síntomas histéricos. Contra esta afirmación se alzarán, seguramente, desde distintos sectores, dos objeciones contrarias entre sí. Dirán unos que tales abusos sexuales, realizados por adultos con niños o por niños entre sí, son muy raros para poder cubrir con ellos la condicionalidad de una neurosis tan frecuente como la histeria. Observarán, en cambio, otros, que estos sucesos son, por el contrario, muy frecuentes, demasiado frecuentes para poder adscribirles una significación etiológica. Objetarán, además, que no resultaría difícil hallar multitud de personas que recuerdan haber sido objeto en su niñez de abusos sexuales y no han enfermado jamás de histeria. Por último, se nos opondrá, como más poderoso argumento, el de que en las capas sociales inferiores no surge, ciertamente, la histeria, con mayor frecuencia que en las superiores, mientras que todo hace suponer que el precepto de la intangibilidad sexual de la infancia es transgredido con mucha mayor frecuencia entre los proletarios.

Comenzaremos nuestra defensa por su parte más fácil. Me parece indudable que nuestros hijos se hallan más expuestos a ataques sexuales de lo que la escasa previsión de los padres hace suponer. Al tratar de documentarme sobre este tema se me indicó, por aquellos colegas a los que acudí en busca de datos, la existencia de varias publicaciones de pediatría en las que se denunciaban la frecuencia con que las nodrizas y niñeras hacían objeto de prácticas sexuales a los niños a ellas confiados, y recientemente ha llegado a mi poder un estudio del doctor Stekel, de Viena, en el que se trata del "coito infantil" (*Wiener Medizinische Blaetter*, 18 de abril de 1896). No he tenido tiempo de reunir otros testimonios literarios, pero, aunque su número fuese hasta aquí muy limitado, sería de esperar que una mayor atención a este tema confirmase muy pronto la gran frecuencia de experiencias y actividades sexuales infantiles.

Por último, los resultados de mis análisis pueden también hablar ya por sí mismos. En cada uno de los dieciocho casos por mí tratados (histeria pura e histeria combinada con representaciones obsesivas, seis hombres y doce mujeres) he llegado, sin excepción alguna, al descubrimiento de tales sucesos sexuales infantiles. Según el origen del estímulo sexual, pueden dividirse estos casos en tres grupos. En el primer grupo se trata de atentados cometidos una sola vez o veces aisladas en sujetos infantiles, femeninos en su mayor parte, por individuos adultos ajenos a ellos, que obraron disimuladamente y sin violencia, pero sin que pudiera hablarse de un consentimiento por parte del infantil sujeto, y siendo para este un intenso sobresalto la primera y principal consecuencia del suceso. El segundo grupo aparece formado por aquellos casos, mucho más numerosos, en los que una persona adulta dedicada al cuidado del niño —niñera, institutriz, preceptor o pariente cercano— hubo de iniciarle en el comercio sexual y mantuvo con él, a veces durante años enteros, verdaderas relaciones amorosas, desarrolladas también en dirección anímica. Por último, reunimos en el tercer grupo las relaciones infantiles propiamente dichas, o sea, las relaciones sexuales entre dos niños de sexo distinto, por lo general, hermanos, continuadas muchas veces más allá de la pubertad y origen de las más graves y persistentes consecuencias para la pareja amorosa. En la mayor parte de mis casos se descubrió la acción combinada de dos o más de estas etiologías, resultando en algunos verdaderamente asombrosa la acumulación de sucesos sexuales de distintos órdenes. Esta singularidad resulta fácilmente comprensible si se tiene en cuenta que todos los casos por mi analizados constituían neurosis muy graves, que amenazaban incapacitar totalmente al sujeto.

Cuando se trata de relaciones sexuales entre dos niños, conseguimos alcanzar algunas veces la prueba de que el niño —que desempeña también aquí el papel agresivo— había sido antes seducido por una persona adulta de sexo femenino e intentaba repetir luego, con su pareja infantil, bajo la presión de su libido prematuramente despertada y a consecuencia de la obsesión mnémica, aquellas mismas prácticas que le habían sido enseñadas, sin introducir, por su parte, modificación alguna personal en las mismas.

Me inclino, por lo tanto, a creer que sin una previa seducción no es posible para el niño emprender el camino de la agresión sexual. De este modo, las bases de las neurosis serían constituidas siempre por personas adultas durante la infancia del sujeto, transmitiéndose luego los niños entre sí la disposición a enfermar más tarde de histeria. Si tenemos en cuenta que las relaciones sexuales infantiles, favorecidas por la vida en común, son especialmente frecuentes entre hermanos o primos, y suponemos que doce o quince años más tarde surgen entre los jóvenes miembros de la familia varios casos de enfermedad, habremos de reconocer que esta emergencia familiar de la neurosis resulta muy apropiada para inducirnos a error, haciéndonos ver una disposición hereditaria donde no existe más que una *seudoherencia* y, en realidad, una infección transmitida en la infancia.

Examinemos ahora la otra objeción, basada precisamente en el reconocimiento de la frecuencia de los sucesos sexuales infantiles y en la existencia de muchas personas que recuerdan tales escenas y no han enfermado de histeria. A esta objeción habremos de replicar, en primer lugar, que la extraordinaria frecuencia de un factor etiológico no puede ser empleada como argumento contra su importancia etiológica. El bacilo de la tuberculosis flota en todas partes y es aspirado por muchos más hombres de los que luego enferman, sin que su importancia etiológica quede disminuida por el hecho de precisar de la cooperación de otros factores para provocar su efecto específico. Para concederle la categoría de etiología específica basta con que la tuberculosis no sea posible sin su colaboración. Lo mismo sucede en nuestro problema. Nada importa la existencia de muchos hombres que han vivido en su infancia escenas sexuales y no han enfermado luego de histeria; sí, en cambio, todos aquellos que padecen esta enfermedad han vivido tales escenas. El círculo de difusión de un factor etiológico puede muy bien ser más extenso que el de su efecto; lo que no puede es ser más restringido. No todos los que entran en contacto con un enfermo de viruela o se aproximan a él contraen su enfermedad, y, sin embargo, la única etiología conocida de la viruela es el contagio.

Si la actividad sexual infantil fuese un suceso casi general, no podría concederse valor alguno a su descubrimiento en todos los casos examinados. Pero, en primer lugar, semejante afirmación habría de ser muy exagerada, y, en segundo, la aspiración etiológica de las escenas infantiles no se basa tan sólo en la regularidad de su aparición en la anamnesis de los histéricos, sino principalmente en el descubrimiento de enlaces asociativos y lógicos entre ellas y los síntomas histéricos, enlaces que la exposición de un historial clínico completo evidencia con meridiana claridad.

¿Cuáles pueden ser, entonces, los factores que la "etiología específica" de la histeria necesita para producir realmente la neurosis? Es este un tema que deberá ser tratado aparte y por sí solo. De momento me limitaré a señalar el punto de contacto en el que engranan los dos elementos de la cuestión; la etiología específica y la auxiliar. Habrá de tenerse en cuenta un cierto número de factores, la constitución hereditaria y personal, la importancia interna de los sucesos sexuales infantiles y, sobre todo, su acumulación. Unas breves relaciones sexuales con un niño cualquiera, luego indiferente, serán mucho menos eficaces que las sostenidas durante varios años con un hermano. En la etiología de las neurosis, las condiciones cuantitativas alcanzan igual importancia que las cualitativas, constituyendo valores liminares que han de ser traspasados para que la enfermedad llegue a hacerse manifiesta. De todos modos, no tengo por completa la anterior serie etiológica ni creo resuelto con ella el problema de cómo no es más frecuente la histeria entre las clases inferiores. (Recuérdese, además, la extraordinaria difusión de la histeria masculina en la clase obrera, afirmada por Charcot). Pero debo también advertir que yo mismo señalé hace pocos años un factor, hasta entonces poco atendido, al que atribuyo el papel principal en la provocación de la histeria después de la pubertad. Expuse en tal ocasión que la explosión de la histeria puede ser atribuida casi siempre a un *conflicto psíquico*, en el que una representación intolerable provoca la *defensa* del *yo* e induce a la represión. Por entonces, no pude indicar en qué circunstancias logra esta tendencia defensiva del *yo* el efecto patológico de rechazar a lo inconsciente el recuerdo penoso para el *yo* y crear en su lugar un síntoma histérico. Hoy puedo completar mis afirmaciones añadiendo que *la defensa consigue su intención de expulsar de la conciencia la representación intolerable cuando la persona de que se trate, sana hasta entonces, integra, en calidad de recuerdos inconscientes, escenas sexuales infantiles, y cuando la representación que ha de ser expulsada puede ser enlazada, lógica o asociativamente, a un tal suceso infantil.*

Teniendo en cuenta que la tendencia defensiva del *yo* depende del desarrollo moral e intelectual de la persona, comprendemos ya perfectamente que en las clases populares sea la histeria mucho menos frecuente de lo que habría de permitir su etiología específica.

Volvamos ahora a aquel último grupo de objeciones, cuya réplica nos ha llevado tan lejos. Hemos oído y reconocido que existen muchas personas que recuerdan claramente sucesos sexuales infantiles y, sin embargo, no han enfermado de histeria. Este argumento es de por sí muy poco consistente, pero nos da pretexto para una importante observación. Las personas de este orden no pueden, según nuestra comprensión de la neurosis, enfermar de histeria, o, por lo menos, enfermar a consecuencia de las escenas conscientemente recordadas. En nuestros enfermos, dichos recuerdos no son nunca consistentes, y los curamos precisamente de su histeria haciendo conscientes sus recuerdos inconscientes de las escenas infantiles. En el hecho mismo de haber vivido tales sucesos no podíamos ni precisábamos modificar nada. Vemos, pues, que no se trata tan sólo de la existencia de los sucesos sexuales infantiles, sino también de una determinada condición psicológica. Tales escenas han de existir en calidad de *recuerdos inconscientes*, y sólo, en cuanto y mientras lo son, pueden crear y mantener síntomas histéricos. De qué depende el que estos sucesos dejan tras de sí recuerdos conscientes o inconscientes, si de su contenido, de la época de su acaecimiento o de influencias posteriores, son interrogantes que plantean un nuevo problema, en el cual nos guardaremos muy bien de entrar por ahora. Haremos constar únicamente que el análisis nos ha aportado, como primer resultado, el principio de que *los síntomas histéricos son derivados de recuerdos inconscientemente activos.*

*c)* Para mantener nuestras afirmaciones de que los sucesos sexuales infantiles constituyen la condición fundamental, o, por decirlo así, la disposición de la histeria, si bien no crean inmediatamente los síntomas histéricos, sino que permanecen en un principio inactivos, y sólo actúan de un modo patógeno ulteriormente al ser despertados como recuerdos inconscientes en la época posterior a la pubertad; para mantener estas afirmaciones, repetimos, hemos de contrastarlas con las numerosas observaciones que señalan ya la aparición de la histeria en la infancia anterior a la pubertad. Las dificultades que aquí pudieran surgir quedan resueltas al examinar con algún detenimiento los datos conseguidos en el análisis sobre las circunstancias temporales de los sucesos sexuales infantiles. Vemos, entonces, que la eclosión de síntomas histéricos comienza, no por excepción, sino regularmente, en los graves casos por nosotros analizados, hacia los ocho años, y que los sucesos sexuales que no muestran un efecto inmediato se extienden cada vez más atrás, hasta los cuatro, los tres e incluso los dos años de la vida del sujeto. Dado que la cadena formada por los sucesos patógenos no aparece interrumpida en ninguno de los casos examinados, al cumplir ocho años el sujeto, hemos de suponer que esta edad, en la que tiene efecto la segunda dentición, forma para la histeria un límite, a partir del cual se hace imposible su causación. Aquellos que no han vivido anteriormente sucesos sexuales no pueden ya adquirir disposición alguna a la histeria. En cambio, quienes los han vivido, pueden ya comenzar a desarrollar síntomas histéricos. La aparición aislada de la histeria anterior a este límite de edad (anterior a los ocho años) habría de interpretarse como un signo de madurez precoz. La existencia de dicho límite se halla probablemente enlazada a los procesos evolutivos del sistema sexual. El adelantamiento del desarrollo sexual somático es un fenómeno frecuente y puede incluso pensarse en su impulsión por prematuros estímulos sexuales.

Observamos, así, la necesidad de cierto infantilismo, tanto de las funciones psíquicas como del sistema sexual, para que una experiencia sexual acaecida en este período desarrolle luego, como recuerdo, un efecto patógeno. Sin embargo, no me atrevo a sentar afirmaciones más precisas sobre la naturaleza de este infantilismo psíquico ni sobre su limitación cronológica.

*d)* Pudiera también preguntársenos cómo es posible que el recuerdo de los sucesos sexuales infantiles desarrolle tan magnos efectos patógenos, cuando el hecho mismo de vivirlos no provocó trastorno alguno. Realmente no estamos habituados a observar que de una imagen mnémica emanen fuerzas de las que careció la impresión real. Se advertirá, además, con cuanta consecuencia se mantiene en la histeria el principio de que sólo los recuerdos pueden producir síntomas. Todas las escenas posteriores, en las cuales nacen los síntomas, no son verdaderamente eficaces, y los sucesos a los que corresponde eficacia auténtica no producen en un principio efecto alguno. Pero nos hallamos aquí ante una cuestión que podemos muy bien desglosar de nuestro tema. Sentimos ciertamente la necesidad de llevar a cabo una síntesis de toda la serie de singulares condiciones a cuyo conocimiento hemos llegado: para la producción de un síntoma histérico es necesario que exista una tendencia defensiva contra una representación penosa; esta representación ha de hallarse enlazada, lógica y asociativamente, con un recuerdo inconsciente, por conducto de elementos intermedios más o menos numerosos, que por el momento, permanecen también inconscientes; el contenido de dicho recuerdo inconsciente ha de ser necesariamente sexual y consistir en un suceso acaecido en determinado período infantil; y no podemos menos de preguntarnos cómo es posible que este recuerdo de un suceso inocuo en su día tenga, *a posteriori*, el efecto anormal de llevar a un resultado patológico un proceso psíquico como el de la defensa, permaneciendo por sí mismo inconsciente en todo ello.

No obstante, habremos de decirnos que se trata de un problema puramente psicológico, cuya solución hace necesarias ciertas hipótesis sobre los procesos psíquicos normales y sobre el papel que en ellos desempeña la conciencia, pero que de momento puede quedar no resuelto, sin que ello disminuya el valor de nuestros descubrimientos sobre la etiología de los fenómenos histéricos.

III

El problema antes planteado se refiere al *mecanismo* de la producción de síntomas histéricos. Pero nos vemos obligados a exponer la causación de estos síntomas sin atender a aquel mecanismo, circunstancia que ha de disminuir la claridad de nuestra exposición. Volvamos al papel desempeñado por las escenas sexuales infantiles. Temo haber hecho formar un concepto exagerado de su fuerza productora de síntomas. Haré, pues, resaltar de nuevo que todo caso de histeria presenta síntomas cuya determinación no procede de sucesos infantiles, sino de otros ulteriores y, a veces, recientes, si bien otra parte de los síntomas depende, desde luego, de sucesos de las épocas más tempranas. A ella pertenecen, principalmente, las tan numerosas y diversas sensaciones y parestesias genitales y de otras partes del cuerpo, síndromes que corresponden simplemente al contenido sensorial de las escenas infantiles, alucinatoriamente reproducido y, muchas veces, dolorosamente intensificado.

Otra serie de fenómenos histéricos mucho más corrientes, deseo doloroso de orinar, dolor al defecar, trastornos de la actividad intestinal, espasmos laríngeos y vómitos, perturbaciones digestivas y repugnancia a los alimentos, demostró ser también en el análisis, y con sorprendente regularidad, derivación de los mismos sucesos infantiles, quedando fácilmente explicada por peculiaridades constantes de los mismos. Las escenas sexuales infantiles son difícilmente imaginables para un hombre de sensibilidad sexual normal, pues contienen todas aquellas transgresiones conocidas por los libertinos o los impotentes, alcanzando en ellas un impropio empleo sexual la cavidad bucal y la terminación del intestino. El asombro que este descubrimiento produce queda pronto reemplazado en el médico por una comprensión total. De personas que no reparan en satisfacer en sujetos infantiles sus necesidades sexuales no puede esperarse que se detengan ante ciertas formas de tal satisfacción; pero, además, la impotencia sexual de la infancia impone irremisiblemente aquellos actos subrogados a los que el adulto se rebaja en los casos de impotencia adquirida. Todas las extrañas condiciones en que la desigual pareja prosigue sus relaciones amorosas; el adulto que no puede sustraerse a la mutua dependencia concomitante a toda relación sexual, pero que al mismo tiempo se halla investido de máxima autoridad y del derecho de castigo, y cambia constantemente de papel para conseguir la satisfacción de sus caprichos; el niño indefenso y abandonado a tal arbitrio, precozmente despertada su sensibilidad y expuesto a todos los desengaños, interrumpido con frecuencia en el ejercicio de las funciones sexuales que le son encomendadas por su incompleto dominio de las necesidades naturales, todas estas incongruencias tan grotescas como trágicas quedan impresas en el desarrollo ulterior del individuo y en su neurosis, provocando un infinito número de afectos duraderos, que merecería la pena examinar minuciosamente. En aquellos casos en los cuales la reacción erótica se ha desarrollado entre dos sujetos infantiles, el carácter de las escenas sexuales continúa siendo repulsivo, puesto que toda relación infantil de este orden supone la previa iniciación de uno de los protagonistas por un adulto. Las consecuencias psíquicas de tales relaciones infantiles son extraordinariamente hondas. Los dos protagonistas quedan unidos para toda su vida por un lazo invisible.

En ocasiones son detalles accesorios de estas escenas sexuales infantiles los que en años posteriores alcanzan un poder determinante con respecto a los síntomas de la neurosis. Así, en uno de los casos por mí examinados, la circunstancia de haberse enseñado al niño a excitar con sus pies los genitales de una persona adulta bastó para fijar a través de años enteros la atención neurótica del sujeto en sus extremidades inferiores y su función, provocando finalmente una paraplejía. En otro caso, se trataba de una enferma cuyos ataques de angustia, que solían presentarse a determinadas horas del día, sólo se calmaban con la presencia de una de sus hermanas, careciendo de tal eficacia el auxilio de las demás. La razón de esta preferencia hubiera permanecido en el misterio si el análisis no hubiese descubierto que la persona que en su infancia le había hecho objeto de atentados sexuales preguntaba siempre si se hallaba en casa dicha hermana, por la que temía, sin duda, ser sorprendida.

La fuerza determinante de las escenas infantiles se oculta a veces tanto, que un análisis superficial no logra descubrirla. Creemos entonces haber hallado la explicación de cierto síntoma en el contenido de alguna de las escenas posteriores, pero al tropezar luego, en el curso de nuestra labor, con una escena infantil de idéntico contenido, reconocemos que la escena ulterior debe exclusivamente su capacidad de determinar síntomas a su coincidencia con la anterior. No queremos, por lo tanto, negar toda importancia a las escenas posteriores. Si se me planteara la labor de exponer aquí las reglas de la producción de síntomas histéricos, habría de reconocer como una de ellas la de ser elegida para síntoma aquella representación que es hecha resaltar por la acción conjunta de varios factores y despertada simultáneamente desde diversos lados, regla que en otro lugar he tratado de expresar con el aserto de que los *síntomas histéricos se hallan superdeterminados*.

Hemos dejado antes aparte, como tema especial, la relación entre la etiología reciente y la infantil. Pero no queremos abandonar la cuestión sin transgredir, por lo menos, con una observación nuestro anterior propósito. Ha de reconocerse la existencia de un hecho que desorienta nuestra comprensión psicológica de los fenómenos histéricos y parece advertirnos que nos guardemos de aplicar una misma medida a los actos psíquicos de los histéricos y de los normales. Nos referimos a la desproporción comprobada en el histérico entre el estímulo psíquicamente excitante y la reacción psíquica, desproporción que tratamos de explicar con la hipótesis de una excitabilidad general anormal o, en un sentido fisiológico, suponiendo que los órganos cerebrales dedicados a la transmisión presentan en el enfermo un especial estado químico o se han sustraído a la influencia coercitiva de otros centros superiores. No quiero negar que ambas teorías pueden proporcionarnos en algunos casos una explicación exacta de los fenómenos histéricos. Pero la parte principal del fenómeno, la reacción histérica anormal y exagerada a los estímulos psíquicos, permite una distinta explicación, en cuyo apoyo pueden aducirse infinitos ejemplos extraídos del análisis. Esta explicación es como sigue: *la reacción de los histéricos sólo aparentemente es exagerada; tiene que parecérnoslo porque no conocemos sino una pequeña parte de los motivos a que obedece.*

En realidad, esta reacción es proporcional al estímulo excitante, y, por lo tanto, normal y psicológicamente comprensible. Así lo descubrimos en cuando el análisis agrega a los motivos manifiestos, conscientes en el enfermo, aquellos otros motivos que han actuado sin que el enfermo los conociese ni pudiera, por lo tanto, comunicarlos.

Podría llenar página tras página con la demostración del importante principio antes enunciado en todos y cada uno de los elementos de la actividad psíquica total de los histéricos, pero habré de limitarme a exponer algunos ejemplos. Recuérdese la frecuente *susceptibilidad* psíquica de los histéricos, que, ante la menor desatención, reaccionan como si de una mortal ofensa se tratase. ¿Qué pensaríamos si observásemos una tan elevada susceptibilidad ante motivos insignificantes entre dos personas normales; por ejemplo, en un matrimonio? Deduciríamos que la escena conyugal presenciada no era únicamente el resultado del último motivo insignificante, y que en el ánimo de los protagonistas habían ido acumulándose poco a poco materias detonantes que el último pretexto había hecho explotar en su totalidad.

En la histeria sucede lo mismo. No es la última insignificante molestia la que produce el llanto convulsivo, el ataque de desesperación y el intento de suicidio, contradiciendo el principio de la proporcionalidad entre el efecto y la causa. Lo que pasa es que dicha mínima mortificación actual ha despertado los recuerdos de múltiples e intensas ofensas anteriores, detrás de las cuales se esconde aún el recuerdo de una grave ofensa jamás cicatrizada, recibida en la infancia. Igualmente cuando una joven se dirige los más espantosos reproches por haber permitido que un muchacho acariciase secretamente su mano y contrae a partir de aquel momento una neurosis, puede pensarse en un principio que se trata de una persona anormal, excéntrica e hipersensitiva, pero no tardaremos en cambiar de idea al mostrarnos el análisis que aquel contacto recordó a la sujeto otro análogo experimentado en su niñez y enlazado con circunstancias menos inocentes, de manera que sus reproches se refieren, en realidad, a aquella antigua historia. Por último, el enigma de los puntos histerógenos encuentra también aquí su explicación. Al tocar uno de tales puntos, realizamos algo que no nos proponíamos. Despertamos un recuerdo que puede provocar un ataque de convulsiones, y cuando se ignora la existencia de tal elemento psíquico intermedio se ve en el ataque un efecto directo del contacto. Los enfermos comparten tal ignorancia y caen, por lo tanto, en errores análogos, estableciendo constantemente *falsos enlaces* entre el último motivo consciente y el efecto dependiente de tantos elementos intermedios. Pero cuando se ha hecho posible al médico reunir para la explicación de una reacción histérica los motivos conscientes y los inconscientes, se ve obligado a reconocer que la reacción del enfermo, aparentemente exagerada, es casi siempre proporcionada y sólo anormal en su forma.

Contra esta justificación de la reacción histérica a estímulos psíquicos se objetará con razón que de todos modos no se trata de una reacción normal, pues los hombres sanos se conducen de muy distinto modo, sin que actúen en ellos todas las excitaciones pasadas cada vez que se presenta un nuevo estímulo. Se experimenta así la impresión de que en los histéricos conservan su eficacia todos los sucesos pretéritos a los que ya han reaccionado con tanta frecuencia y tan violentamente, pareciendo estos enfermos incapaces de llevar a cabo una descarga de los estímulos psíquicos. Hay en esto algo de verdad. Pero no debe olvidarse que los antiguos sucesos vividos por los enfermos actúan al ser estimulados por un motivo actual como *recuerdos inconscientes*. Parece, así, como si la dificultad de descarga y la imposibilidad de transformar una impresión actual en un recuerdo inofensivo dependieran precisamente de los caracteres peculiares de lo psíquico inconsciente. Como se ve, el resto del problema es, nuevamente, psicología, y psicología de un orden muy distinto al estudiado hasta ahora por los filósofos.

A esta psicología, que hemos de crear para nuestras necesidades —a la futura *psicología de las neurosis*—, he de remitirme también al exponer como final algo en lo que se verá, quizá, al principio, un obstáculo a nuestra iniciada comprensión de la etiología de la histeria. He de afirmar, en efecto, que la importancia etiológica de los sucesos sexuales infantiles no aparece limitada al terreno de la histeria, extendiéndose también a la singular neurosis obsesiva e incluso, quizá, a la paranoia crónica y a otras psicosis funcionales. No puedo hablar aquí con la precisión deseable, porque el número de mis análisis de neurosis obsesivas es aún muy inferior al de histerias. Con respecto a la paranoia, sólo dispongo de un único análisis suficiente y algunos otros fragmentarios. Pero lo que en estos casos he hallado me ofrece garantías de exactitud y me promete resultados positivos en futuros análisis. Se recordará, quizá, que en ocasiones anteriores he sostenido ya la síntesis de la histeria y la neurosis obsesiva bajo el título de "neurosis de defensa", aunque no había llegado aún al descubrimiento de su común etiología infantil. Añadiré ahora que mis casos de representaciones obsesivas me han revelado un fondo de síntomas histéricos, en su mayoría sensaciones y dolores, que podían ser referidos precisamente a los más antiguos sucesos infantiles. ¿Qué es lo que determina que de las escenas sexuales infantiles haya de surgir luego, al sobrevenir los demás factores patógenos, bien la histeria, bien la neurosis obsesiva o incluso la paranoia? Esta extensión de nuestros conocimientos parece disminuir el valor etiológico de dichas escenas, despojando de su especialidad a la relación etiológica.

No me es posible dar todavía una respuesta precisa a esta interrogante, pues no cuento aún con datos suficientes. He observado hasta ahora que las representaciones obsesivas se revelan siempre en el análisis como *reproches* disfrazados y deformados, correspondientes a agresiones sexuales infantiles, siendo, por lo tanto, más frecuentes en los hombres que en las mujeres, y desarrollándose en aquellos con mayor frecuencia que la histeria. De este hecho puede deducirse que el carácter activo o pasivo del papel desempeñado por el sujeto en las escenas sexuales infantiles ejerce una influencia determinante sobre la elección de la neurosis ulterior. De todos modos, no quisiera disminuir con esto la influencia correspondiente a la edad en que el sujeto vive dichas escenas infantiles y a otros distintos factores. Sobre este punto habrán de decidir nuestros futuros análisis. Pero una vez descubiertos los factores que rigen la elección entre las diversas formas posibles de las neuropsicosis de defensa, se nos planteará de nuevo un problema, puramente psicológico: el relativo al mecanismo que estructura la forma elegida.

Llego aquí al final de mi trabajo. Preparado a la contradicción, quisiera dar aún a mis afirmaciones un nuevo apoyo antes de abandonarlas a su camino. Cualquiera que sea el valor que se conceda a mis resultados, he de rogar no se vea en ellos el fruto de una cómoda especulación. Reposan en una laboriosa investigación individual de cada enfermo que, en la mayoría de los casos, ha exigido cien o más horas de penosa labor. Más importante aún que la aceptación de mis resultados es para mí la del método del que me he servido, totalmente nuevo, difícil de desarrollar y, sin embargo, insustituible para nuestros fines científicos y terapéuticos. No es posible contradecir los resultados de esta modificación mía del método de Breuer, dejando a un lado este método y sirviéndose tan sólo de los hasta aquí habituales. Ello equivaldría a querer rebatir los descubrimientos de la técnica histológica por medio de los datos logrados en la investigación macroscópica. Al abrirnos este nuevo método de investigación el acceso a un nuevo elemento del suceder psíquico, a los procesos mentales inconscientes o, según la expresión de Breuer, *incapaces de conciencia*, nos ofrece la esperanza de una nueva y mejor compresión de todas las perturbaciones psíquicas funcionales. No puedo creer que la psiquiatría dilate por más tiempo el servirse de él.

Minuciosas investigaciones realizadas estos últimos años me han llevado al convencimiento de que las causas más inmediatas y prácticamente importantes de todo caso de enfermedad neurótica han de ser buscadas en factores de la vida sexual. Esta teoría no es totalmente nueva. Desde siempre, y por todos los autores, se ha concedido a los factores sexuales cierta importancia en la etiología de las neurosis, y algunas corrientes inferiores de la Medicina han reunido también siempre la curación de los "trastornos sexuales" y de la "debilidad nerviosa" en una sola promesa. No será, pues, difícil discutir a esta teoría la originalidad, si alguna vez se renuncia a negar su exactitud.

En algunos breves trabajos publicados durante estos últimos años en las revistas *Neurologisches Zentralblatt, Revue Neurologique* y *Wiener Klinischer Rundschau,* he tratado de indicar el material y los puntos de vista que ofrecen un apoyo científico a la teoría de la *etiología sexual de las neurosis.* Lo que no he llevado aún a cabo es una exposición detallada de tal teoría, porque al tratar de explicar el conjunto de datos efectivamente comprobados se nos plantean de continuo nuevos problemas, cuya solución exige una labor preparatoria aún no realizada. No me parece, en cambio, prematura una tentativa de orientar hacia los resultados de mis investigaciones el interés del médico práctico, para convencerle, a un mismo tiempo, de la exactitud de mis afirmaciones y de las ventajas que su conocimiento puede aportarle en el ejercicio de su actividad.

Sé muy bien que se intentará apartar al médico de este camino empleando argumentos moralistas. Para adquirir la convicción de que las neurosis de sus enfermos tienen realmente una relación con la vida sexual de los mismos, habrá de interrogarlos insistentemente sobre su vida sexual hasta lograr un completo y sincero esclarecimiento, y en esta investigación se ve un peligro, tanto para el individuo como para la sociedad. El médico —se dice— no tiene derecho a penetrar en los secretos sexuales de sus pacientes, lastimando su pudor, sobre todo cuando se trata de personas de sexo femenino. Su torpe intervención no puede sino destruir la felicidad familiar, ofender la inocencia de los pacientes jóvenes y suplantar la autoridad de sus padres; dar, en fin, a su propia relación con los enfermos adultos un carácter embarazoso y forzado. Constituye, pues, para él un deber de carácter ético permanecer ajeno a toda cuestión sexual.

Todo esto no es sino la expresión de una mojigatería indigna del médico, mal encubierta con deleznables argumentos. Si realmente se reconoce a los factores de la vida sexual la categoría de causas patógenas, su estudio y discusión constituirán para el médico un deber ineludible. Al obrar así, no se hace reo de un mayor atentado contra el pudor que al reconocer, por ejemplo, los órganos genitales de una paciente para curar una afección local. De mujeres ya maduras, residentes en lugares alejados de la capital, se oye contar aún, alguna vez, que han preferido irse agotando en repetidas hemorragias genitales, a consentir un reconocimiento médico. La influencia educativa ejercida por los médicos ha logrado, en el curso de una generación, que entre las mujeres de hoy sean ya muy raros tales casos de resistencia, y si aún surge alguno, es considerado como una ridícula gazmoñería. ¿Vivimos acaso en Turquía —preguntaría el marido—, donde las mujeres enfermas sólo pueden mostrar al médico el brazo pasándolo a través de un agujero de la pared?

No es exacto que el examen y la revelación de las circunstancias sexuales den al médico un peligroso poder sobre la paciente. La misma objeción hubiera podido oponerse a las narcosis, que despoja al enfermo de su conciencia y de su voluntad y le entrega en manos del médico sin que sepa cuándo las recobrará, ni si las recobrará siquiera. Y, sin embargo, se ha hecho indispensable por los servicios insustituibles que presta a la terapia, habiendo agregado el médico a sus ya graves deberes, la responsabilidad de su empleo.

El médico puede siempre causar daños cuando carece de habilidad o de conciencia, pero lo mismo en cualquiera de sus intervenciones profesionales, que en la investigación de la vida sexual. Naturalmente, aquellos que después de un severo examen de su personalidad no se concedan el tacto, la severidad y la discreción necesarias para el examen de los neuróticos, y sepan que los descubrimientos de orden sexual han de despertar en ellos un voluptuoso cosquilleo en lugar de un riguroso interés científico, harán muy bien en permanecer alejados del tema de la etiología de las neurosis. Por nuestra parte, sólo les pedimos, además, que no se dediquen al tratamiento de enfermos nerviosos.

Tampoco es exacto que los enfermos opongan obstáculos insuperables a una investigación de la vida sexual. Los adultos suelen poner término en seguida a sus vacilaciones, reflexionando que el médico puede saberlo todo. Para muchas mujeres, forzadas a ocultar en la vida de relación sus impulsos sexuales, constituye un alivio advertir que el médico antepone a todo su curación, estándoles permitido adoptar por fin, alguna vez, una franca actitud, puramente humana, ante las cosas sexuales. En la conciencia vulgar parece haber existido siempre un obscuro conocimiento de la importancia de los factores sexuales para la génesis de la nerviosidad. En mi consulta he presenciado numerosas escenas del tenor siguiente: Se nos presenta un matrimonio. Uno de los cónyuges padece de neurosis. Al cabo de muchos rodeos y de reflexiones, tales como la de que si el médico quiere alcanzar algún éxito en estos casos, ha de prescindir de ciertas convenciones, etc., les comunicamos nuestra sospecha de que el motivo de la enfermedad reposa en ciertas prácticas sexuales, antinaturales y dañosas, adoptadas por ellos después del último parto de la mujer. Ante estas palabras, uno de los cónyuges se dirige al otro, y le dice: ¿Lo ves? Ya te dije que eso me haría enfermar. Y el interpelado responde: También yo lo pensaba, pero ¿qué íbamos a hacer?

En otras distintas circunstancias, por ejemplo, cuando se trata de muchachas jóvenes, a las que se educa generalmente en un encubrimiento sistemático de su vida sexual, ha de contentarse el médico con una menor sinceridad. Cuidará entonces de no afrontar la cuestión sexual sin una minuciosa preparación, de manera que no haya de demandar de la enferma esclarecimiento alguno previo, sino tan sólo la confirmación de sus hipótesis. Aquellos que consientan ceñirse a mis indicaciones sobre la forma de traducir al lenguaje etiológico la morfología de la neurosis, no precisarán acudir, en gran medida, a las confesiones de los pacientes. Con la descripción de sus síntomas patológicos —desarrollada siempre de buen grado— les revelarán los enfermos, por lo general, los factores sexuales que detrás de tales síntomas se esconden.

Sería muy ventajoso que los enfermos se dieran mejor cuenta de la seguridad con la que el médico puede ya interpretar los trastornos nerviosos que los aquejan y deducir su etiología sexual. Ello los llevaría a prescindir de toda ocultación desde el momento en que se decidieron a pedir el auxilio de la ciencia. A todos interesa que también en las cuestiones sexuales se llegue a observar entre los hombres, como un deber, una mayor sinceridad. Con ello ganaría mucho la moral sexual. Actualmente, todos, enfermos y sanos, nos hacemos reos de hipocresía en este orden de cosas. La general sinceridad habría de traer consigo una mayor tolerancia, a todos conveniente.

Algunos de los problemas debatidos por los neurólogos no han logrado atraer aún el interés de los médicos. Así, la estricta diferenciación de la histeria y la neurastenia, la distinción de una histero-neurastenia, la adscripción de las representaciones obsesivas a la neurastenia o su reconocimiento como una neurosis especial, etc., etc. En realidad, tales diferenciaciones pueden serles indiferentes en tanto no enlacen a ellas un conocimiento más profundo de la enfermedad y una norma terapéutica y se limiten a aconsejar al paciente, en todos los casos, una cura hidroterápica, o a decirle que su dolencia es puramente imaginaria. No así, en cambio, si aceptan nuestros puntos de vista sobre las relaciones causales de la sexualidad con la neurosis. Despierta entonces un nuevo interés hacia la sintomatología de los diversos casos neuróticos y adquiere gran importancia práctica saber disociar con exactitud los componentes del complicado cuadro patológico y dar a cada uno su nombre exacto. Resulta, en efecto, fácil traducir en etiología la morfología de las neurosis, y de este conocimiento etiológico se derivan, por sí mismas, nuevas indicaciones terapéuticas.

El examen minucioso de los síntomas nos permite siempre establecer un importante diagnóstico diferencial, mostrándonos si el caso de que se trate presenta los caracteres de la neurastenia o los de una psiconeurosis (histeria, representaciones obsesivas). (Surgen también, con extraordinaria frecuencia, casos mixtos, en los cuales los signos de la neurastenia aparecen unidos a los de una psiconeurosis, pero de ellos trataremos más adelante). El examen del enfermo sólo en las neurastenias nos descubre ya los factores etiológicos sexuales, que en estos casos son conocidos por el paciente y pertenecen a la actualidad, o, mejor dicho, al período que se extiende a partir de la época de su madurez sexual (aunque, de todos modos, no pueda aplicarse a todos los casos esta limitación). En las psiconeurosis tal examen nos proporciona escaso rendimiento. Sólo nos facilita, eventualmente, el conocimiento de factores a los que hemos de reconocer la categoría de motivos patógenos ocasionales y que pueden tener o no una relación con la vida sexual del sujeto. En el primer caso, resultan iguales a los factores etiológicos de la neurastenia, no presentando, por lo tanto, un carácter específico en lo que se refiere a la causación de la neurosis. Y, sin embargo, también la etiología de las psico-neurosis reposa siempre, nuevamente, en la sexualidad. Dando un singular rodeo, del que más tarde hablaremos, logramos llegar al conocimiento de esta etiología y a comprender que el enfermo no supiera decirnos nada de ella. Los sucesos y las influencias en el fondo de toda psiconeurosis no pertenecen a la actualidad, sino a una época muy pretérita de la vida del sujeto, a su primera infancia, habiendo sido olvidados luego, aunque sólo en cierto sentido, por el enfermo.

Todos los casos de neurosis poseen, pues, una etiología sexual, pero tal etiología se halla constituida por sucesos actuales en las neurastenias, e infantiles en las psiconeurosis, siendo esta la primera antítesis importante en la etiología de las neurosis. Una segunda antítesis se deriva de la diferencia que presenta el cuadro sintomático de la neurastenia. En esta enfermedad hallamos, por un lado, casos que presentan en primer término ciertos trastornos característicos de la neurastenia —pesadez de cabeza, fatiga, dispepsia, estreñimiento, irritación espinal, etc.—, existiendo, en cambio, otros en los que el cuadro sinto-mático aparece formado por síndromes distintos, relacionados todos con la "angustia" como perturbación central (sobre-salto, inquietud, temores, ataque de angustia rudimentarios y suplementarios, vértigo locomotor, agorafobia, insomnios, hiperestesia, etcétera). Dejando al primero de estos tipos de neurastenia, el nombre de tal, hemos dado al segundo el de "neurosis de angustia", diferenciación que hubimos de justificar ya en un trabajo anterior, en el que intentamos también explicar la general aparición conjunta de ambas neurosis. Para nuestros fines actuales nos bastará hacer resaltar que a la diferencia sintomática de estas dos formas de neurosis corresponde una diferente etiología. La neurastenia es imputable siempre a cierto estado del sistema nervioso, surgido a consecuencia de la masturbación excesiva o de continuadas poluciones espontáneas. En la génesis de la neurosis de angustia hallamos con regularidad influjos sexuales que presentan como carácter común la continencia o la satisfacción incompleta; así, el coito interrumpido, la abstinencia en individuos de libido muy intensa, las llamadas excitaciones frustradas, etc. En el breve ensayo, en el que intentamos introducir en la morfología de las neurosis la neurosis de angustia, formulamos ya el principio de que la angustia es, en general, libido desviada de sus fines.

En los casos mixtos, en los cuales surgen conjuntamente síntomas de neurastenia y de neurosis de angustia, nos atenemos al principio, empíricamente descubierto, de que una mezcla de neurosis corresponde a una acción conjunta de varios factores etiológicos. Este principio resulta siempre confirmado en la práctica, y sería interesante examinar con cuánta frecuencia quedan enlazados orgánicamente entre sí estos factores etiológicos por la conexión de los procesos sexuales, por ejemplo, el coito interrumpido o la potencia insuficiente del hombre, con la masturbación.

Una vez seguramente diagnosticado un caso de neurosis neurasténica y exactamente agrupados sus síntomas, podemos ya traducir la sintomática en etiología, y pedir luego al enfermo la confirmación de nuestras hipótesis. Sin dejarnos desorientar por su negativa inicial, insistiremos en nuestras deducciones, y nuestra firme convicción acabará con vencer toda resistencia. En esta labor reunimos materia suficiente para componer un tratado altamente instructivo sobre la vida sexual del hombre, y se nos impone cada vez más la necesidad de libertar a la ciencia sexual de la interdicción que sobre ella pesa. Teniendo en cuenta que las pequeñas desviaciones de la normalidad sexual son demasiado frecuentes para conceder un valor a su descubrimiento, sólo aceptaremos del enfermo neurótico, como explicación de su dolencia, una grave y duradera anormalidad de su vida sexual, sin que esta insistencia nuestra en la rebusca de una etiología sexual pueda nunca decidir a un enfermo psíquicamente normal a atribuirse, como alguna vez se ha sospechado, pecados sexuales imaginarios.

Siguiendo con nuestro paciente este procedimiento, adquirimos, además, la convicción de que la teoría de la etiología sexual de la neurastenia carece de excepciones. Esta convicción ha llegado a ser en mí tan absoluta, que el resultado negativo del examen toma a mis ojos un valor diagnóstico, haciéndome suponer que tales casos no pueden ser de neurastenia. De este modo he llegado a diagnosticar varias veces una parálisis progresiva en lugar de una neurastenia por no haberme sido posible comprobar que el enfermo se entregase a una masturbación excesiva, premisa necesaria de mi teoría, y el curso ulterior de estos casos me ha dado siempre la razón. En otro enfermo, que sin presentar claras modificaciones orgánicas, se quejaba de dolores de cabeza y dispepsia, y oponía a mis sospechas sexuales una firme y constante negativa, de cuya sinceridad no podía dudarse, se me ocurrió diagnosticar una supuración latente en una de las cavidades nasales, y un rinólogo confirmó totalmente este diagnóstico, deducido del examen sexual negativo, curando totalmente al enfermo por medio de una operación, en la que hubo de provocar la salida de una gran cantidad de pus fétido contenido en la cavidad de Highmor.

La existencia de "casos negativos" puede quedar también fingida por otras circunstancias. Hallamos, en efecto, casos en los que el examen revela una vida sexual normal, tratándose, no obstante, de enfermos cuya neurosis presenta, a primera vista, todos los caracteres de una neurastenia o una neurosis de angustia. Pero una más penetrante investigación acaba siempre por descubrirnos la verdad. Detrás de tales casos, en los que al principio creímos ver una neurastenia, se esconde una psiconeurosis, una histeria o una neurosis obsesiva. Especialmente la histeria, que tantas afecciones orgánicas imita, puede fácilmente fingir una de las formas de las neurosis actuales, elevando sus síndromes a la categoría de síntomas histéricos. Tales histerias de forma neurasténica no son nada raras. Sin embargo, no debe creerse que el arbitrio de acogerse a las psiconeurosis en los casos de neurastenias con examen sexual negativo se halla exento de toda dificultad. Para establecer el nuevo diagnóstico hemos de recurrir al único método que puede llevarnos sin error al descubrimiento de una histeria, esto es, al psicoanálisis, del que más adelante hablaremos.

Aunque aquellos que se hallen dispuestos a tener en cuenta en sus enfermos neurasténicos la etiología sexual se inclinarán, quizá, a juzgarnos unilaterales al ver que no invitamos al médico a atender también a los demás factores citados por los tratadistas como causas de la neurastenia. Así, pues, hemos de hacer constar que está muy lejos de nuestro ánimo sustituir totalmente dichos factores por la etiología sexual y negarles de este modo toda influencia. Nos limitamos a afirmar que a todos los factores etiológicos reconocidos por los tratadistas en la génesis de la neurastenia deben agregarse los sexuales, desatendidos hasta hoy. Ahora bien, estos factores sexuales ocupan, a nuestro juicio, en la serie etiológica, una situación preeminente, por ser los únicos que se presentan en todo caso de neurastenia, sin excepción alguna, y los únicos capaces de producir la neurosis por sí solos, quedando así rebajados los demás factores a la categoría de una etiología auxiliar y suplementaria. Sólo estos factores sexuales permiten al médico descubrir relaciones indudables entre su diversidad y la variedad de los cuadros patológicos. En cambio, aquellos casos en los que el sujeto ha enfermado de neurastenia, supuestamente a consecuencia del exceso de trabajo, de emociones intensas, de una infección tífica, etc., no muestran en sus síntomas nada común, ni me permiten deducir de la etiología el probable cuadro sintomático o, inversamente, de los síndromes, la causa etiológica.

Las causas sexuales son también las que antes ofrecen al médico un punto de apoyo para su acción terapéutica. La herencia es indudablemente un factor importante cuando realmente existe, pues permite la emergencia de graves defectos patológicos en casos que sin ella hubieran sido leves. Pero la herencia resulta inaccesible al influjo del médico. Cada individuo trae consigo al mundo determinadas predisposiciones, contra las que nada podemos. Sin embargo, tampoco debemos olvidar que precisamente en la etiología de las neurastenias ha de negarse a la herencia el primer puesto. La neurastenia (en sus dos formas) pertenece a aquellas afecciones que todo individuo exento de taras hereditarias puede adquirir sin dificultad. Si así no fuera, sería increíble su extraordinario incremento actual, tan lamentado por todos los tratadistas. Por lo que respecta a la civilización, a la cual se suele atribuir la causación de la neurastenia, quizá tengan también razón los autores (aunque en distinto sentido del que afirman), pero el estado de nuestra civilización es igualmente inmodificable por la acción individual, siendo, además, un factor cuya influencia general sobre los miembros de una misma sociedad no explica nunca la elección de la forma patológica. El médico no neurasténico se halla bajo la misma influencia, supuestamente nefasta, de la civilización que el enfermo neurasténico al que ha de tratar. La importancia de las influencias agotadoras queda subsistente con la restricción antes indicada. En cambio, se abusa extraordinariamente del *surmenage* como factor etiológico de la neurosis. Es exacto que el individuo predispuesto a la neurastenia por sus dañosas prácticas sexuales soporta mal el trabajo intelectual y los esfuerzos psíquicos de la vida, pero el trabajo y la excitación por sí solos no conducen a nadie a la neurosis. Por el contrario, el trabajo intelectual es una excelente protección contra las enfermedades neuróticas. Precisamente los trabajadores intelectuales más resistentes son respetados por la neurastenia, y el *surmenage*, a que los neurasténicos achacan su enfermedad, no merece casi nunca, ni por su cantidad ni por su calidad, el nombre de "trabajo intelectual". Los médicos habrán de acostumbrarse a explicar al empleado que dice haberse matado a trabajar en su oficina, o a la mujer a quien se hace excesivamente pesado el gobierno de su casa, que no han enfermado por haber intentado realizar sus deberes, fáciles en realidad para un cerebro civilizado, sino por haber descuidado y estropeado groseramente mientras tanto su vida sexual.

Sólo la etiología sexual nos facilita además la compresión de todos los detalles de los historiales clínicos de los neurasténicos, descubriéndonos las causas de sus enigmáticas mejorías en pleno curso de la enfermedad y de sus agravaciones, no menos incomprensibles, relacionadas habitualmente por los enfermos y los médicos con la terapia emprendida. En mi colección, que abarca más de doscientos casos, encuentro el de un individuo que, después de una cura en el establecimiento de Woerishofen, pasó un año entero extraordinariamente mejorado. Al cabo de este tiempo recayó y acudió de nuevo al citado balneario, con la esperanza de nueva mejoría, sin obtener esta vez alivio alguno. Una ojeada a la crónica familiar de este enfermo nos resolvió el doble enigma. Seis meses y medio después de su primer retorno de Woerishofen tuvo su mujer un niño. Resulta, pues, que al separarse de su mujer para emprender la cura se encontraba aquella al principio de un embarazo aún ignorado, y a su retorno pudo el sujeto practicar con ella un comercio sexual normal. Pero cuando después del parto volvió a realizar el coito interrumpido, surgió de nuevo la neurosis, y la nueva cura no dio resultado alguno, toda vez que al volver a su casa hubo de continuar la práctica patógena.

Otro caso análogo, en el que también se hizo posible aclarar un inesperado efecto de la terapia, resultó aún más instructivo por presentar una enigmática transformación de los síntomas de la neurosis. Un joven nervioso había sido enviado por su médico a un establecimiento hidroterápico excelentemente dirigido en busca de alivio de una neurastenia típica. El estado del enfermo comenzó en seguida a mejorar visiblemente, haciendo esperar que nuestro sujeto abandonaría el balneario convertido en partidario entusiasta de la hidroterapia. Pero en la sexta semana sobrevino un cambio. El enfermo "no toleraba ya el agua", se hallaba cada vez más nervioso, y al cabo de dos semanas más, abandonó el establecimiento. Cuando luego acudió a mí, quejándose de tal engaño de la terapia, hice que me enterase de los síntomas que le habían atacado en medio de la cura, comprobando en ellos un cambio singular. Al llegar al balneario sufría pesadez de cabeza, dispepsia y cansancio, y los síntomas que interrumpieron la cura habían sido excitación, ataques de opresión, vértigos al andar e insomnios. Pude entonces decirle lo siguiente: "Es usted injusto con la hidroterapia. Como usted sabe muy bien, su enfermedad se debe a una continuada masturbación. En el balneario ha cesado usted de practicar este género de satisfacción sexual, y ha obtenido con ello una rápida mejoría. Pero cuando ya empezaba a sentirse bien ha cometido usted la imprudencia de entablar, quizá con una señora del mismo balneario, unas relaciones que sólo podían conducir a excitaciones sexuales sin satisfacción ulterior. Tales relaciones, y no una repentina intolerancia de la hidroterapia, le han hecho recaer en su enfermedad. De su actual estado deduzco además que todavía continúa usted viendo, aquí en la capital, a dicha señora". El enfermo confirmó punto por punto mis palabras.

La terapia actual de la neurastenia, tal y como es practicada en los mejores balnearios, tiende a conseguir el alivio de los estados nerviosos, tonificando y tranquilizando al paciente. A mi juicio, sólo puede reprochársele el desatender las condiciones sexuales del caso. Mi experiencia me inclina a desear que los médicos directores de tales establecimientos se den clara cuenta de que sus enfermos no son víctimas de la civilización o de la herencia, sino —*sit venia verbo*— inválidos de la sexualidad. De este modo, se explicarían mejor, tanto sus éxitos como sus fracasos, y tenderán, además, a alcanzar nuevos resultados positivos, encomendados hoy al azar o a la conducta espontánea del enfermo. Cuando se saca de su casa a una mujer aquejada de angustia y neurastenia y se la envía a un balneario, en el cual, libre de todo cuidado, se la somete a un régimen de baños, ejercicios gimnásticos y alimentación adecuada, se tenderá a ver, en la brillante mejoría, conseguida en algunas semanas o meses, un resultado del reposo gozado por la enferma y de la tonificación, obra de la hidroterapia. Puede ser; pero pensando así se olvida que, al alejar a la paciente de su casa se ha producido también una interrupción del comercio conyugal, y que esta exclusión de la causa patógena es la que hace posible conseguir una mejoría, con el auxilio de una terapia adecuada. El olvido de este punto de vista etiológico queda luego vengado por la efímera duración de la mejoría obtenida. Al poco tiempo de reanudar la paciente su vida habitual, vuelven a surgir los síntomas patológicos, obligándola, periódicamente, a pasar una temporada en tales establecimientos, o a orientar hacia otros medios sus esperanzas de curación. Resulta, pues, indudable que en los casos de neurastenia la acción terapéutica debe atacar directamente las circunstancias en que el paciente vive y no aquellas a las que es transferido en el balneario.

En otros casos, nuestra teoría etiológica puede dar al médico de balneario la clave de los fracasos sufridos por la hidroterapia y proporcionarle el medio de evitarlos. La masturbación es en las muchachas púberes y en los hombres maduros mucho más frecuente de lo que se cree, y resulta dañosa, no sólo por dar origen a síntomas neurasténicos, sino por mantener a los enfermos bajo el peso de un secreto vergonzoso. El médico no acostumbrado a traducir en masturbación la neurastenia atribuye el estado patológico a la anemia, a una alimentación insuficiente o al *surmenage*, y encomienda la curación del enfermo a una terapia adecuada a tales causas. Mas para su sorpresa, alternan en el paciente períodos de mejoría con otros de profundo ensombrecimiento e intensificación de todos los síntomas. El resultado de un tal tratamiento es siempre dudoso. Si el médico supiera que el enfermo lucha todo el tiempo con su hábito sexual, cayendo en una lúgubre desesperación cuando se ha visto obligado a ceder a él una vez más, y si poseyera el medio de arrancarle su secreto, disminuir su gravedad a los ojos del paciente y al apoyarle en su lucha contra la costumbre patógena el éxito terapéutico quedaría asegurado.

La deshabituación del onanismo es una de las nuevas labores que el reconocimiento de la etiología sexual plantea al médico y sólo puede llevarse a cabo, como todas las demás curas de este género, en un establecimiento médico y bajo la continua vigilancia del terapeuta. Abandonado a sí mismo, el masturbador recurre a la cómoda satisfacción habitual siempre que experimenta alguna contrariedad. El tratamiento médico no puede proponerse aquí otro fin que conducir de nuevo al neurasténico, tonificando por una adecuada terapia auxiliar, a la actividad sexual normal, pues la necesidad sexual despertada una vez y satisfecha durante un largo período no se deja ya acallar y sí únicamente derivar por otro camino. Esta observación puede aplicarse también a las demás curas de abstinencia, cuyos resultados positivos seguirán siendo aparentes y efímeros mientras el médico se limite a quitar al enfermo el medio narcótico, sin preocuparse de la fuente de la que surge la necesidad imperativa del mismo. El "hábito" no es sino una mera locución sin valor aclaratorio alguno. No todos los individuos que han tenido ocasión de tomar durante algún tiempo morfina, cocaína, etc., contraen la toxicomanía correspondiente. Una minuciosa investigación nos revela generalmente que estos narcóticos se hallan destinados a compensar —directa o indirectamente— la falta de goces sexuales, y en aquellos casos en los que no es ya posible restablecer una vida sexual normal puede esperarse con seguridad una recaída.

La etiología de la neurosis de angustia plantea al médico otra nueva labor, consistente en mover al enfermo a abandonar todas las formas perjudiciales del comercio sexual y a iniciar relaciones sexuales normales. Este deber incumbe naturalmente al médico de cabecera, el cual hará graves perjuicios a sus clientes si se considera demasiado distinguido para ocuparse de tales asuntos.

Tratándose aquí, generalmente, de parejas matrimoniales, los esfuerzos del médico no tardan en tropezar con la tendencia malthusiana a limitar el número de embarazos. Es indudable que en nuestra clase media van adquiriendo estas tendencias cada vez mayor difusión. He encontrado matrimonios que comenzaron a ponerlas en práctica después del nacimiento de su primer hijo, y otros que las observaron ya la noche de bodas. El problema del malthusianismo es muy amplio y harto complicado para que podamos discutirlo aquí con el detenimiento que requería la terapia de las neurosis. Habremos, pues, de limitarnos a indicar cuál es la mejor actitud que pueden adoptar ante él aquellos médicos que reconozcan la etiología sexual de la neurosis.

Lo más equivocado sería, desde luego, no tenerlo en cuenta, cualquiera que fuera la razón alegada. Lo que es necesario no puede estar por abajo de mi dignidad médica, e indudablemente es necesario auxiliar con el consejo médico a un matrimonio que se propone limitar el número de concepciones, si no se quiere exponer a uno de los cónyuges, o a ambos, a la neurosis. Es indiscutible que las prevenciones malthusianas puedan llegar a ser alguna vez en un matrimonio de absoluta necesidad, y teóricamente constituiría uno de los mayores triunfos de la humanidad y una de las más importantes liberaciones de la coerción natural a la que nuestra especie se halla sometida, conseguir elevar el acto de la concepción, que tanta responsabilidad entraña, a la categoría de acto voluntario e intencionado, desligándolo de su amalgama con la precisa satisfacción de una necesidad natural.

El médico prudente tomará, pues, a su cargo decidir en qué circunstancias está justificado el empleo de medios preventivos de la concepción, y habrá de explicar cuáles de estos medios son perjudiciales y cuáles inofensivos. Perjudicial es todo lo que se oponga al logro de la satisfacción sexual. Mas, por ahora, no poseemos medio alguno preventivo de la concepción que satisfaga todas las condiciones justificadamente exigidas, esto es, que, siendo cómodo y seguro, no disminuya la sensación de placer del coito, ni ofenda la sensibilidad de la mujer. Se plantea aquí a los médicos una labor práctica, cuya solución compensaría sus esfuerzos. Aquel que llenase esta laguna de nuestra técnica médica habría logrado conservar a infinitos seres humanos la salud y el goce de la vida, si bien iniciando, al mismo tiempo, una decisiva transformación de nuestras circunstancias sociales.

No terminan aquí las sugestiones emanadas del reconocimiento de la etiología sexual de las neurosis. El resultado principal que se nos hace posible alcanzar en favor de los neurasténicos tiene un carácter profiláctico. Si la masturbación es la causa de la neurastenia en la juventud, y adquiere luego también, por la consiguiente disminución de la potencia, una importancia etiológica con respecto a la neurosis de angustia, su evitación habrá de constituir una labor a la que deberá prestarse mayor atención que hasta hoy. Teniendo en cuenta los perjuicios generales, más o menos visibles, causados por la neurastenia, cada vez más difundida, según los tratadistas, habremos de reconocer un interés social en que *los hombres conserven intacta su potencia al iniciar el comercio sexual.* Pero en las cuestiones profilácticas es casi impotente el esfuerzo individual. La colectividad ha de tomar interés en ellas y dar su aquiescencia a la adopción de medidas generales. Por ahora nos hallamos muy lejos de toda posibilidad de un tal auxilio, y en este sentido sí puede hacerse responsable a nuestra civilización de la difusión de la neurastenia. Antes de lograr el apoyo de la colectividad para esta labor profiláctica tendrán que variar mucho las cosas. Habrá de romperse la resistencia de toda una generación de médicos, que no quieren recordar su propia juventud; habrá de vencerse el orgullo de los padres, que no quieren descender ante sus hijos al nivel de la humanidad, y habrá de combatirse el incomprensivo pudor de las madres, que consideran hoy como una fatalidad inescrutable, pero inmerecida, el que "precisamente sus hijos hayan enfermado de los nervios". Pero, ante todo, ha de hacerse lugar en la opinión pública a la discusión de los problemas de la vida sexual, ha de poderse hablar de ellos sin ser acusado de perturbar la tranquilidad pública o de especular con los más bajos instintos. Todo esto plantea ya trabajo para un siglo entero durante el cual aprendería nuestra civilización a tolerar las aspiraciones de nuestra sexualidad.

El valor de una exacta diferenciación diagnóstica de las psiconeurosis y la neurastenia reposa también en el hecho de que las primeras reclaman una distinta orientación práctica y medidas terapéuticas especiales. Las psiconeurosis surgen en dos diferentes condiciones; bien independientemente, bien acompañando a las neurosis actuales (neurastenia y neurosis de angustia). En este último caso nos hallamos ante un nuevo tipo, muy frecuente, de neurosis mixtas. La etiología de la neurosis se convierte en etiología auxiliar de la psiconeurosis, resultando un cuadro patológico en el que predomina, quizá, la neurosis de angustia, pero que contiene, además, rasgos de neurastenia propiamente dicha, histeria y neurosis obsesiva. Ante una tal mezcla no es conveniente renunciar a una separación de los distintos cuadros patológicos neuróticos, siendo fácil explicarse el caso en la forma siguiente: el desarrollo predominante de la neurosis de angustia demuestra que la enfermedad ha surgido bajo la influencia etiológica de un daño sexual actual. Ahora bien, el sujeto se hallaba, además, predispuesto a una o varias psiconeurosis por una etiología especial, y hubiera enfermado alguna vez de psiconeurosis, bien espontáneamente, bien al sobrevenir algún factor debilitante. Así, pues, la etiología auxiliar que aún faltaba para la emergencia de la psiconeurosis ha sido agregada por la etiología actual de la neurosis de angustia.

Para tales casos se ha impuesto justificadamente como práctica terapéutica la de prescindir de los componentes psiconeuróticos del cuadro patológico y tratar tan sólo la neurosis actual. En muchos de ellos se consigue dominar también la neurosis adjunta, combatiendo adecuadamente la neurastenia. En cambio, aquellos otros casos de psiconeurosis, que surgen espontáneamente o permanecen como restos independientes, después del curso de una enfermedad mixta de neurastenia y psiconeurosis, han de ser enjuiciados de un modo muy distinto. Al hablar de una emergencia "espontánea" de una psiconeurosis, no quiero decir que en la investigación anamnésica correspondiente echemos de menos todo factor etiológico. Así puede, en efecto, suceder, pero puede también señalársenos un factor indiferente, por ejemplo, una emoción, la debilidad consiguiente a una enfermedad orgánica, etc. Pero ha de tenerse en cuenta en todos los casos que la verdadera etiología de las psiconeurosis no reside en estos meros agentes provocadores, siendo inaprensible por el procedimiento anamnésico habitual.

A esta laguna, que se ha intentado cegar con la hipótesis de una disposición neuropática especial, se debe que la terapia de tales estados patológicos no presentara hasta ahora grandes probabilidades de éxito. La disposición neuropática misma era interpretada como un signo de degeneración general, esgrimiéndose así de continuo esta última palabra contra los pobres enfermos, a quienes el médico no sabía ayudar. La disposición neuropática existe, desde luego, pero hemos de negar terminantemente que baste para generar la psiconeurosis. Tampoco es cierto que la coincidencia de la disposición neuropática con causas provocadoras, sobrevenidas en la vida ulterior, constituya una etiología suficiente de las psiconeurosis. He ido demasiado lejos en la atribución de los destinos patológicos del individuo a la vida de sus ascendientes, olvidando en ello que entre la concepción y la madurez del sujeto se extiende un largo e importante período: la niñez, en el cual pueden ser adquiridos los gérmenes de la enfermedad ulterior. Así sucede, efectivamente, en la psiconeurosis. Su verdadera etiología se halla en sucesos acaecidos en la infancia del individuo, y precisa y exclusivamente en impresiones relativas a la vida sexual. Es un error desatender por completo, como se viene haciendo, la vida sexual de los niños, capaces, según mi repetida y constante experiencia, de todas las funciones sexuales psíquicas y de muchas somáticas. Así como los genitales exteriores y las dos glándulas seminales no constituyen todo el aparato sexual del hombre, tampoco su vida sexual comienza sólo con la pubertad, como una observación superficial pudiera fingirnos. Es, en cambio, exacto que la organización y el desarrollo de la especie humana tienden a evitar una amplia actividad sexual durante la infancia. Parece como si las fuerzas instintivas sexuales del hombre hubieran de ir almacenándose para actuar luego, al desencadenarse en la pubertad, al servicio de grandes fines culturales (Wilh, Fliess). Esta circunstancia nos explica, quizá, por qué las experiencias sexuales de la infancia han de tener un efecto patógeno. Pero la acción que tales experiencias desarrollan en la época de su acaecimiento es insignificante, siendo mucho más intensa su *acción ulterior*, que puede iniciarse en épocas más tardías de la vida individual. Esta acción ulterior parte luego de las huellas psíquicas dejadas por los sucesos sexuales infantiles. En el intervalo entre tales impresiones y su reproducción (o más bien, la intensificación de los impulsos libidinosos de ellas emanados), tanto el aparato sexual somático como el aparato psíquico han experimentado un importante desarrollo, y de este modo la acción de aquellas tempranas experiencias sexuales provoca una reacción psíquica anormal, surgiendo productos psicopatológicos.

Podemos ya indicar los factores principales en los que se apoya la teoría de las psiconeurosis: la acción ulterior y el infantilismo del aparato sexual y del instrumento psíquico. Para facilitar una verdadera comprensión del mecanismo de la génesis de las psiconeurosis se haría precisa una más amplia exposición. Ante todo, sería inevitable presentar determinadas hipótesis, que creo totalmente nuevas, sobre la composición y el funcionamiento del aparato psíquico. En un libro que ahora preparo sobre la "interpretación de los sueños" tendré ocasión de plantear tales fundamentos de una psicología de las neurosis. El sueño pertenece, en efecto, a aquella misma serie de productos psicopatológicos en la que incluimos las ideas histéricas fijas, las representaciones obsesivas y las ideas delirantes.

Los fenómenos de la psiconeurosis, emanados de huellas psíquicas inconscientes bajo el influjo de la acción ulterior de las impresiones sexuales infantiles, resultan, a consecuencia de este origen mismo, accesibles a la psicoterapia; si bien por caminos distintos del único hasta ahora conocido, o sea, la sugestión con o sin hipnosis. Partiendo del procedimiento "catártico", iniciado por Breuer, hemos dado forma en los últimos años a un nuevo método terapéutico, el método "psicoanalítico", al que debemos numerosos éxitos y cuya eficacia esperamos aumentar aun considerablemente. En la obra titulada *Estudios sobre la histeria*, publicada en colaboración con J. Breuer en 1895, incluimos ya una primera comunicación de la técnica y el alcance de este método. Pero desde entonces he introducido en él diversas modificaciones, que lo han perfeccionado mucho.

Por aquella época nos limitábamos a afirmar modestamente que sólo podíamos tender a la supresión de los síntomas histéricos y no a la curación de la histeria misma. Hoy puedo ya asegurar que el método por mí establecido encierra la posibilidad de curar tanto la histeria como las representaciones obsesivas. Me ha interesado, pues, vivamente leer en las publicaciones de mis colegas que el ingenioso método descubierto por Breuer y Freud había fracasado en tal o cual caso, o que no cumplía lo que parecía prometer. Estas frases me hacían una impresión semejante a la del hombre que lee en un periódico la noticia de su muerte, pero al que su mejor conocimiento conserva la tranquilidad. El método psicoanalítico es tan difícil que ha de ser previamente aprendido su desarrollo, y no puedo recordar que ninguno de mis críticos haya acudido a mí en demanda de explicaciones, ni creo tampoco que se haya ocupado de él, como yo, con intensidad suficiente para descubrirlo por sí mismo. Las indicaciones contenidas en los *Estudios sobre la histeria* son totalmente insuficientes para facilitar al lector el dominio de esta técnica, y no tienden tampoco en modo alguno a semejante fin.

La terapia psicoanalítica no es, por ahora, generalmente aplicable, presentando, que yo sepa, las siguientes limitaciones: exige una determinada madurez intelectual en los enfermos, siendo, por lo tanto, inútil en los niños y en los adultos mentalmente débiles o incultos. Cuando se trata de personas de mucha edad, la duración del tratamiento, correlativa a la cantidad de material acumulado, resultaría excesiva, coincidiendo acaso su fin con el comienzo de un período de la vida en el que no se concede ya gran valor a la salud nerviosa. Por último, sólo es posible cuando el enfermo conserva un estado psíquico normal, partiendo del cual puede dominarse el material patológico. Durante una grave crisis histérica o una manía o melancolía interpoladas, los medios psicoanalíticos no logran resultado alguno. Tales casos sólo pueden ser sometidos a nuestro método después de haber conseguido apaciguar, con los medios acostumbrados, los fenómenos tormentosos. Prácticamente se obtienen mejores resultados en los casos crónicos de psiconeurosis que en los de crisis aguda, en los cuales lo principal es obtener una rápida derivación. De este modo, el terreno más favorable para la nueva terapia está constituido por las fobias histéricas y las distintas formas de la neurosis obsesiva.

Esta limitación de nuestro método se explica en gran parte por las condiciones en que hemos tenido que desarrollarlo. El material clínico de que disponemos está formado por nerviosos crónicos, pertenecientes a la clase cultivada. Creo muy posible la constitución de procedimientos suplementarios para sujetos infantiles y para el público de los hospitales. He de indicar también que, hasta ahora, sólo he probado mi terapia en graves casos de histeria y de neurosis obsesiva. No sé, por tanto, cuál sería su eficacia en aquellos casos leves que parecen curar al cabo de algunos meses de un tratamiento, no podía contar sino con enfermos que habían ensayado ya sin resultado los procedimientos oficialmente reconocidos o cuyo estado justificaba el temor de que tales métodos, más cómodos y breves, resultarían ineficaces. De este modo me he visto obligado a afrontar desde un principio, con un instrumento aún imperfecto, las más difíciles tareas. En compensación, los resultados obtenidos presentan así una mayor fuerza probatoria.

Las dificultades principales que aún se oponen a la terapia psicoanalítica no se deben ya a sus propias características, sino a la incomprensión de la esencia de las psiconeurosis, tanto por parte de los médicos como del público en general. Esta absoluta ignorancia justifica que los médicos se crean con derecho a consolar a los enfermos con vanas seguridades o a hacerles aceptar inútiles medidas terapéuticas. "Venga usted a pasar seis semanas a mi sanatorio y desaparecerán sus síntomas" (miedo a los viajes, representaciones obsesivas, etcétera).

En realidad, tales establecimientos son indispensables para el apaciguamiento de los ataques agudos emergentes en el curso de una psiconeurosis, mas para la curación de los estados crónicos resultan totalmente ineficaces, y tanto los sanatorios más distinguidos, supuestamente dotados de una dirección científica, como los balnearios más vulgares.

Sería más digno y más tolerable para el enfermo que el médico dijese la verdad, tal y como todos los días se le impone: las psiconeurosis no son nunca enfermedades leves. Una vez iniciada una histeria, nadie puede predecir cuándo terminará. Por lo general, se consuela al enfermo con la vana profecía de que su dolencia desaparecerá un día de repente. La curación no es, con frecuencia, sino un acuerdo de tolerancia recíproca establecido entre el hombre sano y el enfermo que en sí lleva el paciente, o resulta de la transformación de un síntoma en una fobia. La histeria, trabajosamente ocultada, de una muchacha reaparece, después de una breve interrupción durante los primeros tiempos felices del matrimonio, siendo ahora el marido, como antes la madre, quien se encarga de silenciar por interés propio la enfermedad. Cuando la enfermedad no trae consigo una incapacidad manifiesta, produce siempre, por lo menos, una imposibilidad de desplegar libremente las energías psíquicas. Las representaciones obsesivas retornan una y otra vez a través de toda la vida, y la terapia se ha demostrado hasta ahora impotente contra las fobias y otras limitaciones de la voluntad. Todo esto es ocultado a los profanos, y de este modo el padre de una muchacha histérica se espanta cuando ha de prestar, por ejemplo, su aquiescencia a un tratamiento de un año de duración para una enfermedad cuyos primeros signos han parecido desvanecerse al cabo de unos meses. El profano se halla íntimamente convencido de la superfluidad de todas estas psiconeurosis y no soporta con paciencia el curso de la enfermedad ni se muestra dispuesto a los sacrificios exigidos por la terapia. Si ante un tifus de tres semanas de duración, o la fractura de una pierna, cuya curación exige seis meses, se conduce más comprensivamente, y si al advertir en sus hijos las primeras huellas de una desviación de la columna vertebral acepta en el acto un tratamiento ortopédico que ha de durar años enteros, esta diferente actitud se debe a una mejor comprensión de los médicos, que transfieren honradamente su labor al profano. La sinceridad de los médicos y la docilidad de los profanos se extenderá también a las psiconeurosis una vez que el conocimiento de la esencia de estas afecciones llegue a ser del dominio médico común. De todos modos, el tratamiento radical psicoterápico de las mismas necesitará siempre una preparación especial y será incompatible con el ejercicio de otra actividad médica. En cambio, tales especialistas médicos, numerosos seguramente en lo futuro, hallarán ocasión de brillantes éxitos y llegarán a un profundo conocimiento de la vida anímica de los hombres.

En mis tratamientos psicoanalíticos (de histerias, neurosis obsesivas, etc.) he tenido repetidas ocasiones de ocuparme de los recuerdos fragmentarios de los primeros años infantiles, conservados en la memoria individual. Tales recuerdos poseen, como ya en otro lugar hemos indicado, una gran importancia patógena. Pero, aparte de esto, el tema de los recuerdos infantiles ofrece siempre interés psicológico por hacerse en ellos visible una diferencia fundamental entre la conducta psíquica del niño y la del adulto. Es indudable que los sucesos de nuestros primeros años infantiles dejan en nuestra alma huellas indelebles; pero cuando preguntamos a nuestra *memoria* cuáles son las impresiones cuyos efectos han de perdurar en nosotros hasta el término de nuestra vida, permanece muda o nos ofrece tan sólo un número relativamente pequeño de recuerdos aislados, de valor muy dudoso con frecuencia, y a veces problemático. La reproducción mnémica de la vida en una concatenación coherente de recuerdos no comienza sino a partir de los seis o los siete años, y en algunos casos, hasta después de los diez. Mas de aquí en adelante se establece también una relación constante entre la importancia psíquica de un suceso y su adherencia a la memoria. Conservamos en ella todo lo que parece importante por sus efectos inmediatos o cercanos. Olvidamos, en cambio, lo que suponemos nimio. Si nos es posible recordar a través de mucho tiempo un determinado suceso, vemos en esta adherencia a nuestra memoria una prueba de que dicho suceso nos causó en su época profunda impresión. El haber olvidado algo importante nos asombra aún más que recordar algo aparentemente nimio.

Esta relación, existente para el hombre normal, entre la importancia psíquica y la adherencia a la memoria desaparece en ciertos estados anímicos patológicos. Así, el histérico presenta una singular amnesia, total o parcial, en lo que respecta a aquellos sucesos que han provocado su enfermedad, los cuales, por esta misma causación, o independientemente de su propio contenido, han adquirido, sin embargo, para él máxima importancia. En la analogía de esta amnesia patológica con la amnesia normal que recae sobre nuestros años infantiles quisiéramos ver un significativo indicio de las íntimas relaciones existentes entre el contenido psíquico de la neurosis y nuestra vida infantil.

Estamos tan acostumbrados a este olvido de nuestras impresiones infantiles que no solemos advertir el problema que detrás de él se esconde y nos inclinamos a atribuirlo al estado rudimentario de la actividad psíquica del niño. En realidad, un niño normalmente desarrollado nos muestra ya, a los tres o cuatro años, una respetable cantidad de rendimientos psíquicos muy complicados, tanto en sus comparaciones y deducciones, como en la expresión de sus sentimientos, no existiendo razón visible alguna para que estos actos psíquicos, plenamente equivalentes a los posteriores, hayan de sucumbir a la amnesia.

El estudio de los problemas psicológicos enlazados a los primeros recuerdos infantiles exige, como premisa indispensable, la reunión de material suficiente, determinándose, por medio de una amplia información, qué recuerdos de esta edad puede comunicar un número considerable de adultos normales. V. y C. Henri iniciaron esta labor en 1895, difundiendo un interrogatorio por ellos formulado. Los interesantísimos resultados de esta información, a la que respondieron ciento veintitrés personas, fueron publicados luego (1897) por sus iniciadores en *L'Année psychologique* (tomo III, — *Enquête sur les premiers souvenirs de l'enfance*). Por nuestra parte, no proponiéndonos tratar aquí este tema en su totalidad, nos limitaremos a hacer resaltar aquellos puntos a los que hemos de enlazar nuestro estudio de los recuerdos calificados por nosotros de *encubridores*.

La época en la que se sitúa el contenido de los recuerdos infantiles más tempranos es, por lo general, la que se extiende entre los dos y los cuatro años (así sucede en ochenta y ocho casos de los reunidos por C. y V. Henri). Hay, sin embargo, individuos cuya memoria alcanza más atrás, incluso hasta poco tiempo después de cumplir su primer año, y otros, en cambio, que no poseen recuerdo alguno anterior a los seis, los siete o los ocho años. No se sabe aún de qué dependen tales diferencias. Únicamente se observa —dicen los Henri— que una persona cuyo recuerdo más temprano corresponde a una edad mínima (por ejemplo, al primer año de su vida) dispone también de otros diversos recuerdos inconexos de los años siguientes, y que la reproducción de su vida en una cadena mnémica continua se inicia en ella antes que en otras personas cuyo primer recuerdo pertenece a épocas posteriores. Así, pues, lo que se adelanta o retrasa en los distintos individuos no es tan sólo el momento del primer recuerdo, sino toda la función mnémica.

La cuestión de cuál puede ser el *contenido* de estos primeros recuerdos infantiles presenta especialísimo interés. La psicología de los adultos nos haría esperar que del material de sucesos vividos serían seleccionadas aquellas impresiones que provocaron un intenso afecto o cuya importancia quedó impuesta a poco por sus consecuencias. Algunas de las observaciones de los Henri parecen confirmar esta hipótesis, pues presentan como contenidos más frecuentes de los recuerdos infantiles, bien ocasiones de miedo, vergüenza o dolor físico, bien acontecimientos importantes: enfermedades, muertes, incendios, el nacimiento de un hermano, etcétera. Nos inclinaríamos así a suponer que las normas de la selección mnémica son idénticas en el alma del niño y en la del adulto. Por su parte, los recuerdos infantiles conservados habrán de indicarnos las impresiones que cautivaron el interés del niño, a diferencia del de un adulto, y de este modo nos explicaremos, por ejemplo, que una persona recuerde la rotura de unas muñecas con las que jugaba a los dos años y haya olvidado totalmente, en cambio, graves y tristes sucesos de los que pudo darse cuenta en aquella misma época.

Habrá, pues, de extrañarnos, por contradecir la hipótesis antes formulada, oír que los recuerdos infantiles más tempranos de algunas personas tienen por contenido impresiones cotidianas e indiferentes, que no pudieron provocar afecto ninguno en el niño, no obstante lo cual quedaron impresas en su memoria con todo detalle, no habiendo sido retenidos, en cambio, otros sucesos importantes de la misma época, ni siquiera aquellos que, según testimonio de los padres, causaron gran impresión al niño. Cuentan así los Henri de un profesor de Filología, cuyo primer recuerdo, situado entre los tres y los cuatro años, le presentaba la imagen de una mesa dispuesta para la comida, y en ella, un plato con hielo. Por aquel mismo tiempo ocurrió la muerte de su abuela, que, según manifiestan los padres del sujeto, conmovió mucho al niño. Pero el profesor de Filología no sabe ya nada de esta desgracia, y sólo recuerda de aquella época un plato con hielo, puesto encima de una mesa.

Otro individuo refiere, como primer recuerdo infantil, el de haber tronchado una ramita de un árbol durante un paseo. Cree poder indicar todavía el lugar en que esto sucedió. Iba con varias personas, y una de ellas le ayudó a cortar la ramita.

Los Henri suponen muy raros tales casos. Por mi parte, he tenido ocasión de hallarlos con bastante frecuencia, si bien, por lo general, en enfermos neuróticos. Uno de los informadores de los Henri arriesga una explicación, que nos parece acertadísima, de estas imágenes mnémicas, incomprensibles por su nimiedad. Supone que en estos casos la escena de referencia no se ha conservado sino incompletamente en el recuerdo, pareciendo así indiferente, pero que en los elementos olvidados se hallaría, quizá, contenido todo aquello que la hizo digna de ser recordada. Mi experiencia está de completo acuerdo con esta explicación. Únicamente nos parecería más exacto decir que los elementos no aparentes en el recuerdo han sido "omitidos" en lugar de "olvidados". En el tratamiento psicoanalítico me ha sido posible descubrir muchas veces los fragmentos restantes del suceso infantil, demostrándose así que la impresión de la cual subsistía tan sólo un torso en la memoria, confirmaba, una vez completada, la hipótesis de la conservación mnémica de lo importante. De todos modos, no nos explicamos aún de la singular selección llevada a cabo por la memoria entre los elementos de un suceso, pues hemos de preguntarnos todavía por qué es rechazado precisamente lo importante y conservado, en cambio, lo indiferente. Para alcanzar tal explicación hemos de penetrar más profundamente en el mecanismo de estos procesos. Se nos impone, entonces, la idea de que en la constitución de los recuerdos de este orden participan dos fuerzas psíquicas, una de las cuales se basa en la importancia del suceso para querer recordarlo, mientras que la otra —una resistencia— se opone a tal propósito. Estas dos fuerzas opuestas no se destruyen, ni llega tampoco a suceder que uno de los motivos venza al otro —con o sin pérdidas por su parte—, sino que se origina un efecto de transacción, análogamente a la producción de una resultante en el paralelogramo de las fuerzas. La transacción consiste aquí en que la imagen mnémica no es suministrada por el suceso de referencia —en este punto vence la resistencia—, pero sí, en cambio, por un elemento psíquico íntimamente enlazado a él por asociación, circunstancia en la que se muestra de nuevo el poderío del primer principio que tiende a fijar las impresiones importantes por medio de la producción de imágenes mnémicas reproducibles. Así, pues, el conflicto se resuelve constituyéndose, en lugar de la imagen mnémica originalmente justificada, una distinta, producto de un *desplazamiento* asociativo. Pero como los elementos importantes de la impresión primitiva son precisamente los que han despertado la resistencia, no pueden entrar a formar parte del recuerdo sustitutivo, el cual presentará así un aspecto nimio, resultándonos incomprensible, porque quisiéramos atribuir su conservación en la memoria a su propio contenido, debiendo atribuirla realmente a la relación de dicho contenido con otro distinto, rechazado.

Entre los muchos casos posibles de sustitución de un contenido psíquico por otro, comprobables en diversas constelaciones psicológicas, este que se desarrolla en los recuerdos infantiles, y que consiste en la sustitución de los elementos importantes de un suceso por los más insignificantes del mismo, es uno de los más sencillos. Constituye un desplazamiento por contigüidad asociativa, o atendiendo a la totalidad del proceso, en una represión, seguida de una sustitución por algo contiguo (local y temporalmente). Ya en otro lugar tuvimos ocasión de exponer un caso muy análogo de sustitución, descubierto en el análisis de una paranoia[41]. Tratábase, entonces, de una paciente que oía en sus alucinaciones voces que le recitaban pasajes enteros de la *Heiterethei*, de O. Ludwig, elegidos precisamente entre los más indiferentes y menos susceptibles de una relación con sus propias circunstancias. El análisis demostró haber sido otros distintos pasajes de la misma obra los que habían despertado en la paciente sentimientos muy penosos. El afecto penoso motivaba la repulsa de tales pasajes, mas, por otro lado, no era posible reprimir los motivos que imponían la continuación de estos pensamientos, y de este modo surgió la transacción consistente en emerger en la memoria con intensidad y claridad patológicas los pasajes indiferentes. El

---

[41] Véase, en el tomo XI de estas *Obras Completas*, el ensayo titulado *Nuevas observaciones sobre las neuropsicosis de defensa.*

proceso aquí descubierto —*conflicto, represión y sustitución transaccional*— retorna en todos los síntomas psiconeuróticos, dándonos la clave de la formación de los mismos. No carece, pues, de importancia su descubrimiento también en la vida psíquica de los individuos normales. El hecho de recaer para el hombre normal precisamente sobre los recuerdos infantiles constituye una prueba más de la íntima relación entre la vida anímica del niño y el material psíquico de la neurosis, relación tan repetidamente acentuada por nosotros.

Los importantísimos procesos de la defensa normal y patológica y los desplazamientos a los cuales conducen no han sido todavía estudiados, que yo sepa, por los psicólogos, no habiéndose determinado aún los estratos de la actividad psíquica en los que se desarrollan, ni las condiciones bajo las cuales se desenvuelven. La causa de esta omisión es, quizá, que nuestra vida psíquica, en cuanto es objeto de nuestra percepción interna *consciente*, no deja transparentar indicio algunos de estos procesos, sea en aquellos casos que calificamos de "errores mentales", sea en ciertas operaciones tendientes a un efecto cómico. La afirmación de que una intensidad psíquica puede desplazarse desde una representación, la cual queda despojada de ella a otra distinta, que toma entonces a su cargo el papel psicológico que venía desempeñando la primera, nos resulta tan extraña como ciertos rasgos del mito griego, por ejemplo, cuando los dioses conceden a un hombre el don de la belleza, transfigurándole y como revistiéndole con una nueva envoltura corporal.

Mis investigaciones sobre los recuerdos infantiles indiferentes me han enseñado también que su génesis puede seguir aún otros caminos y que su aparente inocencia suele encubrir sentidos insospechados. No quiero limitarme en este punto a una mera afirmación, sino exponer ampliamente el más instructivo de los ejemplos por mí reunidos, que inspirará además una mayor confianza por corresponder a un sujeto nada o muy poco neurótico.

Trátase de un hombre de treinta y ocho años, y de formación universitaria, que, a pesar de ejercer una profesión completamente ajena a nuestra disciplina, se interesa por las cuestiones psicológicas desde que conseguimos curarle de una pequeña fobia, con ayuda del psicoanálisis. Habiendo leído la investigación de C. y V. Henri, me comunicó la siguiente exposición de sus recuerdos infantiles, que ya habían desempeñado cierto papel en el análisis:

«Conservo numerosos recuerdos infantiles muy tempranos, cuyas fechas puedo indicar con gran seguridad pues al cumplir los tres años abandonamos el lugar de mi nacimiento para establecernos en una ciudad. Los recuerdos a que me refiero se desarrollan todos en mi lugar natal, y corresponden, por lo tanto, al segundo y tercer año de mi vida. Son en su mayoría escenas muy breves, pero claramente retenidas con todos los detalles de la percepción sensorial, contrastando así con los recuerdos de épocas posteriores, carentes en mí de todo elemento visual. A partir de mis tres años se hacen mis recuerdos más raros e imprecisos, mostrando lagunas que comprenden, a veces, más de un año. Sólo desde los seis o los siete años comienzan a adquirir continuidad. Los recuerdos correspondientes a la época anterior a nuestro cambio de residencia pueden dividirse en tres grupos. Incluyo en el primero aquellas escenas que mis padres me han referido posteriormente y de cuya imagen mnémica no puedo decir si existía ya en mí desde un principio o se constituyó luego de tales relatos. Observaré, de todos modos, que existen también otros sucesos, cuyo relato me ha sido hecho repetidas veces por mis padres y a los cuales no corresponde, sin embargo, en mí imagen mnémica ninguna. El segundo grupo tiene, a mi juicio, más valor. Las escenas que lo constituyen no me han sido —que yo sepa— relatadas, y para muchas de ellas no cabe una tal posibilidad, puesto que no he vuelto a ver a las personas que en ellas actuaron. Del tercer grupo me ocuparé más tarde. Por lo que respecta al contenido de estas escenas y, consiguientemente, al motivo de su conservación en la memoria no carezco de cierta orientación. No puedo, de todos modos, afirmar que los recuerdos conservados correspondan a los acontecimientos más importantes de aquella época o a los que hoy juzgaría tales. Del nacimiento de una hermana mía, dos años y medio menor que yo, no tengo la menor idea; nuestra partida de mi ciudad natal, mi primer conocimiento del ferrocarril y el largo viaje en coche hasta la estación, no han dejado huella alguna en mi memoria. En cambio, retuve dos detalles nimios del viaje en ferrocarril, de los cuales ya tuvimos ocasión de hablar en el análisis de mi fobia. Una herida en la cara, que provocó una abundante hemorragia e hizo precisos varios puntos de sutura, hubiera debido causarme máxima impresión. Todavía hoy puede advertirse en mi rostro la cicatriz correspondiente, pero no conservo recuerdo alguno que se refiera directa o indirectamente a este suceso. Quizá acaeciese antes de cumplir yo lo dos años.

»Las imágenes y escenas de estos dos grupos no me causan extrañeza. Son, ciertamente, recuerdos desplazados, en la mayoría de los cuales ha quedado excluido lo esencial. Pero en algunos, tales elementos importantes se hallan, por lo menos, indicados, y otros me resultan fáciles de completar con el auxilio de ciertos indicios, logrando así enlazar los distintos fragmentos mnémicos y mostrándoseme claramente el interés infantil que recomendó a la memoria tales escenas. Muy otra cosa sucede con el contenido del tercer grupo. Trátase aquí de un material —una escena de alguna extensión y varias pequeñas imágenes— del que yo no sé qué pensar. La escena me parece indiferente e incomprensible su fijación. Permítame usted que se la describa: Veo una pradera cuadrangular, algo pendiente, verde y muy densa. Entre la hierba resaltan muchas flores amarillas, de la especie llamada vulgarmente diente de león. En lo alto de la pradera, una casa campestre, a la puerta de la cual conversan apaciblemente dos mujeres: una campesina, con su pañuelo a la cabeza, y una niñera. En la pradera juegan tres niños: yo mismo (representando dos o tres años); un primo mío, un año mayor que yo, y su hermana, casi de mi edad. Cogemos las flores amarillas, y tenemos ya un ramito cada uno. El más bonito es el de la niña, pero mi primo y yo nos arrojamos sobre ella y se lo arrebatamos. La chiquilla echa a correr, llorando, pradera arriba, y al llegar a la casita, la campesina le da para consolarla un gran pedazo de pan de centeno. Al advertirlo mi primo y yo, tiramos las flores y corremos hacia la casa, pidiendo también pan. La campesina nos lo da, cortando las rebanadas con un largo cuchillo. El sabor de este pan en mi recuerdo es verdaderamente delicioso, y con ello termina la escena.

¿Qué es lo que en este suceso justifica el esfuerzo de retención que me ha obligado a realizar? No acierto a explicármelo, siéndome imposible precisar a qué circunstancia debe su intensa acentuación psíquica: a nuestro mal comportamiento con la niña, a haberme gustado mucho el color amarillo del diente de león, que hoy no encuentro nada bello, o a que después de corretear por la pradera me supo el pan mejor que de costumbre, hasta el punto de llegar a constituir una impresión indeleble. No encuentro tampoco relación alguna de esta escena, con el interés infantil, fácilmente visible, que enlaza entre sí las demás escenas infantiles. Tengo, en general, la impresión de que hay en ella algo falso. El amarillo de las flores resalta demasiado del conjunto, y el buen sabor del pan me parece también exagerado como en una alucinación. Al pensar en estos detalles recuerdo unos cuadros de una exposición humorística, en los cuales aparecían plásticamente sobrepuestos ciertos elementos, y como es natural, siempre los más inconvenientes; por ejemplo, el trasero de las figuras femeninas. ¿Puede usted mostrarme un camino que conduzca a la explicación o interpretación de este superfluo recuerdo infantil?»

Me pareció juicioso preguntar a mi comunicante desde cuándo le ocupaba tal recuerdo, esto es, si retornaba periódicamente a su memoria desde la infancia, o se había emergido en ella posteriormente, provocado por algún motivo que recordase. Esta pregunta constituyó toda mi aportación a la solución del problema planteado, pues lo demás lo halló por sí mismo el interesado, que no era ningún principiante en este orden de trabajos.

He aquí su respuesta: «No había pensado aún en lo que me dice. Pero después de su pregunta, se me impone la certeza de que este recuerdo infantil no me ocupó para nada en mi niñez. Me figuro también la ocasión que provocó su despertar, con el de otros muchos recuerdos de mis primeros años. Cumplidos ya los diecisiete, volví durante unas vacaciones por vez primera a mi lugar natal, alojándome en casa de una familia con la cual manteníamos relaciones de amistad desde aquellos primeros tiempos. Sé muy bien qué plenitud de emociones me invadieron en esta temporada. Mas para contestar a su pregunta debo relatarle toda una parte de mi vida. En la época de mi nacimiento gozaban mis padres de una regular posición económica. Pero al cumplir yo los tres años, el ramo industrial al que mi padre se dedicaba experimentó una tremenda crisis, que dio al traste con nuestra fortuna familiar, obligándonos a trasladarnos a la ciudad. Vinieron luego largos años difíciles, en los que nada hubo digno de ser retenido. En la ciudad no me sentía yo a gusto. La añoranza de los hermosos bosques de mi lugar, a los cuales me escapaba en cuanto aprendí a andar, según testimonia uno de mis recuerdos de entonces, no me ha abandonado nunca. Como ya dije antes, la primera vez que volví a ellos fue a los diecisiete años, invitado a pasar mis vacaciones en casa de una familia amiga, que después de nuestra partida había hecho fortuna. Tuve, pues, ocasión de comparar el bienestar que en ella reinaba con la estrechez de nuestra vida en la ciudad. Pero, además, he de confesarle otra circunstancia que me produjo vivas emociones. Mis huéspedes tenían una hija de quince años, de la que me enamoré en el acto. Fue este mi primer amor, bastante intenso, pero mantenido en el más absoluto secreto. La muchacha marchó a los pocos días a un establecimiento de enseñanza, cuyas vacaciones terminaban antes que las mías, y esta separación, después de tan breve conocimiento, contribuyó a avivar mi pasión. Durante largos paseos solitarios por los bellos bosques de mi infancia, vueltos ahora a encontrar, me complacía en imaginar dichosas fantasías, que rectificaban mi pasado. Si los negocios de mi padre no hubieran declinado, hubiéramos seguido viviendo en aquel lugar, yo me habría criado tan sano y robusto como los hermanos de la muchacha, habría continuado las actividades industriales de mi padre y hubiera podido, por fin, casarme con mi adorada. Naturalmente, no dudaba ni un instante que en las circunstancias creadas por mi fantasía la hubiera amado también con el mismo apasionamiento. Lo singular es que al verla ahora alguna vez, pues ha contraído matrimonio aquí, me es absolutamente indiferente, y sin embargo, recuerdo muy bien que durante mucho tiempo después, no podía ver nada de un color amarillo parecido al del traje que llevaba en nuestra primera entrevista, sin emocionarme profundamente.»

Esta última observación me parece análoga a la que antes hizo usted sobre el diente de león, afirmando que ya no le gustaba esta flor. ¿No sospecha usted la existencia de una relación entre el color amarillo del vestido de la muchacha y la exagerada intensidad con que resalta este color en las flores de su recuerdo infantil?

«Quizá; pero no es un mismo color. El vestido de la muchacha era de un amarillo más obscuro. Sin embargo, puedo suministrarle una representación intermedia que acaso sea útil. He visto después en los Alpes que algunas flores, de colores claros en los valles, toman en las alturas matices más obscuros. Si no me engaño mucho, se encuentra con gran frecuencia en la montaña una flor muy parecida al diente de león, pero de un color más obscuro, que corresponde exactamente el del traje de mi amada de entonces. Pero déjeme continuar: Debo relatarle aún otro suceso, próximo al anterior, que despertó también mis recuerdos infantiles. Tres años después de mí primer retorno a los lugares de mi infancia fui a pasar las vacaciones a casa de mi tío, en la que encontré de nuevo a mis primeros camaradas infantiles, esto es, a aquellos primos míos que aparecen en la escena cuyo recuerdo nos ocupa. Esta familia había abandonado, al mismo tiempo que nosotros, nuestra primera residencia, y había logrado rehacer su fortuna en una lejana ciudad.»

¿Y se volvió usted a enamorar, esta vez de su prima, forjando nuevas fantasías?

«No. Había ingresado ya en la Universidad, y me hallaba entregado por completo a mis estudios, sin que me quedara tiempo para pensar en mi prima. Así, pues, que yo sepa, mi imaginación permaneció quieta. Pero creo que mi padre y mi tío habían formado el proyecto de hacerme sustituir mis estudios abstractos por otros más prácticos, establecerme después en la ciudad donde mi tío residía y casarme con mi prima, proyecto al que renunciaron, quizá, al verme tan absorbido por mis propios planes. Sin embargo, yo debí adivinar algo de él, y cuando al terminar mi carrera universitaria pasé por un período difícil, teniendo que luchar mucho tiempo para conseguir un puesto que me permitiera hacer frente a las necesidades de la vida, debí de pensar muchas veces que mi padre hubiera querido compensarme con aquel proyecto matrimonial del trastorno originado en mi vida por sus pérdidas económicas.»

Si con esta época de lucha por el pan cotidiano coincidió su primer contacto con las cimas alpinas, tendremos ya un punto de apoyo para situar en ella la reviviscencia del recuerdo infantil que nos ocupa.

«Exacto. Las excursiones por la montaña fueron entonces el único placer que podía permitirme. Pero no comprendo bien la relación que usted persigue.»

Va usted a verlo. El elemento más intenso de su escena infantil es el buen sabor del pan. ¿No observa usted que esta representación, de la que emana una sensación casi alucinante, corresponde a la idea fantaseada por usted de que si hubiera permanecido en su lugar natal se hubiese casado con aquella muchacha y hubiera llevado una vida serena? Esta vida queda simbólicamente representada por el buen sabor del pan, no amargado por la dura lucha para conseguirlo. El color amarillo de las flores es también una alusión a la misma muchacha. Pero además tenemos en la escena infantil elementos que no pueden referirse sino a la segunda fantasía, o sea, al matrimonio con su prima. Arrojar las flores para cambiarlas por un pedazo de pan me parece una clara alusión al proyecto paterno de hacerle renunciar a sus estudios abstractos para sustituirlos por una actividad más práctica que le permitiera ganarse el pan.

«Resulta así que las dos series de fantasía de cómo hubiera podido lograr una vida menos trabajosa se habrían fundido en un solo producto, suministrado una el color "amarillo" y el pan "de mi lugar", y la otra, el acto de arrojar las flores y los personajes.»

Así es; las dos fantasías han sido proyectadas una sobre otra, formándose con ellas un recuerdo infantil. Las flores alpinas constituyen un indicio de la época en que fue fabricado este recuerdo. Pero asegurarle que la invención inconsciente de tales productos no es nada rara.

«Pero entonces, no se trata de un recuerdo infantil, sino de una fantasía retrotraída a la infancia. Sin embargo, tengo la sensación de que la escena recordada es perfectamente auténtica. ¿Cómo compaginar ambas cosas?»

Para los datos de nuestra memoria no existe garantía alguna. No obstante, quiero aceptar la autenticidad de la escena. Resultará entonces que entre infinitas escenas análogas o distintas de su vida, la ha elegido usted por prestarse su contenido —indiferente en sí— a la representación de las dos fantasías importantes. A tales recuerdos, que adquieren un valor por representar en la memoria impresiones y pensamientos de épocas ulteriores, cuyo contenido se halla enlazado al suyo por relaciones simbólicas, les damos el nombre de *recuerdos encubridores*. Su extrañeza ante el frecuente retorno de esta escena a su memoria se desvanecerá ya al comprobar que está destinada a ilustrar los azares más importantes de su vida y a la influencia de los dos impulsos instintivos más poderosos: el hambre y el amor.

«El hambre queda, en efecto, bien representada; pero ¿y el amor?»

A mi juicio, por el color amarillo de las flores. De todos modos, he de confesarle que la simbolización del amor en esta escena infantil resulta mucho más vaga que en los demás casos por mí observados.

«Nada de eso. Caigo ahora en que precisamente la parte principal de la escena no es sino tal simbolización. Piense usted que el acto de quitar las flores a una muchacha es, en definitiva, desflorarla. ¡Qué contraste entre el atrevimiento de esta fantasía y mi timidez en la primera ocasión amorosa, y mi indiferencia en la segunda!»

Puedo asegurarle que tales osadas fantasías constituyen un complemento regular de la timidez juvenil.

«Pero entonces, lo que ha venido a transformarse en un recuerdo infantil no ha sido una fantasía consciente, sino una fantasía inconsciente.»

Pensamientos inconscientes que continúan los conscientes. Piensa usted: Si me hubiera casado con esta o con aquella..., y de estos pensamientos surge el impulso a representarse este casamiento.

«Ahora ya puedo continuar por mí mismo. Para el joven irreflexivo, lo más atractivo de todo el tema es la noche de bodas. ¡Qué sabe él de lo que viene detrás! Pero esta representación no se arriesga a emerger a plena luz. La modestia dominante en el ánimo del sujeto y el respeto hacia la muchacha la mantienen reprimida. De este modo, permanece inconsciente...»

Y encuentra una derivación tomando el aspecto de un recuerdo infantil. Tiene usted razón al afirmar que precisamente el carácter groseramente sensual de la fantasía es lo que impide llegar a constituirse en una fantasía consciente, obligándola a satisfacerse con ser acogida bajo la forma de una *florida* alusión en una escena infantil.

«Pero ¿por qué precisamente en una escena infantil?»

Quizá para parecer más inocente. ¿Puede usted acaso imaginar algo más contrario que los juegos infantiles a tales y tan maliciosos propósitos de agresión sexual? Además, el refugio de pensamientos y deseos reprimidos en recuerdos infantiles se apoya también en razones más generales, pudiendo observarse regularmente en las personas histéricas. Parece ser asimismo que el recuerdo de cosas muy pretéritas es propulsado por un motivo de placer. *Forsan et haec olim meminisse juvabit.*

«Siendo así, pierdo toda confianza en la autenticidad de la escena, y me explico ahora su génesis en la siguiente forma: En las dos ocasiones citadas, y apoyada por motivos muy comprensibles, surgió en mí la idea de que si me hubiera casado con una u otra muchacha sería mi vida mucho más agradable. La tendencia sensual en mí existente habría repetido la idea condicional en representaciones apropiadas para ofrecerle satisfacción. Esta segunda conformación de la misma idea habría permanecido inconsciente, dada su incompatibilidad con la disposición sexual dominante, pero su mismo carácter inconsciente la capacitó para seguir perdurando en la vida psíquica en tiempos en que su forma consciente había quedado ya desvanecida por las modificaciones de la realidad. Esta idea inconsciente tendería, obedeciendo como usted afirma, a una ley regular, a transformarse en una escena infantil, a la que su inocencia permitía devenir consciente. A este fin habría tenido que sufrir una transformación, o, mejor dicho, dos transformaciones: una, que despoja a la idea condicional de todo su carácter arriesgado, expresándola metafóricamente, y otra, que da la idea condicionada una forma susceptible de exposición visual, utilizando para ello como representación intermedia la del "pan". Veo ahora que al forjar tal fantasía realicé algo semejante a una satisfacción de los dos deseos reprimidos: la desfloración y el bienestar material. Pero después de darme así cuenta completa de los motivos que me indujeron a imaginar esta fantasía, he de suponer que se trata de algo que jamás sucedió, habiéndose introducido subrepticiamente entre mis recuerdos infantiles.»

Ahora soy yo quien tiene que constituirse en defensor de la autenticidad de la escena. Va usted demasiado lejos. Me ha oído decir que todas estas fantasías tienen una tendencia a constituirse en recuerdos infantiles. Pero he de añadir que no lo consiguen sino cuando ya existe una huella mnémica, cuyo contenido presenta con el de la fantasía puntos diversos de contacto. Ahora bien, una vez hallado uno de estos puntos —en nuestro caso el de la desfloración y el acto de arrancar las flores a la muchacha—, el contenido restante de la fantasía es modificado por todo género de representaciones intermedias (piense usted en el pan), hasta que surgen nuevos puntos de contacto con el contenido de la escena infantil. Es, desde luego, posible que en este proceso sufra también algunas transformaciones la misma escena infantil, quedando así falseados los recuerdos. En su caso, la escena infantil parece haber sido tan sólo cincelada; piense usted en el excesivo resalte del amarillo y en el exagerado buen sabor del pan. Pero la materia prima era perfectamente utilizable. De no ser así, no hubiera podido este recuerdo hacerse consciente con preferencia a tantos otros. No hubiera usted recordado tal escena como un suceso infantil o hubiera recordado, quizá, otra, pues ya sabe usted que para nuestro ingenio es muy fácil establecer relaciones entre las cosas más dispares. Pero además de la sensación de autenticidad —muy de tener en cuenta— que le produce a usted su recuerdo, hay aún otra cosa que testimonia a favor de la realidad de la escena. Contiene esta, en efecto, rasgos que no encuentran explicación en los hechos con el sentido de las fantasías. Así, cuando su primo le ayuda a arrebatar las flores a la niña. ¿Podría usted hallar un sentido a un tal auxilio en la desfloración? ¿O al grupo formado por la campesina y la niñera ante la casa?

«No lo creo.»

Vemos, pues, que la fantasía no cubre por completo la escena infantil, limitándose a apoyarse en algunos de sus puntos. Esta circunstancia habla en favor de la autenticidad del recuerdo infantil.

«¿Cree usted muy frecuente la posibilidad de interpretar así, con exactitud, recuerdos infantiles aparentemente inocentes?»

Según mi experiencia, frecuentísima. ¿Quiere usted que intentemos en chanza ver si los dos ejemplos comunicados por los Henri permiten ser interpretados como recuerdos encubridores de sucesos e impresiones posteriores? Me refiero al recuerdo de un plato con hielo, colocado encima de la mesa dispuesta para comer, y al de haber tronchado durante un paseo, con ayuda de otra persona, una rama de un árbol.

Mi interlocutor reflexionó un momento: «Con respecto al primero, no se me ocurre nada. Probablemente ha tenido efecto en él un desplazamiento, pero me es imposible adivinar los elementos intermedios. En cuanto al segundo, arriesgaría una interpretación si el sujeto fuera un alemán y no un francés.»

Ahora soy yo quien no entiende. ¿Qué puede eso cambiar?

«Mucho, puesto que la expresión verbal facilita probablemente el enlace entre el recuerdo encubridor y el encubierto. En alemán, la expresión "arrancarse una" (*sich einen ausreissen*) constituye una alusión vulgar, muy conocida, al onanismo. La escena retrotraería a la primera infancia el recuerdo de una ulterior iniciación en el onanismo, toda vez que en el acto de arrancar la rama es ayudado el sujeto por alguien. Pero lo que no armoniza con esta interpretación es la presencia, en la escena recordada, de otras varias personas.»

Mientras que la iniciación en el onanismo tenía que haberse desarrollado en secreto, ¿no es eso? Precisamente, esta antítesis favorece su interpretación. Es utilizado de nuevo para dar a la escena un aspecto inocente. ¿Sabe usted lo que significa en nuestros sueños ver en derredor nuestro "mucha gente desconocida", como sucede con gran frecuencia en aquellos en los que nos vemos desnudos, sintiéndonos terriblemente avergonzados bajo las miradas de los circunstantes? Pues la idea que encierra esta visión es la de "secreto", plásticamente expresada por su antítesis. De todos modos, nuestra interpretación de estos casos de los Henri carece de toda base, pues ni siquiera sabemos si un francés reconocería en la frase *casser une branche d'un arbre*, o en otra semejante, una alusión al onanismo.

Con el anterior análisis, fielmente reproducido, creemos haber aclarado suficientemente nuestro concepto del *recuerdo encubridor*, como un recuerdo que no debe su valor mnémico al propio contenido, sino a la relación del mismo con otro contenido reprimido. Según el orden a que tal relación pertenezca, podemos distinguir diversas clases de recuerdos encubridores. De dos de estas clases hemos encontrado ejemplos entre aquellos productos psíquicos que consideramos como nuestros más tempranos recuerdos infantiles, siempre que se incluya también, bajo el concepto de recuerdo encubridor, aquellas escenas infantiles incompletas que deben precisamente a este carácter su apariencia inocente. Ha de suponerse que los restos mnémicos de épocas ulteriores de la vida suministran también material para la formación de recuerdos encubridores. No perdiendo de vista los caracteres principales de estos recuerdos —gran adherencia a la memoria, no obstante un contenido indiferente— resulta fácil encontrar en nuestra memoria numerosos ejemplos de este género. Una parte de estos recuerdos encubridores, de contenido ulteriormente vivido, debe su importancia a una relación con sucesos reprimidos de la primera juventud, inversamente a como sucedía en el caso antes analizado, en el cual un recuerdo infantil queda justificado por algo ulteriormente vivido. Según que sea una u otra la relación temporal entre lo encubridor y lo encubierto, podemos hablar de recuerdos encubridores *regresivos* o *progresivos*. Conforme a otra relación, distinguimos recuerdos encubridores positivos y negativos, cuyo contenido se halla en una relación antitética con el contenido reprimido. El tema merecería ser tratado con mayor amplitud. Por lo pronto, me conformaré con hacer observar cuán complicados procesos —totalmente análogos, por lo demás, a la producción de síntomas histéricos— intervienen en la formación de nuestro tesoro mnémico.

Nuestros más tempranos recuerdos infantiles serán siempre objeto de un especial interés, porque el problema planteado por el hecho de que las impresiones más decisivas para el porvenir del sujeto puedan no dejar tras de sí una huella mnémica, induce a reflexionar sobre la génesis de los recuerdos conscientes. Al principio nos inclinaremos seguramente a excluir de los restos mnémicos infantiles, como elementos heterogéneos, los recuerdos encubridores y a suponer, simplemente, que las demás imágenes surgen simultáneamente al suceso vivido, como consecuencia inmediata del mismo, retornando periódicamente, a partir de este momento, conforme a las conocidas leyes de la reproducción. Pero una observación más sutil nos descubre rasgos que no armonizan con esta hipótesis. Así, ante todo, lo siguiente: en la mayoría de las escenas infantiles importantes, el sujeto se ve a sí mismo en edad infantil, y sabe que aquel niño que ve es él mismo, pero lo ve como lo vería un observador ajeno a la escena. Los Henri no omiten hacer notar que muchos de sus informantes insisten en esta peculiaridad de las escenas infantiles. Ahora bien: es indudable que esta imagen mnémica no puede ser una fiel reproducción de la impresión recibida en aquella época. El sujeto se hallaba entonces en el centro de la situación y no atendía a su propia persona, sino al mundo exterior.

Siempre que en un recuerdo aparece así la propia persona, como un objeto entre otros objetos, puede considerarse esta oposición del sujeto actor y el sujeto evocador como una prueba de que la impresión primitiva ha experimentado una elaboración secundaria. Parece como si una huella mnémica de la infancia hubiera sido retraducida luego en una época posterior (en la correspondiente al despertar del recuerdo) al lenguaje plástico y visual. En cambio, no surge jamás en nuestra conciencia nada semejante a una reproducción de la impresión original.

Hay todavía un segundo hecho, que prueba aún con mayor fuerza la exactitud de esta segunda concepción de las escenas infantiles. Entre los diversos recuerdos infantiles de sucesos importantes, que surgen todos con igual claridad y precisión, hay cierto número de escenas que al ser contrastadas —por ejemplo, con los recuerdos de otras personas— se demuestran falsas. No es que hayan sido totalmente inventadas; son falsas en cuanto transfieren la situación a un lugar en el que no se ha desarrollado (como sucede en uno de los casos reunidos por los Henri), funden varias personas en una sola o las sustituyen entre sí, o resultan ser una amalgama de dos sucesos distintos. La simple infidelidad de la memoria no desempeña precisamente aquí, dada la gran intensidad sensorial de las imágenes y la amplia capacidad funcional de la memoria, ningún papel considerable. Una minuciosa investigación nos muestra más bien que tales falsedades del recuerdo tienen un carácter tendencioso, hallándose destinadas a la represión y sustitución de impresiones repulsivas o desagradables. Así, pues, también estos recuerdos falseados tienen que haber nacido en una época en la que ya podían influir en la vida anímica tales conflictos e impulsos a la represión, o sea, en una época muy posterior a aquella que recuerdan en su contenido. Pero también aquí es el recuerdo falseado el primero del que tenemos noticia. El material de huellas mnémicas del que fue forjado nos es desconocido en su forma primitiva.

Este descubrimiento acorta a nuestros ojos la distancia que suponíamos entre los recuerdos encubridores y los demás recuerdos de la infancia. Llegamos a sospechar que todos nuestros recuerdos infantiles conscientes nos muestran los primeros años de nuestra existencia, no como fueron, sino como nos parecieron al evocarlos, luego, en épocas posteriores. Tales recuerdos no han *emergido*, como se dice habitualmente, en estas épocas, sino que han sido *formados* en ellas, interviniendo en esta formación y en la selección de los recuerdos toda una serie de motivos muy ajenos a un propósito de fidelidad histórica.

# ÍNDICE

*Obras Completas de Sigmund Freud*
*Tomo XII*

Impreso en los talleres de
DocuMaster
(Master Copy, S. A. de C.V.)
Plásticos #84, Local 2, ala sur,
Fracc. Industrial Alce Blanco,
Naucalpan de Juárez, C. P. 53370.